Luise F. Pusch

Alle Menschen werden Schwestern

Feministische Sprachkritik

Suhrkamp

Für Joey Horsley und
Mechthild Winkler-Jordan

edition suhrkamp 1565
Neue Folge Band 565
Erste Auflage 1990

Originalausgabe

Satz: Hümmer GmbH, Waldbüttelbrunn
Druck: Nomos Verlagsgesellschaft, Baden-Baden
Umschlag gestaltet von Willy Fleckhaus
Printed in Germany
ISBN 3-518-11565-0

5 6 7 8 9 10 – 10 09 08 07 06 05

Inhalt

Aufsätze

Glossen

Die hier zusammengestellten Aufsätze und Glossen stammen aus den Jahren 1983 bis 1989. Die Aufsätze sind chronologisch geordnet, denn ich vertrete nicht durchweg dieselbe sprachpolitische Position, sondern schreite tapfer fort von gemäßigten Reformvorschlägen zu »immer radikaleren« Forderungen. Die wichtigste dieser Forderungen klingt im Titel des Buches an: Alle Menschen werden Schwestern! Denn nach nunmehr 200 Jahren Freiheit, Gleichheit, **Brüder**lichkeit sollte es uns Frauen klar sein: Das reicht.

Boston, 20. Juli 1989 *Luise F. Pusch*

Aufsätze

Feministische Linguistik, andere feministische Disziplinen und Maskulinguistik – ein Methodenvergleich

0 Vorbemerkung

Bevor ich die Unterschiede zwischen meiner Disziplin und anderen feministischen Wissenschaften beschreibe, muß ich zunächst die Unterschiede zwischen herkömmlicher und feministischer Linguistik benennen. Unter den vielen Teildisziplinen der Linguistik habe ich mir als Arbeitsgebiet die (im »Zeitalter der Kommunikation« vielgeschmähte) sogenannte Systemlinguistik ausgewählt. Nur auf diese beziehen sich denn auch die folgenden Ausführungen. Die feministische Gesprächsanalyse, Spezialgebiet z. B. meiner KollegInnen Senta Trömel-Plötz und Fritjof Werner[1], arbeitet mit ganz anderen (im wesentlichen: sozialwissenschaftlichen) Methoden.

1 Gegenstand und Methoden der Systemlinguistik

Gegenstand, Explanandum der Systemlinguistik ist die »muttersprachliche Kompetenz«, d.h. die Fähigkeit, grammatisch korrekte Sätze als solche zu identifizieren. Es wird angenommen, daß jede Person ein grammatisches Regelsystem ihrer Muttersprache internalisiert hat, das sie zu solchen Leistungen befähigt, ihr aber nahezu vollständig unbewußt oder besser »außerbewußt«[2] ist. Aufgabe der Linguistik ist es, dieses Regelsystem bewußtzumachen, um es zu beschreiben (nicht: zu bewerten).

Wie kann nun das Außerbewußte bewußtgemacht werden? Jede deutsche Sprecherin beherrscht z. B. den Unterschied zwischen *aber* und *sondern*, aber kaum eine wird einer Engländerin (die in ihrer Sprache als Entsprechung ja nur ein einziges Wort, *but*, hat) den Unterschied im Gebrauch erklären können. Oder den Unterschied zwischen *erst* und *nur* (engl. *only*), *kennen* und *wissen* (engl. *to know*), *aus Wut* und *vor Wut* – und zahllose andere Gesetzmäßigkeiten der deutschen Sprache.

Die Norm, die Regel, wird als solche nur erfahrbar, erkennbar und damit beschreibbar, wenn wir ihrem Gegenbild begegnen, wenn z. B. ein Fehler gemacht wird. Wenn ein Kind sagt, *ich singte*, oder eine Engländerin schreibt: *Der Roman beinhält folgendes* – so wird mir dadurch bewußt, daß *singen* ein unregelmäßiges und *beinhalten* (anders als *halten*) ein regelmäßiges Verb ist.

Da mir nicht ständig solche erkenntnisauslösenden Fehlleistungen von außen beschert werden, bin ich als Linguistin gezwungen, künstlich selbst welche zu produzieren. Und es sollten nicht irgendwelche Regelverstöße sein, sondern gezielte, sinnreiche.

Die Einheiten der Systemlinguistik sind grammatische Gegenstände wie Substantive, Pronomina, Verben, Adjektive, Konjunktionen, Partikel, komplexe Sätze usw. mit ihren vielfältigen Subklassen. Um die Personen, Dinge und Sachverhalte, auf die sich einige dieser grammatischen Gegenstände beziehen, kümmert sich die Systemlinguistik nur in zweiter Linie und nur mit dem Interesse, grammatische Erkenntnisse zu gewinnen.

Was mir an der Systemlinguistik so gut gefällt, ist einerseits die mit dem Aufdecken außerbewußter Regeln verbundene intellektuelle Herausforderung, Faszination und Befriedigung, andererseits die materielle und organisatorische Unaufwendigkeit. Den Untersuchungsgegenstand – mein Sprachgefühl bzw. meine »muttersprachliche Kompetenz« – trage ich sozusagen immer bei mir. Auch braucht frau für systemlinguistisches Arbeiten häufig nicht einmal Sekundärliteratur (weil es für viele Fragen keine gibt), sondern nur Papier, Bleistift – und linguistisches Training. Letzteres wird allerdings von den meisten StudentInnen als äußerst mühsam, langweilig und trocken empfunden. Das liegt nach meiner Einschätzung weniger an der Linguistik oder gar der Sprache als an der Art, wie Linguistik von vielen ihrer männlichen Verwalter an den Universitäten gelehrt wird.

2 Gegenstand und Methoden der feministischen Systemlinguistik

Gegenstand der feministischen Systemlinguistik sind die Patriarchalismen in den diversen Sprachsystemen, ob es nun das Deutsche, Französische, Englische, Chinesische oder sonst eine Sprache ist. Es geht um die Aufdeckung, Bewußtmachung und schließliche Abschaffung der zahllosen »geronnenen Sexismen« in unseren Sprachen.

Die Methode ist teils ähnlich, teils anders als in der herkömmlichen Systemlinguistik. Als feministische Wissenschaft ist die feministische Systemlinguistik »parteilich«, d. h., sie bewertet und kritisiert ihre Befunde, begnügt sich nicht mit der Beschreibung, sondern zielt auf Änderung des Systems in Richtung auf eine gründliche Entpatrifizierung und partielle Feminisierung, damit aus Männersprachen humane Sprachen werden.

Die Methode der gezielten Regelverletzung gilt auch hier uneingeschränkt; sie ist aber nicht nur Mittel der Erkenntnisgewinnung, sondern auch Mittel der feministischen Sprachpolitik. Als Linguistin erfinde ich meine ungrammatischen Sätze und Formen nur, um mir die verborgenen Gesetzmäßigkeiten besser klarzumachen. Als feministische Linguistin lehne ich einen Teil dieser »verborgenen Gesetzmäßigkeiten« ab (nämlich die geronnenen Sexismen) und setze meine »ungrammatischen« Erfindungen, gezielte Regelverstöße, beim Sprechen und Schreiben bewußt und so oft wie möglich ein mit dem Ziel, sie als grammatisch zu etablieren und die alten frauenfeindlichen Gesetzmäßigkeiten allmählich in den Status der »Abweichungen« übergehen zu lassen.

In der feministischen Systemlinguistik reicht auch nicht mehr das »Verbleiben bei den grammatischen Gegenständen«, das höchstens nebenbei auch mal die bezeichneten Personen, Dinge und Sachverhalte streift. Vielmehr ist der Ausgangspunkt des Forschens jetzt bei den Personen, weiblichen und männlichen, und beim »männlichen« und »weiblichen Lebenszusammenhang«. Ich gehe also »onomasiologisch«, nicht mehr »semasiologisch« vor (so die Fachausdrücke), von den »Dingen« zu den »Wörtern«, nicht umgekehrt.

Diese Verlegung des Ausgangspunkts hat meine Arbeit erheblich erschwert. Es reicht nicht mehr, daß ich meine Daten erfinde. Vielmehr muß ich sie »finden«, d.h. sammeln und dann sinnvoll ordnen. Mein Problem dabei ist, daß ich zu viel finde, zu viele und verschiedene Sexismen in der Sprache, die mich umgibt, und daß ich die Ordnungsbegriffe und theoretischen Erklärungs- und Beschreibungsmuster für diesen Datenüberfluß weitgehend selbst entwickeln muß, da die herkömmliche Linguistik keine bereithält.

3 Die Hauptunterschiede zwischen der feministischen Systemlinguistik und anderen feministischen Wissenschaften

3.1 Feministische Systemlinguistik ist keine »Frauenbeforschung«

Die meisten feministischen Wissenschaftlerinnen forschen »über Frauen«, über die Lage der Hausfrauen, Mütter, Arbeiterinnen, Putzfrauen, Sekretärinnen, Schauspielerinnen, Schriftstellerinnen, Studentinnen, Wissenschaftlerinnen, Schülerinnen, Patientinnen, Knastinsassinnen usw. in Vergangenheit und Gegenwart. Besonders was die Gegenwart betrifft, ergeben sich daraus vielfältige menschliche und methodische Probleme, die mit dem Machtgefälle zwischen Forscherinnen und »Beforschten« zusammenhängen. Was die Vergangenheit betrifft (und natürlich auch die Gegenwart), so ergibt sich das Problem des Umgangs mit der Wut und der Trauer über das, was unserem Geschlecht von den Männern angetan wurde und wird. Flammende Wut und lähmende Trauer – wie verträgt sich das mit wissenschaftlicher Forschung? Es verträgt sich, wie wir sehen. Das Konzept von Wissenschaft und Wissenschaftlichkeit beginnt allmählich, sich zu ändern. »Betroffenheit« wird mehr und mehr – nicht nur in der feministischen Wissenschaft – zur Vorbedingung von Wissenschaft, die diesen Namen verdient. Trotzdem bleibt da das Problem, wie ich als einzelne mit meiner Wut und Trauer am Schreibtisch fertig werde und wie ich mich in der Frage entscheide, ob ich nicht die Wissenschaft hinschmeißen und statt dessen lieber dieser Türkin oder jener Krebspatientin, die ich gerade »beforsche«, konkret helfen sollte.

Mit solchen Problemen habe ich zwar auch zu tun, aber »nur« privat, nicht beruflich, als Linguistin. Weil ich nicht »über Frauen« forsche, sondern nur über Bezeichnungen für Frauen – und Männer (u. a.). Das System dieser Bezeichnungen ist – vom feministischen Standpunkt aus betrachtet – einfach absurd, »komisch«, verrückt. Nur – es lacht niemand darüber: »When everything is bizarre, nothing seems bizarre.«[3] Deshalb betrachte ich es als eine meiner Aufgaben, nicht nur wissenschaftlich nachzuweisen, wie verrückt die Sprache in diesem zentralen Bereich ist, sondern das möglichst auch so zu tun, daß darüber endlich gelacht wird, denn: »There is nothing like the sound of women really laughing. The roaring laughter of women is like the roaring of the eternal sea.«[4]

Kurz – **mein** Forschungsgegenstand, Sprache (und oft genug auch die Erzeugnisse männlicher Sprachwissenschaftler), schreit/schreien geradezu nach Satire. Andere Bearbeitungsmodi scheinen mir meistens schlicht unangemessen. – Würde ich aber über Frauen forschen, fände ich wohl kaum Anlaß zur Belustigung.

3.2 Der linguistische Begriff der Kompetenz als Modell für andere Kompetenzen: Über patriarchalische und feministische Kompetenz

Es gefällt mir, auch als Feministin, mich wissenschaftlich geschützt auf nichts weiter als ein Gefühl berufen zu dürfen. Dieses Privileg habe ich, soviel ich weiß, anderen feministischen Wissenschaftlerinnen voraus.

Der theoretische Status der Sprachkompetenz in der Systemlinguistik legt zwingend Analogien nahe, die so aus der sozialwissenschaftlichen Theorie m. W. nicht abgeleitet werden können, für die feministische Theorie aber sehr interessant sind. Das Sprachgefühl (»Sprachkompetenz«) als internalisierter Regelapparat ist ein nützliches Denkmodell für andere Kompetenzen, die unser Alltagsverhalten steuern. Meine vierjährige Nichte z. B. besitzt bereits eine hervorragende patriarchalische Kompetenz bei der Beurteilung »richtigen« weiblichen und männlichen Verhaltens:

Wir spielten mit einem Auto und Plastikfiguren. Ich setzte eine Frau ans Steuer und einen Mann auf den Beifahrersitz. »Das geht nicht«, erklärte sie mir. »Der Mann muß ans Steuer und die Frau daneben.« [Ihre Mutter fährt Auto und nimmt sie oft mit. Ist meine Nichte aber mit beiden Eltern unterwegs, fährt meist der Vater.] Genauso strikt entschied sie, daß ich den Pullover meines Bruders nicht anziehen könnte: »Das ist ein Männerpullover!« Beide Male fragte ich sie nach dem Warum – da lachte sie mich nur aus. Es war doch alles klar – wie konnte ich nur so dumm fragen!

Genauso strikt hätte wahrscheinlich ihr Sprachgefühl reagiert, wenn ich leichthin gesagt hätte: »Mama und Papa sind aber tolle Autofahrerinnen!«

Die muttersprachliche Kompetenz sichert unser kommunikatives Funktionieren in unserer Sprachgemeinschaft. **Die pa-**

triarchalische Kompetenz sichert unser Funktionieren im Patriarchat. Wenn wir über diese bewußtlosen Kompetenzen hinausgelangen wollen, brauchen wir linguistisches bzw. feministisches Training. Dieses Training sollte uns in die Lage versetzen, die Regeln, die wir gedanken-los – und deshalb auch so reibungslos – befolgen, gezielt zu verletzen, sie dadurch in ihrer Vernetzung bewußtzumachen und wenn nötig zu verändern.

Wie jede Linguistin weiß, wird die normalerweise störungsfrei funktionierende muttersprachliche Kompetenz durch linguistische Reflexion schnell irritiert: Die Grammatikalitätsurteile werden unsicher (frau denke nur an die berühmte Tausendfüßlerin, die kein Beinchen mehr bewegen konnte, als sie sagen sollte, wie sie die Beinchen koordiniert). – Unter fremdsprachlichem Einfluß kann die muttersprachliche Kompetenz auch weitgehend verlorengehen: Nach langem Auslandsaufenthalt sprechen viele ihre Muttersprache nur noch gebrochen (z. B. EmigrantInnen).

Für die patriarchalische Kompetenz, die wir mitsamt unserer muttersprachlichen im frühen Kindesalter einprogrammiert bekommen, bedeutet das: Auch sie kann, wie die meisten von uns in den vergangenen fünfzehn Jahren Frauenbewegung erlebt haben, durch Reflexion erheblich irritiert werden. Ein feministisches Ausland zum gänzlichen Verlernen gibt es allerdings nicht ...

Es bleibt uns daher nur der Weg, die geeigneten Regelverletzungen zu erfinden und zur Regel zu machen.

Als Linguistin weiß ich, daß es noch schier endloser linguistischer Arbeit bedarf, bis wir wissen, wie das sprachliche Regelsystem funktioniert, das wir »beherrschen«, ohne zu wissen, **was** wir da beherrschen – und das deshalb uns beherrscht. – Der Vergleich des sprachlichen Systems mit dem patriarchalischen System könnte mich fast mutlos machen.

Aber zum Glück gibt es viel mehr Feministinnen als LinguistInnen.

1983

Anmerkungen

1 Vgl. ihre Arbeiten in der Bibliographie am Schluß dieses Bandes.
2 Den Terminus übernehme ich von Watzlawick (1969: 36), der ihn von Jaspers hat. Beide grenzen das besprochene Phänomen damit von dem »Unbewußten« als Gegenstand etwa der Psychoanalyse ab.
3 Übersetzung: Wenn alles bizarr ist, scheint nichts bizarr. (Daly 1978: 17)
4 Ebd. Übersetzung: Es gibt nichts, was dem Klang gleichkommt, wenn Frauen richtig lachen. Das brüllende Lachen von Frauen ist wie das Brüllen der unendlichen See.

Männersprache – Sprache des Großen Bruders?

Vortrag anläßlich der Universitätswoche Düsseldorf, 13./20. Juni 1984. Thema: Orwell 1984

1 Präludium

Zu diesem Vortrag bin ich vom ASTA-Frauenreferat der Uni Düsseldorf eingeladen worden, »damit der Frauen-Aspekt bei dieser Mammut-Prestige-Unternehmung nicht ganz außen vor bleibt« (oder so ähnlich – genau erinnere ich mich nicht mehr an die Formulierung am Telefon).

Das Programm der Universitätswoche beginnt, so steht es in den mir zugeschickten Unterlagen, mit einer Podiumsdiskussion zum Thema »Dürfen wir, was wir können? Die künstliche Befruchtung – Anspruch, Möglichkeiten, Zweifel« mit, so lese ich da:

> Prof. Dr. Mitscherlich (Düsseldorf), Dr. Helmich (Brügge), Dr. Schumacher (Düsseldorf), Prof. Dr. Boeckle (Bonn), Prof. Dr. Röhrborn (Düsseldorf), Dr. Propping (Essen), Frau Brüttelmann (Mutter dreier Kinder)

An dieser Liste fällt mir auf, daß sie weder alphabetisch noch hierarchisch (d. h. nach Titeln) geordnet ist. Auch die Zugehörigkeit zu einer bestimmten Uni (ich nehme mal an, daß die Städtenamen dezent die universitäre Heimat andeuten sollen) ist nicht maßgebend. Vielmehr scheint folgendes Ordnungsprinzip zu walten: Die Leute mit Titel (egal welcher) und Herkunftsort kommen in die erste Gruppe, diejenigen ohne Titel und ohne Herkunftsort in die letzte. Diese letzte Gruppe enthält nur ein einziges Mitglied: Frau Brüttelmann, Mutter dreier Kinder. Sie scheint eine dahergelaufene Person zu sein, ohne festen Wohnsitz. Titel hat sie auch keine zu bieten; sie vertritt in dieser Podiumsdiskussion wahrscheinlich auch bloß die Praxis, während die Vertreter der Theorie mit Recht zu sechst und an erster Stelle auftreten.

Ich kann der Liste nicht entnehmen, wes Geschlechtes die sechs Betitelten sind und ob sie vielleicht, als Väter oder auch Mütter (wer weiß es denn??), mit der Praxis des Diskussionsthemas auch irgendwas zu tun haben. Sollten wirklich alle kinderlos sein – das ist doch kaum anzunehmen! Warum aber werden dann nur die

Kinder der Frau Brüttelmann zu Protokoll gegeben? Wie wir sehen werden, hat schon diese Art der Wahrnehmung bzw. Informationspolitik sehr viel mit unserem Thema, Männersprache, zu tun. Und was nun das Geschlecht betrifft, so neige ich aus langer Erfahrung zu der Vermutung, daß die sechs Professores und Doctores Männer sind.[1] Außerdem heißt das Thema ja auch »Dürfen wir, was wir **können**?« – und welche Frau kann schon befruchten, sei es nun künstlich oder nicht. Die Befruchtung, ob künstlich oder nicht, haben wir bekanntlich allein den Männern zu verdanken.

Über die Frage, ob wir Frauen, wenn mann uns – künstlich oder nicht – befruchtet hat, uns der Frucht entledigen dürfen, ob **wir** mithin dürfen, was wir können (oder besser: was wir einmal konnten, als weise Frauen, Hebammen, noch nicht alle als Hexen verbrannt worden waren), entscheiden bekanntlich die Männer in der katholischen Kirche und in den Parlamenten im Alleingang. Um so mehr ist die politische und menschliche Sensibilität der Diskussionsveranstalter[2] zu loben, die mit Frau Brüttelmann, Mutter dreier Kinder, auch ein Mitglied der Gruppe der Befruchteten bzw. Befruchtbaren zu Wort kommen lassen.

2 Anmerkungen zum Titel dieses Vortrags

Ich wurde hierher eingeladen, um etwas zum Thema »Sprache – 1984 – Großer Bruder – Orwell – *Newspeak*« vorzutragen. Die endgültige Themenformulierung »Männersprache – Sprache des Großen Bruders?« stammt nicht von mir. Ich finde sie gut – bis auf das Fragezeichen. Unsere deutsche Männersprache **hat** sehr viele Züge mit Orwells *Newspeak* gemeinsam. Das ist für mich keine Frage, sondern die zentrale These meines Vortrags.

Doch bevor ich diese These begründe, möchte ich aus weiblicher Sicht einige Anmerkungen zu Orwells *1984* machen.

3 Orwell als männlicher Chauvinist

3.1 Das Frauenbild bei Orwell[3]

Die Frauen bei Orwell fallen vor allem dadurch auf, daß sie kaum vorkommen. Sie sind prozentual etwa so stark vertreten wie Frau Brüttelmann in jener Expertenrunde – insofern hat sich diese Veranstaltung dem Rahmenthema Orwell nett angepaßt oder, anders betrachtet: Orwells Anti-Utopie beschreibt unser Jahrzehnt ziemlich korrekt, was diesen Zug betrifft. Doch davon später.

Immerhin gibt es neben den beiden männlichen Helden, Winston Smith und O'Brien, als dritte Hauptperson eine Frau: Julia, die Geliebte Winstons. Obwohl sie 26 Jahre alt ist, wird sie durchgehend als »Mädchen« [*girl*] bezeichnet. Ihren Nachnamen erfahren wir nicht, und Winston scheint ihn auch nicht zu kennen oder wissen zu wollen. Dafür erfahren wir um so mehr Nachnamen von Männern ohne Vornamen.

Julia interessiert sich nicht für Politik und Theorien, sondern für Winston, die Liebe und gutes Essen. Während Winston grübelt und sinnt und verbotene revolutionäre Schriften studiert, kümmert sie sich um die praktischen Belange des Lebens. Julia ist eigentlich die sympathischste Person in dem ganzen Buch – nur ist sie leider ziemlich frauenfeindlich:

> Sie wohnte in einem Heim mit dreißig anderen jungen Mädchen zusammen. (»Immer in dem Weibergestank! Wie ich die Frauen hasse!«) (S. 120)

Julia wundert sich auch, daß Winston seine lästige und dumme Ehefrau Katherine noch immer nicht umgebracht hat:

> »Warum hast du ihr nicht einen tüchtigen Stoß versetzt?« sagte Julia. »Ich hätte es getan.« [Gemeint ist ein Stoß in den Abgrund.] (S. 125)

Julias Frauenhaß ist im übrigen mit dem Orwells ziemlich identisch, wie ein paar Beschreibungen von Frauen belegen mögen:

Winston über seine Frau:

> Sie hatte [...] ein Gesicht, das man versucht war, ideal zu nennen, bis man herausfand, daß so gut wie nichts dahintersteckte. Schon sehr bald während seiner Ehe war er zu der Ansicht ge-

langt [...], daß sie geistig das dümmste, gewöhnlichste und leerste Wesen war, dem er je begegnet war. Sie hatte keinen Gedanken im Kopf, der nicht ein Schlagwort gewesen wäre, und es gab keinen Blödsinn, aber auch keinen einzigen, den sie nicht gefressen hätte, wenn die Partei ihn ihr auftischte. Er gab ihr im stillen den Spitznamen »Die alte Platte«. (S. 63)

Winston gewinnt einen Eindruck von den Proles-Weibern:

[...] sah er einen Pöbelhaufen von zwei- oder dreihundert Weibern sich mit tragischen Mienen, als seien sie die dem Untergang geweihten Passagiere eines sinkenden Schiffes, um die Verkaufsstände eines Straßenmarktes drängen. [Sie streiten sich um Blechpfannen.] [...] Ein erneutes Geschrei brach aus. Zwei aufgedunsene Frauenspersonen, von denen der einen die Frisur aufging, hielten dieselbe Blechpfanne fest und versuchten, sie einander aus der Hand zu reißen. [...] Winston beobachtete sie angeekelt. (S. 66f.)

Wie er die Frau in ihrer charakteristischen Haltung betrachtete, ihre dicken Arme zur Wäscheleine emporgehoben, während ihre mächtigen, an eine Stute erinnernden Hinterbacken sich wölbten, kam es ihm zum erstenmal zum Bewußtsein, daß sie schön war. Es war ihm nie vorher in den Sinn gekommen, der Körper einer fünfzigjährigen Frau, der durch Geburten zu monströsen Ausmaßen gedunsen und dann durch Arbeit vergröbert und verhärtet war, bis seine grobe Haut der Schale einer überreifen Rübe ähnelte, könnte schön sein. (S. 202)

Orwell zeichnet auch seine männlichen Helden nicht gerade liebevoll, auch sie sind bisweilen von monströser Dummheit und Häßlichkeit, zugegeben. Aber es fällt auf, daß nur Männer Geist besitzen. Natürlich gibt es auch viele entsetzlich dumme Männer. Wenn aber bei Orwell jemand intelligent ist, dann ist es ein Mann. Selbst die patente Julia ist doch höchstens »eine Revolutionärin von der Taille abwärts« (S. 144). Als Winston mit ihr zusammen »das Buch« lesen will, sagt sie: »Lies du es. Lies es laut vor. Das ist die beste Methode. Dann kannst du es mir gleich dabei erklären.« (S. 185)

Fazit: Die alte patriarchalische Dichotomie **Mann = Geist, Frau = Körper/Sex** gehört für Orwell zu den Selbstverständlichkeiten seines Weltbilds und wird deshalb nicht thematisiert, sondern vorausgesetzt. Orwells zentrales Thema ist die Unterjochung, ja Auslöschung des menschlichen Geistes, der menschlichen Vernunft mittels sadistischer totalitärer Methoden – und dieses Geschäft ist im wesentlichen ein Geschäft unter Männern. Denn nach Orwells Verständnis wie nach allgemein patriarchalischem Verständnis ist menschlicher Geist gleich männlicher Geist.

3.2 Warum die Partei ein Großer Bruder ist und das Proletariat eine Frau

Die Partei in *1984* wird symbolisiert nicht durch eine »Große Schwester«, sondern durch den Großen Bruder, und sie besteht überwiegend aus männlichen Mitgliedern. Dieser Aspekt wird zwar von Orwell nicht thematisiert, fällt aber dem feministisch geschulten Blick sofort auf. In der »äußeren Partei«, der auch Winston und Julia zugehören, sind ein paar Frauen zu finden, nicht jedoch in der »eigentlichen«, der Inneren Partei. Lebenszweck und -philosophie der Partei und ihrer Mitglieder ist die Macht: »[...] uns interessiert einzig und allein die Macht als solche«, »Der Zweck der Macht ist die Macht« (S. 242). Und: »Die Macht besteht darin, Schmerz und Demütigungen zufügen zu können« (S. 245).

Diese Kernsätze des Buches werden einem Mann (Winston) von einem Mann (O'Brien) verkündet. Diejenigen, die in *1984* die Macht ausüben, indem sie »Schmerz und Demütigungen zufügen«, sind ausschließlich: Männer. Das Personal des »Ministeriums für Liebe«, wie das Polizei- und Folterministerium sich zu nennen beliebt, ist, von den untersten Chargen bis zu den obersten Rängen, rein männlich besetzt. Frauen kommen hier nur als Opfer vor.

»Die einzige Hoffnung«, das erkennt Winston mehr und mehr und drückt es am Schluß auch ganz deutlich aus, kurz bevor er gefangengenommen wird, um schließlich bis zur Selbstauslöschung umgepolt zu werden, »die einzige Hoffnung sind die Proles«. Sie werden symbolisiert von einer Frau:

> Die Frau da unten wußte von nichts, sie bestand nur aus starken Armen, einem warmen Herzen und einem fruchtbaren Leib. [...] Die Vögel sangen, die Proles sangen, aber die Partei sang nicht. In der ganzen Welt, in London und New York, in Afrika,

Brasilien und in den geheimnisvollen verbotenen Ländern hinter den Grenzen, in den Straßen von Paris und Berlin, in den Dörfern der endlosen russischen Weite, in den Basaren von China und Japan – überall stand die gleiche, feste, unerschütterliche Gestalt, unförmig geworden durch Arbeit und Niederkünfte, die von der Wiege bis zum Grabe schwer schuftet und dennoch singt. Aus diesem mächtigen Schoß mußte eines Tages ein Geschlecht wissender Menschen hervorgehen. Ihr seid die Toten; die Zukunft gehört ihnen. Aber man konnte teilhaben an dieser Zukunft, wenn man den Geist lebendig erhielt, so wie sie den Leib lebendig erhielten [...] (S. 203 f.)

Ich frage mich, was Orwell damit sagen will, daß er das Prinzip der Gewalt und des Todes als Mann symbolisiert und das Prinzip der Hoffnung und des Lebens als Frau. Hat er vielleicht, quasi als Frühfeminist, totalitäre Herrschaft und Machtbesessenheit korrekt erkannt und beschrieben als männliche bzw. **patriarchalische** Herrschaft und Machtbesessenheit? Oder geraten ihm menschliche Fehlentwicklungen nur deshalb zu männlichen, weil er Menschen eh mit Männern gleichsetzt? Weder, noch – ein bißchen komplizierter ist es schon. Als Schriftsteller und vor allem als Mann ist Orwell nicht nur Diagnostiker, sondern zugleich »Koproduzent« der Strukturen, die er kritisiert.

Orwells Thema ist, wie gesagt, der Kampf der Macht gegen den Geist, auch und nicht zuletzt der Kampf der Machthaber gegen ihren eigenen »gesunden Menschenverstand«. Wer Geist hat, so lautet eine der unausgesprochenen Prämissen, ist männlichen Geschlechts. Und nur wer Geist hat, ist anfällig für die Verführung der Macht und somit potentiell ein Opfer des eigenen Verstandes/Geistes. Deshalb kann das Heil nur kommen von denjenigen, die keinen Geist haben, dafür aber um so mehr Gefühl und Leib: »Die Frau da unten wußte von nichts, sie bestand nur aus starken Armen, einem warmen Herzen und einem fruchtbaren Leib.«

Der Sieg des »weiblichen Lebensprinzips« über das »männliche Todesprinzip« ist ein uralter patriarchalischer Mythos, genau wie die Dichotomie »Männlichkeit des Geistes« und »Weiblichkeit des Körpers«. Seine Prämisse lautet, bei Orwell nicht anders als bei den sonstigen Patriarchen, schlicht und dumm: FRAUEN SIND BLÖD. Diese Prämisse wird auch dadurch nicht besser, richtiger oder klüger, daß gerade von diesem geistlosen Geschlecht den unseligen, durch ihren Geist so gefährdeten Männern schließlich das Heil und die Erlösung kommen sollen.

3.3 Vaporisierte Frauen oder: Die Frau als Unperson

Da es Orwell um die Dressur des menschlichen Geistes geht und Frauen in seinem Weltbild keinen Geist besitzen, ist es nur folgerichtig, daß sie in dem Roman lediglich Randfiguren sind. Der offene Frauenhaß Orwells, wie er auch von anderen Feministinnen übel vermerkt wurde[4], ist meines Erachtens, verglichen mit dieser grundlegenden Nichtwahrnehmung der Frau als Mensch und vernunftbegabtes Wesen, vergleichsweise harmlos. Um Frauen zu hassen und zu verachten, muß man sie wenigstens wahr- und ernstnehmen.

»Unpersonen« bzw. »vaporisierte Personen« sind in *1984* solche Menschen, die auf Beschluß der Partei getilgt wurden. Gestern waren sie noch da, heute sind sie plötzlich verschwunden und auf parteilichen Wunsch = Befehl einfach vergessen. Es hat sie nie gegeben. Das Vergessen auf Befehl gehört zur Kunst des »Doublethink«, derjenigen geistigen Fähigkeit, die in Ozeanien die wichtigste ist.

Frauen als Unpersonen werden wiederum von Orwell nicht thematisiert, sind aber dennoch für seinen Text, wie für jeden patriarchalischen Text, konstitutiv.

Ich möchte das Problem zunächst an einem alten Spruch der 68er-Bewegung illustrieren:

> Wer zweimal mit derselben pennt, gehört schon zum Establishment.

Der Satz ist ein Beispiel für die beiden grundlegenden Spielarten männlich-sexistischen Denkens:
Vordergründig und so auffällig wie Orwells offener Frauenhaß ist
a) **die Instrumentalisierung und Degradierung der Frau** zum Lust- und dann Wegwerf-Objekt des Mannes. Schlimmer und gefährlicher jedoch ist
b) **die Vaporisierung der Frauen** in diesem Satz, die Tatsache nämlich, daß **sie** als (Lust-)**Subjekte** gar nicht erst gedacht werden und deshalb nicht vorkommen, genausowenig wie sie als mögliche Mitglieder des Establishments gedacht werden oder als Mitglieder

der studentischen Bewegung, an die der ganze Spruch sich ja richtet. Frauen kommen vor als Lustobjekte; in allen anderen Bereichen kommen sie überhaupt nicht vor, sind sie **Unpersonen.**

Den meisten Menschen, auch den meisten Feministinnen, fällt das Phänomen »Frauen als Unpersonen« kaum auf – Anzeichen unserer erfolgreichen Dressur in der Technik des *Doublethink*.

Hier ein paar Kostproben der Vaporisierung von Frauen durch Orwell:

> Wenn ein gewöhnlicher Mensch mit einem Kapitalisten sprach, mußte er sich ducken und vor ihm katzbuckeln, seine Mütze abnehmen und ihn mit »Gnädiger Herr« anreden. (S. 69)
> (**Kommentar:** Wir erfahren hier, daß Frauen weder zur Gruppe der »gewöhnlichen Menschen« gehören noch zur Gruppe der »Kapitalisten«, da sie üblicherweise weder Mützen tragen noch diese zum Gruß abnehmen und schon gar nicht mit »Gnädiger Herr« angeredet werden.)

> [...] doch war der Weg von einem riesigen Proles und einem fast ebenso riesigen Weibsstück, vermutlich seiner Frau, versperrt [...] (S. 106)
> (**Kommentar:** Hier erfahren wir, daß »ein Proles« gleichbedeutend ist mit »ein Mann«, und das, obwohl ja bei Orwell die Klasse der Proles durch eine Frau symbolisiert ist. Ein klassisches Beispiel für das »ganz gewöhnliche patriarchalische Doublethink«, das wir alle im Patriarchat lernen, so auch Orwell.)

> Der Kampf, wenn überhaupt einer stattfand, spielte sich an den undeutlich umrissenen Grenzen ab, deren Lage der einfache Mann nur mutmaßen kann [...] (S. 171)
> (**Kommentar:** Die einfache Frau, die etwas mutmaßen könnte, ist nicht vorgesehen.)

> An dem Lebensstandard zu Anfang des zwanzigsten Jahrhunderts gemessen, führt selbst ein Mitglied der Inneren Partei ein hartes, arbeitsreiches Leben. Dennoch sieht seine Welt durch die paar Vorzüge, deren er sich erfreut – seine große, gut eingerichtete Wohnung, den besseren Stoff seiner Anzüge, die bessere Qualität seines Essens, Trinkens und Tabaks, seine zwei oder drei Dienstboten, sein Privatauto oder Helikopter –, anders aus als die eines Mitglieds der Äußeren Partei [...] (S. 176)

(**Kommentar:** Nicht nur Dienstboten gehören nicht zur Inneren Partei, sondern auch Frauen nicht, denn Frauen tragen keine Anzüge. Auch habe ich keine tabakrauchende Frau in dem Roman entdecken können. Da das Thema »Frauen in der Inneren Partei« von Orwell nicht thematisiert wird, können wir nicht wissen, ob er sie vaporisiert hat oder ob sie explizit als Mitglieder ausgeschlossen sind.)

Ein Angehöriger der Partei lebt von der Geburt bis zum Tode unter den Augen der Gedankenpolizei. Sogar wenn er allein ist, kann er nie sicher sein, ob er wirklich allein ist. Wo er auch sein mag, ob er schläft oder wacht, arbeitet oder ausruht, in seinem Bad oder in seinem Bett liegt, kann er ohne Warnung und ohne zu wissen, daß er beobachtet wird, beobachtet werden. Nichts, was er tut, ist gleichgültig. Seine Freundschaften, seine Zerstreuungen, sein Benehmen gegen seine Frau und seine Kinder, [...] alles wird einer peinlich genauen Prüfung unterzogen. (S. 194)

(**Kommentar:** Ein »Angehöriger der Partei« ist, per definitionem, ein Mann, denn nur ein solcher kann »Frau und Kinder« haben. Um zu »verstehen«, daß auch Julia »Angehörige der Partei« ist, als was sie uns ja präsentiert wird, bedarf es auf seiten der LeserInnenschaft des Einsatzes von *Doublethink*.)

Wir merzen bereits die Denkweisen aus, die noch aus der Zeit vor der Revolution stammen. [...] Niemand wagt es mehr, einer Gattin, einem Kind oder einem Freund zu trauen. Aber in Zukunft wird es keine Gattinnen und keine Freunde mehr geben. (S. 245)

(**Kommentar:** Gegenstand der Aussage und der Gehirnwäsche sind wiederum: Männer. **Sie** werden dazu gebracht werden, selbst ihren engsten Vertrauten (Gattinnen, Freunden) und den Unschuldigsten (Kindern) nicht mehr zu trauen. Ob die Gattinnen ihrerseits noch jemandem trauen, ist unwichtig, weil sie »sowieso nicht existieren«.)

4 Newspeak = Oldspeak = Malespeak

4.1 *›Doublethink‹* und *›Newspeak‹*

Einer der Kernsätze in *1984*, eine sozusagen leitmotivische Klage des Helden Winston, lautet: »Alles löste sich in Nebel auf.« Winston ist einerseits der wahnsinnigmachenden Propaganda Ozeaniens permanent ausgesetzt, hat sich aber andererseits noch Reste seines gesunden Menschenverstandes bewahrt, und so **kann** er nicht anders als an sich selbst, seinem Verstand und **an allem irre werden**. Er beherrscht die Kunst des Doublethink noch nicht so perfekt, daß er wirklich wissen und glauben kann, daß 2×2=5 ist oder auch =4, je nachdem, wie die Partei es befiehlt.

Zwei Arten des Denkens werden in *1984* einander gegenübergestellt: Erstens das »normale Denken« nach den Gesetzen gängiger Logik (2+2=4) oder »der gesunde Menschenverstand«. Zweitens das Denken von Wahnsinnigen, **Doublethink**. **Doublethink** ist nicht etwa das systematische Fürwahrhalten des evident Falschen – das wäre zu simpel. Es ist das **gleichzeitige** Fürwahrhalten einer Behauptung **und** ihres Gegenteils. Für einen *Doublethinker* sind beide Aussagen, 2+2=4 **und** 2+2=5, wahr, wenn die Partei es will.

Der Mensch ist allerdings von Natur nicht so angelegt, daß er *Doublethink* ohne weiteres beherrscht; er muß es erlernen. Damit alle es erlernen, besitzt Ozeanien eine gewaltige Propagandamaschinerie, die sämtliche Medien (und deshalb auch »die Wirklichkeit«) vom »Wahrheitsministerium« aus kontrolliert. Eine Abteilung des Wahrheitsministeriums beschäftigt sich mit der Entwicklung einer geeigneten Sprache zur Durchsetzung des *Doublethink*. Diese Sprache heißt *Newspeak*. Die Sprache hingegen, die es abzuschaffen gilt, ist die Sprache des gesunden Menschenverstandes, die Sprache, in der der Roman *1984* geschrieben ist. Sie heißt *Oldspeak*.

Ich habe oben [3.3] an zahlreichen Beispielen vorgeführt, daß die Sprache von *1984*, die Sprache Orwells, das »gute alte *Oldspeak*«, sich in bezug auf den Unpersonen-Status von Frauen von der Orwellschen Schreckensvision *Newspeak* nicht im geringsten unterscheidet. Das Symbol der Partei ist der Große Bruder, die Organisation der revolutionären Untergrundbewegung nennt sich *Die Brüderschaft*. *Großer Bruder* versus *Brüderschaft* mag ja für

Männer einen Unterschied machen – für Frauen ist es dasselbe: **Wir** kommen nicht vor. Wir wurden vaporisiert.

4.2 Kleine Grammatik der Männersprache Deutsch (= Oldspeak = Newspeak = Malespeak): Mittel zur Vaporisierung der Frau

In Ozeanien ist die Vaporisierung von Menschen ein relativ aufwendiges Verfahren, mit dem zunächst die Gedankenpolizei (physische Ausmerzung) und sodann ganze Hauptabteilungen des »Wahrheitsministeriums« u. U. monatelang beschäftigt sind, bis sämtliche Spuren der betreffenden Person aus den Archiven getilgt sind, jeder Beweis ihrer Existenz vernichtet ist. Die Vaporisierung erfolgt in der Regel individuell, von Fall zu Fall. Das Problem der Vaporisierung ganzer Bevölkerungsgruppen wird gar nicht erst erwähnt, vermutlich weil Orwell es doch für zu kompliziert hält. Er ist eben kein Linguist, und so haben seine Fachleute für *Newspeak* noch nicht begriffen, daß schon die Grammatik des *Oldspeak* die effektivste und raffinierteste Form der Vaporisierung in sich beschließt und garantiert: Das Wissen um Personen (ob Einzelindividuen oder die Hälfte der Bevölkerung) kann am besten mittels der Sprache und hier wiederum am besten mittels einiger grammatischer Tricks ausgelöscht werden (wie Orwell uns ja, wenn auch unbewußt, ständig vorexerziert). Auf die aufwendige Vaporisierung der Personen selbst kann bei diesem Verfahren getrost verzichtet werden. Sie mögen ruhig weiterexistieren (vielleicht werden sie ja auch noch mal gebraucht), solange gesichert ist, daß sie im allgemeinen Bewußtsein (ihr eigenes eingeschlossen) so gut wie nicht vorhanden sind. Irgendwann werden sie sowieso sterben, und dann ist es so, als wären sie nie gewesen.

[Hierzu fällt mir eine Analogie aus der Textverarbeitung mittels Computer ein: Eine Datei wird gelöscht, indem man ihren Namen im Inhaltsverzeichnis tilgt. Das genügt. Die physische Löschung, etwa wie bei Ton- und Videobändern, oder gar die Vernichtung des Informationsträgers selbst, wie bei Film- oder Aktenmaterial, ist unnötig, denn die Datei ist auch so nicht mehr »greifbar«. Der Raum, den sie physisch einnimmt, steht für weitere Verwendung zur Verfügung. Und zur Not kann die solcherart »gelöschte« Datei auch wieder »ins Leben gerufen werden«.]

Die grundsätzliche, nach Belieben aber auch widerruf- und vor allem abstreitbare Vaporisierung von Frauen gelingt am elegantesten mittels der grammatischen Vorschrift, daß die Bezeichnungen für Männer, wenn es unbedingt sein muß, »Frauen mitbezeichnen können«. Im Englischen, dem *Oldspeak* Orwells, leistet im wesentlichen das Pronomen *he* die gesamte Vaporisierungsarbeit. Alle Personenbezeichnungen, die nicht ausdrücklich auf Frauen referieren, müssen durch *he* pronominalisiert werden, z. B. »a student will pass his exams successfully if he...« [Diese einstmals starre Regel wurde inzwischen nach massiven feministischen Protesten bekanntlich gelockert; zu Orwells Zeiten aber galt sie, und darum geht es hier in erster Linie.] Im Deutschen haben wir andere Frauen-Vaporisierungs-Regeln, die insgesamt jedoch noch weit effektiver sind. Jede maskuline Personenbezeichnung des Deutschen ist grundsätzlich doppeldeutig. Sie besitzt eine Hauptbedeutung, »Männer«, und eine Nebenbedeutung, »Männer und/oder Frauen« – und so dürfen wir Frauen denn bei jedem Satz über Personen raten, ob wir wohl mitgemeint sind oder nicht. »Eigentlich« sind wir zwar »gelöscht«, »vaporisiert«, nicht greifbar – zur Not können wir aber doch wieder hervorgezaubert werden. Diese Regel gehört zum Grundbestand der deutschen Grammatik und trainiert alle diejenigen, die sie als Muttersprache erlernen, von Kindheit an gründlich in der geistigen Technik des *Doublethink*, insofern sie nahelegt, daß

a) Menschen Männer sind und Frauen einer anderen Spezies angehören [dies gilt vor allem dann, wenn von Privilegien die Rede ist]

b) Frauen auch Menschen sind, wenn es grad in den Kram paßt [vor allem dann, wenn von unangenehmen Pflichten, Strafen usw. die Rede ist]

c) Frauen denjenigen Gruppen, denen sie faktisch angehören, nicht angehören

[Es ist psychologisch verständlich, aber sehr unrealistisch, daß Frauen die Auslegung (b) zunächst einmal an alle Äußerungen »herantragen«. Es entgeht ihnen dadurch das kolossale Ausmaß ihrer tatsächlichen Vaporisierung – was durchaus im Interesse der Patriarchen ist. Die meisten Frauen wissen nicht, daß sie in dem wichtigsten Medium überhaupt, Sprache, kaum präsent sind.]

Der grammatische Trick des »Mitmeinen-Könnens« beschert

uns Sätze wie die in [3.3] aus der Orwell-Übersetzung zitierten oder Sätze wie

> Jeder kann Papst werden. Das beste Beispiel bin ich selbst. (Papst Johannes XXIII.)[5]

> Der Durchschnittslohn eines Industriearbeiters beträgt DM 16 pro Stunde.[6]

> Alle Menschen werden Brüder.

> Wer ja sagt zur Familie, muß auch ja sagen zur Frau. (Helmut Kohl)

Wenn *jeder* »jeder Mensch« bedeutet, hat Papst Johannes XXIII. entweder gelogen, oder aber er benutzte die frauenvaporisierende Bedeutung von *Mensch* bzw. *jeder*.[7] Da nicht nur die Partei in *1984*, sondern auch der Papst unfehlbar ist, wird wohl letzteres der Fall sein.

Der Durchschnittslohn einer Industriearbeiter**in** beträgt nicht DM 16, sondern nur etwa DM 11 pro Stunde.[8] Der obige Satz bezieht sich also nur auf Männer, wird aber sicher von den meisten anders, d. h. falsch, interpretiert.

Die Frauenvaporisierung mittels der Grammatik wird bei uns noch flankiert durch gesetzgeberische Maßnahmen, besonders durch das Namensrecht. Eine Familie galt jahrhundertelang bis vor kurzem (und gilt für viele noch heute) als ausgestorben, wenn sie keine männlichen Nachkommen hatte (hat) – mochten auch noch so viele Frauen quicklebendig herumwuseln. Familienstammbäume können/konnten sich infolgedessen auf die Erwähnung der männlichen Familienmitglieder beschränken. Der Stammbaum der Familie Bach, angefertigt von Johann Sebastian persönlich, besteht ausschließlich aus Männern (ein früher Fall von Cloning??).[9] Der Stammbaum Jesu, Matth. I, 1-17, beginnt folgendermaßen:

> Das Buch der Abstammung Jesu Christi, des Sohnes Abrahams, des Sohnes Isaaks. Abraham zeugte den Isaak, Isaak zeugte den Jakob. Jakob zeugte den Juda und seine Brüder. Juda zeugte mit der Thamar den Perez und den Serah. Perez zeugte den Hezron. Hezron zeugte den Aram. Aram zeugte den Amminadab. Amminadab zeugte den Nahason. Nahason zeugte den Salmon. [...]

Was den biblischen Patriarchen recht war, ist den heutigen billig. Und so lesen wir denn in den Zeitungen:

> Glückwünsche für Eheleute Arthur Lipponer und Ludwig Lauer (Rhein-Neckar-Zeitung, 10./11. Nov. 1983, S. 7).[10]

Die Eheleutchen sind nicht Arthur und Ludwig, sondern zu Arthur und Ludwig gehört noch je eine vaporisierte Ehefrau. Und wenn Arthur und Ludwig vor diesen sterben, werden die Ehefrauen »Witwe Arthur Lipponer« bzw. »Witwe Ludwig Lauer« genannt werden, ähnlich wie im angelsächsischen Sprachraum bereits die Ehefrauen »Mrs. Arthur Lipponer« o. ä. sind. Auf dem Friedhof verschwinden sie auf Nimmerwiederfinden unter dem Grabstein »Familie Arthur Lipponer« bzw. »Familie Ludwig Lauer«.

Ganz konkret vaporisiert sind für mich all diejenigen weiblichen Bekannten, von deren Eheschließung plus Namensänderung ich nichts erfahren habe und die ich unter ihrem alten Namen anrufen möchte – der im Telefonbuch gelöscht ist. Ein männlicher Bekannter wird niemals in dieser Weise unauffindbar für mich sein, es sei denn, er legt sich »exzentrischerweise« den Namen seiner Ehefrau zu.

Ich möchte noch einmal auf den Anfang meines Vortrags zurückkommen. Die einsame Frau auf dem Expertenpodium hieß »**Frau** Brüttel**mann**«, von den Herren aber hieß niemand »Herr Brüttelfrau« o. ä. Viele unserer deutschen Nachnamen enden auf *-mann*, und viele männliche Vornamen und männliche Berufsbezeichnungen können als Nachnamen fungieren, z. B. Frau Otto, Frau Walter, Frau Fritz, Frau Gerhard, Frau Heinrich, Frau Schumacher, Frau Schneider, Frau Bäcker oder Frau Kürschner. Von einem Herrn Angelika, Herrn Monika, Herrn Annegret, Herrn Hebamme oder Herrn Krankenschwester dagegen habe ich nie gehört. Frauen heißen *Jensen*, *Hansen*, *Jakobson* oder *Friedrichsen*, als seien sie Söhne eines Jens, Hans, Jakob oder Friedrich und als hätten sie keine Mütter. Kein Mann aber heißt *Annatochter* o. ä.

Und wenn diese flankierenden Maßnahmen zur Vaporisierung der Frau noch immer nicht ausreichen (Frauen sind ja ein zähes und langlebiges Geschlecht, langlebiger bekanntlich als Männer), so besorgt die männliche Geschichtsschreibung den Rest. Auch auf diesem Gebiet arbeitet die »ganz gewöhnliche« patriarchalische Institution Geschichtswissenschaft bereits effektiver als alle

Greuelinstitutionen, die ein Orwell sich ausdenken konnte. Im Wahrheitsministerium muß die Geschichte Tag für Tag nach den Anweisungen der Partei mühsam auf den jeweils genehmen Stand gebracht werden. Im Patriarchat genügt die Vaporisierung der Frauen zu Lebzeiten, ihrer Aktivitäten wie ihres Martyriums, um für alle Zukunft die Quellen und Archive vom Störfaktor Frau freizuhalten. Ähnlich, wie für Winston seine Kindheit in undurchdringlichem Nebel verborgen liegt, weil das Wahrheitsministerium jene Zeit x-mal um- und umgeschrieben hat, hatten auch wir bis zum Wiederbeginn der Frauenforschung Anfang der siebziger Jahre fast keine Erinnerung an unsere Geschichte, z. B. an die Hexenverbrennung [der Höhepunkt dieses Holocaust wird *Zeitalter des Humanismus* oder *Renaissance* genannt] und an all die anderen Verbrechen des Patriarchats (auch *ethnische Riten* oder *Bräuche*[11] genannt), von der Verkrüppelung weiblicher Füße in China über die Witwenverbrennung in Indien bis zur Klitorisverstümmelung/-entfernung in Afrika. Sie kommen in den von Männern erarbeiteten und verordneten Geschichtsbüchern nicht vor, genausowenig wie die Geschichte der Frauenbewegung und anderer weiblicher Kulturleistungen. Als Musterbeispiel kann hier Golo Mann genannt werden. Seine Urgroßmutter, Hedwig Dohm, sicher die intellektuell bedeutendste Feministin der ersten Frauenbewegung, kommt in seinem Geschichtswerk *Deutsche Geschichte des XIX. und XX. Jahrhunderts* genausowenig vor wie die gesamte Geschichte der Frauenbewegung.[12]

5 Schlußbemerkung

Ursprünglich wollte ich in diesem Vortrag neben den grammatischen Mitteln zur Vaporisierung der Frau auch noch die Technik der semantischen Verdrehung behandeln – für Nicht-LinguistInnen wahrscheinlich das auffälligste und beunruhigendste Teilthema der Sprachkritik Orwells.

Die drei wichtigsten Slogans der Partei in *1984* lauten:

Krieg bedeutet Frieden
Freiheit ist Sklaverei
Unwissenheit ist Stärke

Das Ministerium für Folter heißt *Ministerium für Liebe*, kurz *Mi-*

nilieb, und das Ministerium für Rationierung heißt *Ministerium für Überfluß*, kurz *Miniflu*. Wenn die Schokoladenration auf 20 g *herab*gesetzt worden ist, melden sämtliche Medien mit Stolz, es sei schon wieder gelungen, die Schokoladenration *herauf*zusetzen, und zwar auf 20 g. Über Zwangsabgaben heißt es (ein besonders instruktives Beispiel für die Sprache des *Doublethink*): »Ungefähr ein Viertel seines Gehaltes mußte man für freiwillige Beiträge zeichnen« (S. 54).

Diese Technik der schamlosen Verdrehung der Fakten mittels der Sprache ist für Propagandasprache typisch; Orwells Muster waren hier vermutlich die Sprachkünste der Nazis, die aus Vernichtungslagern »Arbeitslager«, aus Vergasung »Sonderbehandlung« und aus der Ausrottung der jüdischen Bevölkerung die »Endlösung der Judenfrage« machten. Ähnliches vollbringen auch unsere heutigen Politiker mit »Entsorgungspark« für Atommülldeponie oder »pacification« für Bombardierung. Auch die sog. Arbeitgeber sind recht kreativ, wenn sie eine Entlassung als »Chance, sich auf dem Arbeitsmarkt neu zu orientieren« verkaufen.[13] Diese Parallelen zwischen *Newspeak* und unseren Sprachen sind einer sprachkritischen Öffentlichkeit inzwischen einigermaßen bewußt.[14] Weniger bekannt ist die Tatsache, daß unsere diversen Männersprachen, sei es nun Französisch, Türkisch, Deutsch, Englisch, Russisch oder sonst eine Sprache des Patriarchats, durchsetzt sind mit lexikalisierten Verdrehungen zum Nachteil der Frauen und zur geistigen Vernebelung **beider** Geschlechter. Genannt wurden eben schon die sog. »Bräuche« statt *Folterung von Frauen*, *Mord an Frauen* oder das »Zeitalter des Humanismus« statt *Zeitalter der Hexenverbrennung*. Ein weiteres und besonders eklatantes Beispiel ist der sog. »männliche Same«, der gar kein richtiger Same ist, sondern nur so heißt. Biologisch korrekt wäre etwa die Bezeichnung *Pollen*. Das Wort *Same* geht zurück auf die androzentrische Wunschvorstellung, der Mann sei der »Erzeuger« der Kinder, die Frau nur sein dienstbares Gefäß, ähnlich dem »*Mutter*boden«, in den derjenige Same gelegt wird, der diesen Namen verdient. Der Mythos von der »Empfänglichkeit« und »natürlichen Passivität« der Frau gegenüber der Schöpferkraft des Mannes speist sich vermutlich direkt aus dieser hybriden Vorstellung, die durch Vokabeln und Wendungen wie *Same*, *sie empfing ein Kind von ihm*, *er machte ihr ein Kind* und ähnliche Sprachlügen konserviert wird bis auf den heutigen Tag.[15]

Die Analyse und Bewußtmachung der frauenfeindlichen semantischen Verdrehungen in unserem Wortschatz hat gerade erst begonnen. Diese Forschung muß zur Zeit außeruniversitär betrieben werden, weil wir Frauen, auch wir Linguistinnen, nicht dürfen, was wir können – jedenfalls nicht an den deutschen Männer-Universitäten.

1984

Anmerkungen

1 Ich habe mich dann erkundigt, und meine Vermutung war fast richtig. Nur »Prof. Dr. Mitscherlich« entpuppte sich überraschenderweise als Frau, es war aber nicht Margarete Mitscherlich-Nielsen.

2 Ich benutze das Maskulinum, weil vielfältige Erfahrung mich vermuten läßt, daß die Veranstalter Männer sind.

3 Vgl. hierzu auch die Analyse von Karin Storch 1984.

4 Vgl. etwa Storch 1984.

5 Dieses Beispiel verdanke ich Hilde Fieguth.

6 Dieses Beispiel stammt von Senta Trömel-Plötz.

7 Wie das Papst-Zitat im italienischen Original lautet, konnte ich nicht herausbekommen. Es spielt allerdings auch keine Rolle, da die Verhältnisse im Italienischen nicht weniger frauenvaporisierend sind als im Deutschen – eher sogar noch schlimmer; vgl. meine Einleitung zu »Alle Menschen werden Schwestern«, in diesem Band, S. 85.

8 Stand von 1984. Die genauen Zahlen spielen keine Rolle; es kommt auf das Mißverhältnis an, das sich in den vergangenen fünf Jahren nicht wesentlich geändert haben dürfte.

9 Ich zitiere die erstaunte Frage von Katrin Lunde angesichts des Bach-Stammbaums und des Stammbaums Jesu, Matth. I, 1-17, auf den sie mich hinwies. Über die Vaporisierung der Bach-Frauen, besonders der Bach-Töchter, vgl. Koch-Kanz & Pusch 1988.

10 Dieses Beispiel verdanke ich Renate Kiefer.

11 Zur Kritik dieser Sprachlügen vgl. Daly 1978.

12 Vgl. Janssen-Jurreit 1979, zweites Kapitel.

13 Dieses Beispiel verdanke ich Beate Schräpel.

14 Vgl. etwa Pasierbsky 1983 und Schwenger 1983.

15 Vgl. hierzu meine Glosse »Ich bestätige hiermit die Empfängnis Ihres geschätzten Kindes« in Pusch 1984a: 182f.

Die Hermaphrodite
oder
Femininum und Realität

... alles Frauenzimmer [...] entbehrt der bürgerlichen Persönlichkeit und seine Existenz ist gleichsam nur Inhärenz.

Immanuel Kant[1]

Vorbemerkung: Diesen Aufsatz, der ursprünglich den Titel »Weibliche Personenbezeichnungen als Mittel weiblicher Realitätsdefinition« trug, habe ich im Frühjahr 1984 für Gastvorträge an den Universitäten Berlin (FU), University of California at Berkeley, Genf, Montreal (McGill) und Vechta geschrieben; wegen dieser Anlässe ist er stellenweise im Stil ein bißchen akadämlich geraten. 1985 erschien eine vorläufige Fassung.[2] Für den Abdruck in diesem Band habe ich den Text im Winter 1988/89 gründlich überarbeitet.

Was die sprachpolitische Position betrifft, die ich hier vertrete, so gehe ich in dem 1986, also zwei Jahre später, verfaßten Artikel »Alle Menschen werden Schwestern« [in diesem Band] ein gutes Stück weiter. Die rein linguistische Analyse des Phänomens Hermaphrodite bleibt aber weiterhin aktuell; sie stellt nur den Anfang dar und sollte vertieft werden.

1 Die Hermaphrodite – das unbekannte Wesen

Warum heißt es eigentlich *der Zwitter* und nicht *die* oder *das Zwitter*? Zwitter sollen doch gerade eine Mischung aus beiden Geschlechtern sein; warum wird dann bei ihrer Benennung nur das Männliche berücksichtigt? Die Antwort ist: Männliches darf nicht unter einen weiblichen Oberbegriff fallen. So lautet das oberste Gesetz patriarchaler Sprachen. Deshalb wird ein Mann, der Hebamme ist, *Geburtspfleger* genannt; sofort werden die entsprechenden Verordnungen umgeschrieben. Aber eine Frau, die zum Amtmann befördert werden soll, muß jahrelang im Rahmen des Männerapparats Justiz gegen die männliche Verwaltung prozessieren, bis ihr die Bezeichnung *Amtfrau* gewährt wird.[3] Sogar die männlichen *Anteile* eines Zwitters genießen den sprachlichen Schutz der Geschlechtsidentität, der gewöhnlich nur für echte Männer gilt und Frauen verwehrt bleibt.

Ein Zwitter wird auch *Hermaphrodit* genannt nach dem Sohn der Göttin Aphrodite und des Gottes Hermes. Der erste Bestandteil dieses zusammengesetzten Wortes ist maskulin, der zweite feminin. Eigentlich müßte es also *die Hermaphrodite* heißen, denn normalerweise bestimmt der letzte Teil eines Kompositums[4] das grammatische Geschlecht. Wir sagen *die* und nicht *der Kaffeekanne*, weil es *die Kanne* und obwohl es *der Kaffee* heißt. Warum also *der Hermaphrodit*? Weil es sich bei jener Antiquität um ein männliches Wesen handelte? Ich habe meine Zweifel und glaube eher, daß es **der** Hermaphrodit heißt aus demselben Grunde, wie es **der** Zwitter heißt.

Mit dem restaurierten [entpatrifizierten] Wort *Hermaphrodite* bezeichne ich im folgenden Sätze, in denen eine Frau oder eine Gruppe von Frauen sowohl mit einem Femininum als auch mit einem Maskulinum benannt wird. Beispiel: *Marie Baum war erst Lehrerin, dann wurde sie Gewerbe-Inspektor.* Die Hermaphrodite ist eine ebenso seltsame wie bemerkenswerte sprachliche Erscheinung, die bisher unerkannt und unbenannt in deutschen Texten ihr Wesen trieb und folglich auch noch keiner linguistischen Analyse gewürdigt wurde. Im folgenden gehe ich der Frage nach, wie Hermaphroditen entstehen und was wir aus ihnen über das Thema Frauen, Männer, Sprache, Macht und Realität lernen können.

2 Zur Einstimmung und aus aktuellem Anlaß: Sprachprobleme beim Thema »Frauen zum Bund«

Anfang Mai 1984 erschien ein *Spiegel*-Heft mit dem Titel-Thema »Soldatinnen – Lückenbüßer der Nation«.[5] Schon die Schlagzeile ein typischer Fall von Hermaphrodite! Ein weiterer Beitrag über Soldatinnen im selben Heft war überschrieben: »›Ob Mädchen oder Frauen, ist ganz Wurscht‹: Frauendienst in den deutschen Armeen des Ersten und Zweiten Weltkriegs«.[6]

Die beiden Artikel sind mit Fotos illustriert, deren Bildunterschriften meinen Untersuchungsgegenstand geradezu mustergültig exemplifizieren:

Oberstabsärztin des Bonner Wachbataillons bei Parade – Frauen in der Bundeswehr: »Selbstverständlich auch General?«
Oberstabsärztin bei Untersuchung
Bundeswehrärztin im Rettungshubschrauber
US-Soldatin beim Fronteinsatz in Grenada (1983), in der Ausbildung: »Gib Feuer, Schätzchen«
Israelische Soldatinnen: Panik bei den männlichen Kameraden
DDR-Soldatin: »Frau Hauptmann trägt auch Rock«
Schwangere US-Soldatinnen: Sex zwischen Diensträngen Thema eins
Niederländische Soldatinnen: Ausdauernder, widerstandsfähiger, leidensfähiger?
Weiblicher US-Marineoffizier: »Wo ist die Front?«
Weiblicher US-Kadettenausbilder, Kadetten: »Die Front ist überall«
Weiblicher US-Leutnant, Kind: Ausfallzeiten durch Schwangerschaft
Sowjet-Scharfschützinnen im Krieg (1943): »Flintenweiber« oder Heldinnen?
Flakwaffenhelferinnen (1944): »Aufnahme in den Soldatenstand«
Nachrichtenhelferinnen (1942): »Gegen ›Blitzmädel‹ nichts einzuwenden«

Und schließlich ist ein Werbeplakat der Wehrmacht von 1941 abgebildet, das die Aufschrift trägt:

Hilf siegen als Luftnachrichtenhelferin

Dieses Plakat wäre wohl wenig werbewirksam gewesen, wenn da gestanden hätte: *Hilf siegen als weiblicher Luftnachrichtenhelfer*. Während nämlich die movierte Form[7] als Selbstbezeichnung taugt, funktioniert die Formel *weiblich* plus Maskulinum nur als Fremdbezeichnung:

Ich bin Luftnachrichtenhelferin / * weiblicher Luftnachrichtenhelfer.

Die Frauen, die angesprochen werden und sich mit dem ungewohnten Beruf identifizieren sollten, hätten sich also schon durch die gequälte Wortwahl nicht als »das Wahre«, sondern bloß als weibliche Ersatzform eingestuft gesehen.

Die Bildunterschriften dieser beiden *Spiegel*-Artikel machen den wichtigsten Unterschied zwischen movierten Personen- bzw. Berufsbezeichnungen und ihren angeblichen Bedeutungsäquivalenten des Typs *weiblicher Luftwaffenhelfer* sehr deutlich:

Für diejenigen Berufszweige (und seien es solche in der Armee), in denen Frauen sich bereits durchgesetzt haben und zur »geschichtlichen Tatsache« oder zur Selbstverständlichkeit geworden sind, werden sie mit der movierten Form benannt. Besonders auffällig ist dies bei den Unterschriften der historischen Fotos. Ein Schwanken zwischen *weiblich* plus Maskulinum und movierter Bezeichnung ist überhaupt nur für die Gegenwart zu beobachten. Diejenigen Berufszweige hingegen, für die eine weibliche Besetzung hierzulande noch fremdartig bzw. für die meisten sicher nachgerade unvorstellbar ist (bezeichnenderweise die höheren Ränge), erscheinen in den Bildunterschriften als:

Weiblicher US-Marineoffizier
Weiblicher US-Kadettenausbilder
Weiblicher US-Leutnant
Frauen in der Bundeswehr: »Selbstverständlich auch General?«

Einen besseren Beweis als diese sprachlich so regelhaft unterschiedlichen und damit aussagekräftigen Bildunterschriften kann es kaum geben für meine These, daß maskuline Personenbezeichnungen für Frauen Bereiche definieren, zu denen sie keinen Zutritt hatten, haben oder haben sollen. Frauen, die in anderen Ländern dennoch in diesen Bereichen vorkommen, wirken für das deutsche Vorstellungsvermögen quasi noch »irreal«. Sie sind so etwas wie »weiße Raben« – eine Art Fabelwesen.

Es gibt junge und alte Raben, genauso, wie es junge und alte Offiziere gibt. Hinsichtlich der Merkmale »jung« und »alt« sind die Begriffe »Rabe« und »Offizier« neutral, nicht spezifiziert. Weiße Raben aber besitzen ein Merkmal, das komplementär zur Intension[8] des Begriffs »Rabe« ist. Das Merkmal »schwarz« ist dem Begriff »Rabe« implizit, d. h., es wird automatisch mitgedacht, wenn von Raben die Rede ist. Und das Merkmal »männlich« ist den Begriffen »Offizier«, »Hauptmann«, »General« usw. implizit. Ein »normaler« Rabe ist schwarz, genau, wie normale Schokolade braun ist, ein normaler General oder Bischof weiß und männlich, normaler Zucker weiß und pulverisiert und ein normaler Mensch in unserer Kultur weiß, im besten Mannesalter und heterosexuell.

Erst wenn Frauen im Rang eines Kardinals, Majors, Bischofs oder Generals ein gängiges bzw. Massenphänomen geworden sind, werden sie sprachlich nicht mehr als »weibliche Abart/Verirrung« eingestuft werden, sondern als eigenständige Wesen, als Personen, die ihre **eigene** Klasse bilden, nicht eine Unterklasse der Männerklasse. Diese Umwandlung der Begriffsintension geht einher mit einem Wandel der Bezeichnungen: So wie *weibliche Soldaten* bereits weitgehend zu *Soldatinnen* geworden sind, werden dann die *weiblichen Bischöfe*, *Generäle* usw. zu *Bischöfinnen*, *Generalinnen* usw. geworden sein.

Die sprachliche Anpassung an die sich verändernde Realität erfolgt also in drei Stufen:

1. Stufe: Frauen werden bezeichnet als *General*, *Offizier*, *Manager*, *Kapitän*, *Pilot*, *Kommissar*, *Oberbefehlshaber*, *Bundeskanzler*, *Dirigent*

2. Stufe: Frauen werden bezeichnet als *weiblicher General*, *weiblicher Offizier*, *weiblicher Manager*, *weiblicher Kapitän*, *weiblicher Pilot*, *weiblicher Kommissar*, *weiblicher Oberbefehlshaber*, *weiblicher Bundeskanzler*, *weiblicher Dirigent*

3. Stufe: Frauen werden bezeichnet als *Generalin*, *Offizierin*, *Managerin*, *Kapitänin*, *Pilotin*, *Kommissarin*, *Oberbefehlshaberin*, *Bundeskanzlerin*, *Dirigentin*

Luise Rinser, wäre sie denn gewählt worden, wäre »unser erster weiblicher Bundespräsident« gewesen, nicht »unser erste Bundespräsidentin« (höchstens »unsere erste Bundespräsiden**tin**«, mit starkem Kontrastakzent auf dem *-in*). Eigentlich aber ist ja das Movierungs-Morphem *-in* nicht kontrastfähig. Erst wenn es eine zweite Frau gibt, die dieses Amt ausübt, ist ein Satz wie *Luise Rinser war die erste Bundespräsidentin* sprachlich korrekt. Mit anderen Worten: **Die movierten Personenbezeichnungen setzen eine weibliche Tradition und Realität voraus.** Wo es hingegen noch keine Tradition, sondern nur Pionierinnen in einer Männerdomäne gibt, wird deren Ausnahmestatus sprachlich durch das Attribut *weiblich* gekennzeichnet, oder sie werden ganz und gar »verbrüdert«, sprachlich als Männer dargestellt: *Frauen in der Bundeswehr: »Selbstverständlich auch General?«*

Die movierten Personenbezeichnungen setzen eine weibliche

Tradition und Realität voraus. Dieser zentrale Satz kann auch als Handlungsanleitung gelesen werden: **Wenn wir movierte Personenbezeichnungen benutzen, setzen wir genau damit eine weibliche Tradition und Realität voraus und knüpfen an sie an – mag es diese Tradition und Realität nun gegeben haben oder nicht.** Je mehr movierte Formen wir also benutzen, um so mehr beschleunigen wir den Prozeß der Ausdehnung weiblichen Terrains im allgemeinen Bewußtsein. Je mahr maskuline Formen wir aber benutzen, um so mehr schreiben wir den Status quo fest, der Männlichkeit mit Menschlichkeit gleichsetzt und Weiblichkeit als Antinorm des Menschlichen erscheinen läßt.

3 Jargon der Uneigentlichkeit: Über den metaphorischen Charakter maskuliner Personenbezeichnungen für Frauen

Betrachten wir einmal folgende Sätze:

(1) Franz von Assisi war ein Heiliger.
(2) Mein Onkel Franz war ein Heiliger.

In Satz (2) wird *ein Heiliger* metaphorisch gebraucht. Onkel Franz mag zwar sämtliche Eigenschaften mit dem heiligen Franziskus gemeinsam gehabt haben; es fehlt ihm aber ein wesentliches, das definierende Merkmal: Die offizielle Heiligsprechung durch die katholische Kirche.

Auch in den folgenden Sätzen werden die weiblichen Bezeichnungen metaphorisch gebraucht:

(3) Ich war eine männliche Kriegsbraut. (Filmtitel)
(4) Der Militärdienstverweigerer Karlheinz Maurer [...] wird dort als Mädchen für alles eingesetzt [...] (*tele* 3/1980, S. 35)
(5) [...] Stans Marineerinnerungen [...]: [...] nach herzlichem Abschied von seinen Eltern [wurde er] gleich als Waschfrau eingestellt. (*tele* 1/1980, S. 64)
(6) »Was ich bin? Eine Hebamme der Musik.« (Schallplattenproduzent Walter Legge in einem Radio-Interview, 1974)

Der »männlichen Kriegsbraut«, dem »männlichen Mädchen für alles«, der »männlichen Waschfrau« und der »männlichen Hebamme« fehlt ebenfalls die entscheidende Eigenschaft: Weiblichkeit. Die Sätze sind rein metaphorisch gemeint und zu verstehen.

Ähnliches gilt, mit umgekehrtem Vorzeichen natürlich, für folgende Beispiele:

(7) Jenny Grey ist eine so ausgeprägte Pferdenärrin, daß sie sich einen Job als »Stallbursche« in einem Rennstall sucht. (*tele* 44/1979, S. 80)

(8) Die Probleme einer Frau, die »Zimmermann« wurde (Schlagzeile in *tele* 1/1980, S. 40)

Was ist nun aber von unserem gängigen Sprachgebrauch zu halten, wonach Frauen »Industriekaufmann« oder »Amtmann« sind? Ich behaupte, es handelt sich auch hier um reine Metaphern, wenn diese Behauptung auch der herrschenden linguistischen Lehre widerspricht. Diese stützt sich nicht auf empirische Analysen sprachlichen Materials, etwa solcher Erscheinungen wie der Hermaphrodite, sondern auf männliche »Intuition« und besagt, die maskulinen Funktionsbezeichnungen seien, im Gegensatz zu den aus ihnen abgeleiteten (movierten) Feminina, »geschlechtsneutral«, »unmarkiert« hinsichtlich des Merkmals »Geschlecht«. Während also ein Satz wie *Er ist Waschfrau* nur metaphorisch gemeint sein kann, sollen Sätze wie *Sie ist Diplomkaufmann* »normal«, nicht-metaphorisch, nicht-figurativ sein, und zwar dank jener mystischen Eigenschaft männlicher Bezeichnungen, das weibliche Geschlecht gleichsam zu inkorporieren. Vor gar nicht langer Zeit war dies eine Eigenschaft nicht nur der männlichen Bezeichnungen, sondern der Männer selbst – so wollte es jedenfalls das Eherecht, das Männer erlassen hatten:

> Durch die Ehe sind Mann und Frau vor dem Gesetz eine Person: Das heißt, die Existenz an sich, also die rechtliche Existenz der Frau, ist während der Ehe aufgehoben oder zumindest in die des Mannes *inkorporiert* [...] [m. H.][9]

Wie sagt doch der Junggeselle Kant: »alles Frauenzimmer ist [...] gleichsam nur Inhärenz.« Nur die Bezeichnungen für Männer (in der Regel maskuline Personenbezeichnungen) sind »ausdehnbar« auf beide Geschlechter. Die Bezeichnungen für Frauen sind nicht verallgemeinerbar, ausdehnbar. Das männliche Geschlecht besitzt also sprachlich die Möglichkeit der Selbstverallgemeinerung, welche dem weiblichen Geschlecht (ein für allemal?) versagt ist:

ALLE MENSCHEN WERDEN BRÜDER! – ALLE MENSCHEN WERDEN SCHWESTERN!?? Niemals!

Heutzutage wird dies Vorrecht der Selbstverallgemeinerung männlicherseits nicht mehr begründet, sondern nur noch festgestellt: »Es ist nun einmal so, ›die Sprache‹ will es so, leider, leider. Wir würden es ja, geborene Kavaliere, die wir sind, gerne anders machen, aber was sollen wir denn tun?«

Angesichts solcher Unschuldsbeteuerungen hilft am besten ein Blick zurück, in die Geschichte. Es gab auch Zeiten, wo Männer sich noch bemüßigt fühlten, für ihre Vorherrschaft in der Sprache Erklärungen abzugeben. Und diese Erklärungen sind sehr aufschlußreich.

Die Rechtshistorikerin Elisabeth Koch hat in ihrem Aufsatz »Vom Versuch, die Frage ›ob die Weiber Menschen sein, oder nicht‹, aus den Digesten zu beantworten« (1982) einen Digesten-Kommentar des Marburger Professors der Rechte Johannes Goddaeus (1555-1632) analysiert. Ich zitiere aus ihrem Aufsatz einige unser Problem betreffende Passagen:

> Inhaltlich aufschlußreich sind dagegen noch die zwei Ausnahmen, in denen Goddaeus eine Durchbrechung seiner Regel über den Umfang männlicher Ausdrücke zuläßt. Erstens soll die weite, auch das weibliche Geschlecht einschließende Bedeutung männlicher Ausdrücke dann nicht anzunehmen sein, wenn es um Dinge geht, die Frauen nicht zukommen, wie beispielsweise die Übernahme öffentlicher Ämter oder die Ausübung einer Richtertätigkeit [...]. Hier würde der männliche Begriff nämlich auf etwas Unpassendes bezogen: »generalis sermo (ut aiunt) impropriatur« [...]. Eine weitere Begründung für diese Ausnahme von seiner sonst so fest vertretenen Regel gibt Goddaeus nicht, ihre Richtigkeit versteht sich offensichtlich von selbst. [...]
>
> Abgeschlossen wird die Kommentierung [...] mit einer Klarstellung. Aus der Tatsache, daß sich männliche Begriffe regelmäßig auch auf Frauen erstrecken, kann keineswegs auf eine entsprechende Bedeutung weiblicher Begriffe geschlossen werden: »Foeminino sermone sexus masculinus neque proprietate neque per aliquam interpretationem continetur«[10] [...]. Die Frage, weshalb es zu so nachteiligen Folgen führen würde, wenn unter einem weiblichen Wort auch Männer begriffen würden,

hatten [andere] mit dem Hinweis auf den in der Antike damit verbundenen Spott beantwortet. [...] Goddaeus sieht nun die Gefährlichkeit einer solchen Begriffserweiterung nicht in möglichen Assoziationen an diese frühere Spöttelei, sondern in Gründen, die in der Natur der Sache liegen. Dem männlichen Geschlecht steht das ius defensionis [...], das imperium domesticum zu, es ist »in omni rerum genere [...] principium, et perfectior creatura« [...].[11] Wenn man nun unter eine weibliche Bezeichnung auch Männer fallen ließe, gestünde man dem unwürdigeren und unvollständigeren Geschlecht zu, was allein dem hervorragenderen und vollständigeren zukommt. Man mache damit die Frau »contra omnem [...] rationem politicam, oeconomicam et physicam«[12] [...] zum Haupt des Mannes. [...] Goddaeus sieht hier wohl die Umwälzung der natürlichen Weltordnung sprachlich vorbereitet. (Koch 1982: 177f.)

Die geheimnisvolle Fähigkeit männlicher Bezeichnungen, Frauen einzuschließen [und auszuschließen, wenn es um Privilegien geht], ist mithin kein »sprachliches Naturereignis«, als was sie uns von der Maskulinguistik verkauft wird, sondern beruht auf männlichen Festlegungen zwecks Kräftigung des Dogmas von der »natürlichen Höherwertigkeit und Überlegenheit« des Mannes. Für Frauen besteht also kein Grund, an die »Unschuld« der Männer und an eine »Schuld der Sprache« in dieser Sache zu glauben, und erst recht kein Grund, diese männlichen Sprachregelungen auch noch zu befolgen und damit das Dogma unserer Minderwertigkeit festzuschreiben.

Vielmehr müssen wir, das dürfte nach diesem Ausflug in die Geschichte klar sein, den Gebrauch männlicher Bezeichnungen für das weibliche Geschlecht ablehnen und verweigern. Diese Verweigerung wird, wenn sie konsequent ist, die Selbstverallgemeinerungsanmaßung, den Stellvertretungsanspruch der Männer automatisch eindämmen: Wenn Frauen auf dem Femininum **bestehen**, machen wir damit das Maskulinum **geschlechtsspezifisch**: In Ausdrücken wie *Kolleginnen und Kollegen* **ist** *Kollegen* geschlechtsspezifisch, bezieht sich nur auf Männer. Wenn maskuline Bezeichnungen sich nur noch auf Männer beziehen können, sind sie, per definitionem, nur noch geschlechtsspezifisch und nicht mehr »auch geschlechtsneutral«, wie bisher über sie behauptet wird. Sie bekommen damit den gleichen Status wie die weiblichen Bezeichnungen, die auch nicht »neutral« für das andere, männliche Geschlecht stehen können.[13]

Mit anderen Worten: Dadurch, daß wir unseren Bereich sprachlich ausdehnen und sichern, erreichen wir, daß die Männer nicht mehr das ganze Gebiet besetzt halten, sondern nur die eine Hälfte, die ihnen zusteht.

Wenn durch eine derartige Sprachpolitik beide Geschlechter ihr eigenes sprachliches Terrain haben, wird offenkundig sein, daß Sätze wie *Sie ist Kaufmann* genauso metaphorisch und »uneigentlich« sind wie *Er ist Waschfrau*. Solche Sätze können nämlich nur genauso lange als normal gelten, wie wir sie uns zumuten lassen, nur solange wir mitmachen bei dem unfairen Spiel, dessen Regeln allein die Männer aufgestellt haben [s. o. das Eherecht und Herrn Goddaeus].

Um zu zeigen, wie hermaphroditisch und diffus der Diskurs über Frauen unter den noch herrschenden »semantischen Bedingungen« ist, wie sehr dieser »Jargon der Uneigentlichkeit« einem Herumtappen zwischen realistischer und metaphorischer Rede gleicht – und gleichen muß, habe ich aus meiner Sammlung von rund 100 Hermaphroditen 50 ausgewählt, um sie hier zu diskutieren. Hermaphroditen sind – ich wiederhole es für Hier-EinsteigerInnen – Sätze, in denen sowohl weibliche als auch männliche Bezeichnungen für ein und dieselbe (Gruppe von) Frau(en) verwendet wurden. Die Interpretation solcher Belege, d. h. das Aufzeigen von Gründen für die Wahl der weiblichen oder der männlichen Bezeichnung, ist nicht einfach – manche Texte wirken diesbezüglich schlicht irrational. In anderen Fällen wiederum gibt es einleuchtende Erklärungen für die Variation – Erklärungen etwa der Art, wie ich sie oben im zweiten Kapitel in dem »Drei-Stufen-Modell« entwickelt habe, und noch einige andere. Insgesamt scheint mir dieser Untersuchungsgegenstand fast einer neuen linguistischen Disziplin zu bedürfen, einer Art tiefen- und sozialpsychologisch fundierten Textlinguistik bzw. Textanalyse.

4 »Männliche« und »weibliche« Berufe

Eine ähnliche Struktur wie die in Kapitel 2 analysierten Bildunterschriften im *Spiegel* weisen die folgenden Textstellen auf. Die Maskulina definieren den Bereich, der derzeit noch überwiegend bis ausschließlich männlich besetzt ist, und die Feminina stehen für Berufsfelder, in denen Frauen schon Fuß gefaßt haben:

(9) Im Verlauf des letzten Winters habe ich zwölf Bewerbungen verfaßt. Zwölfmal habe ich (wie es so schön heißt) meine Mitarbeit angeboten:
- dem Bund schweizerischer Frauenorganisationen und einer kantonalen Berufsberatungsstelle als **Dokumentalistin**
- dem Kantonsspital als **Auskunftsbeamter** und **Portier**
- dem schweizerischen Arbeiterhilfswerk und dem städtischen Fürsorgeamt als **kaufmännische Angestellte**
- einer ungenannten Firma als **Mitarbeiterin** für eine nicht umschriebene Tätigkeit im Zusammenhang mit älteren Menschen
- der Abteilung Kulturtechnik und Vermessung der Technischen Hochschule, dem Deutschen Seminar der Universität, dem Bezirksjugendamt und einer nicht näher bezeichneten Institution als **Sekretärin**,
- der Abteilung Wort beim Radio als **Mitarbeiterin** in irgendeiner Funktion und
- dem Pestalozzianum als **Assistentin** in der Bibliothek. (Baur 1981: 50)

Für dieses Beispiel findet sich leicht eine Interpretation: Die Autorin gibt die Ausdrücke in genau der Form wieder, wie sie sie in den Stellenanzeigen vorgefunden haben wird. Schwierig ist dagegen die Interpretation des folgenden Beispiels, das für mich in die Kategorie »irrational« fällt:

(10) **Infanteristinnen, Panzerfahrer, Richtkanoniere** und **Geschützführerinnen** dürfen sie nicht werden; die GIs (weiblich) sollen »unterstützende Funktionen« übernehmen, keine Aufgaben im Kampf. (*Spiegel* 19/1984, S. 73)

Die Beispiele (11) bis (15) machen die von Frauen bereits »eroberten« Berufe und Funktionen sichtbar gegenüber denjenigen, in denen sie neu, Pionierinnen, sind bzw. waren. Telephonistinnen z. B. (vgl. Hermaphrodite Nr. 12) gab es schon vor dem Zweiten Weltkrieg wie Sand am Meer, Pferdemusterinnen jedoch waren anscheinend damals genauso ungewohnt wie heute.

(11) Und da Frauen Uniform tragen und den Streitkräften angehören sollen, gelten sie – mit Ausnahme der **Sanitäterinnen** und **Seelsorgerinnen** – im internationalen Völkerrecht als **Kombattanten**, als **Kämpfer**. (*Spiegel* 19/1984, S. 76-78)

(12) Freiwillige Frauen wurden für den Etappendienst geworben, arbeiteten in Hangars und Munitionsdepots, in Stäben und Lazaretten, als **Telephonistinnen** und **Pferdemusterer**. (*Spiegel* 19/1984, S. 83)

(13) [...] im Feldheer halfen 12 500 Stabs- und 8000 **Nachrichtenfrauen** siegen [...]. Sie betrieben Funk- und Fernsprechnetze [...], fuhren als **Melder** im Kübelwagen, übernahmen Funkmeß- und Luftwarndienste. (*Spiegel* 19/1984, S. 85)

(14) **Die Britinnen** wurden zwar in Selbstverteidigung ausgebildet, tragen aber keine Waffen. Sie können zu **Unteroffizieren** und **Offizieren** aufsteigen. (*Spiegel* 19/1984, S. 71)

(15) Mit siebzehn wurde sie **Lehrerin** [...]. Nachdem sie ihren Doktor der Volkswirtschaft gemacht hatte, arbeitete sie in Karlsruhe als **Gewerbeinspektor**. (Green 1980: 35)

Eine besonders reich bestückte Unterabteilung in dieser Gruppe bilden erwartungsgemäß die Bezeichnungen hoher und höchster politischer, militärischer, akademischer und sonstiger Ränge. Häufig werden solche Rangbezeichnungen als Titel verliehen, natürlich in der »männlichen Form«, denn eigentlich sind Frauen hier ja gar nicht vorgesehen:

(16) [...] eine andere Bonner **Frau**, eine herbe **Hamburgerin**, gelernte **Juristin**. Helmut Schmidt entdeckte in ihr [Anke Fuchs] »das Zeug zum **Bundeskanzler**«. (*Die Zeit*, 28. 12. 1984, S. 2)

(17) Als eine der bemerkenswertesten Frauengestalten der Jahrhundertmitte gilt die indische **Politikerin** Lakshmi Pandit. [...] 1937 wurde sie indischer **Gesundheitsminister**. [...] 1954 übernahm sie das Amt eines indischen **Hochkommissars** in London und **Botschafters** für die indische Republik. (*Große Frauen*, S. 368)

(18) [Jadgar Nasriddinowa] wählte entsprechend ihren Neigungen die Laufbahn eines **Eisenbahningenieurs**. Ihr Examen bestand sie mit Auszeichnung, und man stellte der

jungen tatkräftigen **Ingenieurin** schon bald die schwierige Aufgabe, in Katta-Kurgan und in Angren Eisenbahnen durch das unwegsame Gelände zu führen. [...] Aus dem **Eisenbahningenieur** wurde der **Minister** für die Baustoffindustrie der Republik Usbekistan [...] (*Große Frauen*, S. 354)

(19) [In den USA] konnten Frauen **Professorinnen**, Abgeordnete und **Minister** werden! (*Große Frauen*, S. 241)

(20) 1947 wurde Amrit Kaur **Minister** für Gesundheit im indischen Kabinett, sie vertrat Indien in der UNESCO, in der Weltgesundheitsorganisation, deren **Präsidentin** sie eine Zeitlang war, und auf internationalen Kongressen. Sie ist **Christin** von großer Toleranz und menschlicher Weite des Geistes. (*Große Frauen*, S. 259)

(21) 1923 erhielt die **Dichterin** [Gabriela Mistral] eine Professur, als **Staatsbeauftragte** wirkte sie an führender Stelle bei der mexikanischen Schulreform mit, und im Jahre 1926 entsandte Chile sie als **Delegierte** zur Genfer Völkerbundsversammlung. Seit 1933 war sie – durch ein Sondergesetz zum **Konsul** auf Lebenszeit ernannt – in diplomatischer Mission fast ständig auf Reisen [...] (*Große Frauen*, S. 337)

(22) Im Jahre 1923 war die verdiente **Oberschulrätin** [Anna Siemsen] zum **Honorarprofessor** für Pädagogik an der Universität Jena ernannt worden. (*Große Frauen*, S. 436)

(23) Maria Wagner ist **Professorin** und **Ordinarius** am Institut »Foreign Languages and Literatures« des University Colleges der Rutgers University [...] (Wagner 1980, Vorstellungsblatt)

(24) [...] so daß ihr [Gabriele Posanner] nach dreißigjährigem segensreichem Wirken als erster **Österreicherin** der Titel »**Medizinalrat**« verliehen wurde. (*Große Frauen*, S. 380)

(25) Wie viele ihres Jahrgangs [...] wählte sie [Helene Weber] den Beruf der **Lehrerin** [...]. 1918 wurde sie als **Ministerialrat** in das preußische Wohlfahrtsministerium berufen [...] (*Große Frauen*, S. 492)

(26) Im August vor zwei Jahren trat die dunkelhaarige Sweta mit dem Raumschiff Sojus T 7 ihren kosmischen Jungfernflug zu Saljut 7 an, damals noch als **Forschungskosmonaut**. Heute ist sie **Held** der Sowjetunion, **Fliegerkosmo-**

naut der UdSSR und auf dem besten Wege zu einer Karriere als **Vorzeigekommunistin**. (*Neue Westfälische*, 26. 7. 1984)

(27) [Raymonde de Laroche] wurde eine in vielen Ländern gefeierte **Pilotin** und **Ritter** der Ehrenlegion. (*Große Frauen*, S. 287)

(28) 1937 erhielt **die Fünfundzwanzigjährige** [Hanna Reitsch] als erste deutsche Frau das Patent als **Flugkapitän** [...] (*Große Frauen*, S. 388)

(29) Dem Ehrenpräsidium gehören an: Der Senator für Wissenschaft und Forschung des Landes Berlin Prof. Dr. Wilhelm A. Kewenig [...] **Der Bürgermeister** des Bezirks Wedding von Berlin Frau Erika Heß [...]
Empfänge geben:
• der Senat von Berlin im Reichstagsgebäude
• **die Bürgermeisterin** des Bezirks Berlin-Wedding im Rathaus Wedding
(Einladung zum 13. Internationalen Symposion Ingenieurpädagogik '84 in Berlin (West) vom 25. bis 28. September 1984)

Beispiel (30) enthält zwar neben der männlichen »Organbezeichnung«[14] keine movierte Form, aber es paßt so schön zu dem letzten Beleg:

(30) An ihrem 60. Geburtstag überreichte ihr [= Renée Sintenis] Louise Schröder, der kommissarische Oberbürgermeister von Berlin, den Kunstpreis der Stadt [...] (*Große Frauen*, S. 438)

Bei der folgenden Hermaphrodite dachte ich zuerst, es handle sich um einen Fall von Geschlechtsumwandlung. Dem ist aber nicht so:

(31) **Kfz-Mechaniker** wird **Schauspielerin** (Schlagzeile; *Neue Westfälische*, 7. 4. 1983)

Die Wahl des Femininums bzw. Maskulinums in (32) hängt wahrscheinlich mit einem Unterschied zwischen Selbst- und Fremdbezeichnungen zusammen. Margret Boveri berichtet über ihre Anfänge als Journalistin in den zwanziger Jahren, als es noch kaum Journalistinnen gab. Sie selbst ist – naturgemäß – mit ihrer Auffassung des journalistischen Berufs anscheinend ihrer Zeit voraus, jedenfalls ein Stück weiter als ihr Kollege, der sie sprachlich noch als »Eindringling« kennzeichnet:

(32) [...] habe ich gar nicht daran gedacht, **Journalistin** zu werden. [...] Ein anderes Mal hat er gefragt, ob ich wirklich die Absicht hätte, **Journalist** zu werden. (Boveri 1977: 239 und 246)

5 Wenn zwei dasselbe tun...: Warum ein Maler etwas Besseres ist als eine Malerin

Eine Ministerin soll einmal gesagt haben, sie sei mindestens so tüchtig wie irgendein Minister, und deshalb gebühre ihr die Anrede *Frau Minister* anstelle des »lächerlichen« *Frau Ministerin*. Eine Gärtnerin erklärte mir einmal, sie **müsse** sich selbst als *Gärtner* bezeichnen, sonst dächten alle, sie sei Floristin, während sie doch in Wirklichkeit »die Schwerarbeit eines Gärtners« tue. [Mein Einwand: Sie selbst sei doch der Beweis, daß sie »die Schwerarbeit einer Gärtner**in**« tue! Ob ihre männlichen Kollegen, die dasselbe wie sie täten, sich deshalb vielleicht *Gärtnerin* nennten?!] Eine Architektin bestätigte die Gärtnerin: Sie müsse sich als *Architekt* vorstellen, sonst dächten die anderen, sie sei »bloß« Innenarchitektin.[15] – Zu guter Letzt las ich in einem Buch über Komponistinnen folgende Hermaphrodite der Komponistin Grete von Zieritz:

(33) Ich bin [...] nicht in der Lage, auch nur ein Blatt zu zeichnen, obwohl meine direkten weiblichen Vorfahren gute **Malerinnen** gewesen sind, keine **Sonntagsmalerinnen**, sondern studierte, anspruchsvolle **Maler** [...]. (Weissweiler 1981: 356)

Für Grete von Zieritz genügt anscheinend die Versicherung, daß ihre »weiblichen Vorfahren« gute Malerinnen gewesen sind, noch nicht, um deren Qualifikationen überzeugend herauszustreichen. Das Prädikat *gute* wird nach ihrem Verständnis offenbar konterkariert durch die Bezeichnung *Malerinnen*. *Malerinnen*, so fürchtet sie, wird notwendig assoziiert mit *Sonntagsmalerinnen*. Ob sie nie etwas von Artemisia Gentileschi, Angelika Kauffmann, Mary Cassatt, Berthe Morisot, Paula Modersohn-Becker, Sonia Delaunay, Georgia O'Keeffe gehört hat? Wie dem auch sei, die Assoziation »dilettantisch«, die für Grete von Zieritz der movierten Form *Malerinnen* anhaftet, muß ausgeräumt werden mittels der maskulinen Form *Maler*. Ihre Vorfahrinnen waren also »studierte, anspruchsvolle Maler«. Zieritz macht ihre malenden Vorfahrinnen zu Männern *honoris causa*.

In unserer Herrenkultur gilt allgemein das Gesetz/Vorurteil: weiblich gleich zweitrangig.[16] Denken wir nur an den stereotypen Stoßseufzer männlicher Autofahrer »Frau am Steuer!!«, der schon seit geraumer Zeit richtiger »Mann am Steuer!!« hieße, wenn mann nämlich die Unfallstatistik anstelle seiner Überlegenheitsphantasien zugrunde legen würde. Ich persönlich bin in der Regel froh und erleichtert, wenn ich es bei Behörden mit Sachbearbeiterinnen statt Sachbearbeitern zu tun habe, weil Frauen nach meiner Erfahrung im Beruf generell sowohl freundlicher und hilfsbereiter als auch sachkundiger und weniger schwerfällig als Männer sind.

Für mich bezeichnet also die weibliche gegenüber der männlichen Funktionsbezeichnung in der Regel den höheren Leistungsstandard; ich erwarte aufgrund vielfältiger Erfahrung von einer Ärztin/Rechtsanwältin/Steuerberaterin bessere Leistungen als von einem Arzt/Rechtsanwalt/Steuerberater. Für die meisten aber gilt das Dogma von der weiblichen Unterlegenheit in allen Angelegenheiten außer den »weiblichen«[17] unverändert, trotz der Flut an Gegenbeweisen und der Binsenweisheit, daß eine Frau in fast jedem Beruf »zehnmal besser sein muß als ein Mann«, um als einigermaßen kompetent wahrgenommen zu werden.

Die Beteuerungen der Ministerin, der Gärtnerin, der Architektin und vor allem die Zieritzsche Selbstkorrektur machten mich stutzig und setzten Überlegungen und Nachforschungen in Gang, die sich schließlich zu der These verdichteten, daß wir, wenn wir Frauen zu Männern *honoris causa* machen, in einem »gleichnisartigen«, »bildhaften«, »metaphorischen« Bereich verharren, statt selbstbewußt unseren eigenen Wert und unsere eigene Realität zu definieren.

Das Standardbeispiel für Metaphern in den Lehrbüchern zur Poetik und Rhetorik ist *Achilles war ein Löwe*.[18] Achilles war nicht wirklich ein Löwe. Er war bloß ein Mensch, kämpfte aber, so geht die Sage, »tapfer wie ein Löwe«. Die Vorfahrinnen von Grete von Zieritz waren nicht wirklich Maler, sondern Malerinnen, denn sie waren ja keine Männer, sondern bloß Frauen. Aber sie malten

»wie Maler«, so wie Achill kämpfte »wie ein Löwe« – deshalb bekommen sie den Ehrentitel *Maler*.

Als vor Jahren eine C4-Professorin der Linguistik »Sekretär« (also Vorstandsmitglied) der Deutschen Gesellschaft für Sprachwissenschaft DGfS wurde, lehnte sie es rundweg ab, sich *Sekretärin der DGfS* zu nennen. Sie fürchtete wohl, mit einer Schreibkraft verwechselt zu werden. [Was daran so furchtbar ist, weiß ich allerdings nicht – der Ausdruck *»bloß« Schreibkraft* ist genauso blöd wie *»bloß« Innenarchitektin* usw. Außerdem war die »Gefahr« äußerst gering – all ihre Bezugspersonen wußten, daß sie nicht Schreibkraft, sondern Professorin ist.] So verpaßte sie die günstige Chance, eine neue, ihre eigene Realität zu definieren, d. h., bei der Außerkraftsetzung des Vorurteils »weiblich gleich zweitrangig« mitzuwirken. Erst wenn *Sekretärin* sowohl »Schreibkraft« als auch »Mitglied eines Vorstands« bedeuten kann (**sie** hätte diese Bedeutungserweiterung miteinleiten können!), wird der *Sekretär* seines Nimbus' entkleidet sein. Zusätzlich hilfreich ist es, wenn *Sekretär* auch »Schreibkraft« bedeutet. Tatsächlich gibt es seit geraumer Zeit hin und wieder männliche Schreibkräfte, Sekretäre, zu sehen.[19]

Ähnlich wie unsere Wortpaare *Gärtnerin/Gärtner*, *Architektin/Architekt*, *Malerin/Maler*, *Sekretärin/Sekretär* funktionieren im Englischen die Paare *governor/governess* und *master/mistress*. *He's a professional* bedeutet »Er ist ein Fachmann«, während *She's a professional* in der Regel »Sie ist eine Nutte« bedeutet.[20]

Aufbrechen läßt sich dieses semantische Grundmuster nur durch bewußte Aneignung bzw. »Entwendung« (so der terminus technicus[21]) des jeweiligen negativ besetzten Wortes: Dies nämlich bewirkt automatisch seine Umwertung. Jede Herabsetzung oder Beleidigung, die von der Person, die getroffen werden soll, mit Genugtuung statt mit Abwehr quittiert wird, ist »mißlungen«, d. h. ist – per definitionem – keine Beleidigung, während Abwehr genau die vom Angreifer intendierte Reaktion ist und ihn deshalb bestätigt und seine Position stärkt. Mit anderen Worten: Wenn wir maskuline Personen- und vor allem Funktionsbezeichnungen auf uns selbst und andere Frauen anwenden bzw. anwenden lassen, tun wir dies vielleicht in der edlen Absicht, unserem Geschlecht den Rang zuzusprechen, der uns gebührt, erreichen aber genau das Gegenteil: Die Ablehnung weiblicher Bezeichnungen durch Frauen **bestätigt** nur den Mythos von der **Maßstäblichkeit** der

Männer und ihre unverschämte Unterstellung, sie seien etwas Besseres als Frauen.

Eine Variante der Nebenbedeutung »minderwertig« für die movierte Form von Berufsbezeichnungen ist die Nebenbedeutung »andersartig«. Schreiben Schriftstellerinnen nicht doch ganz anders als Schriftsteller? [Bekanntlich beschäftigt sich die feministische Theorie, speziell Literaturtheorie, seit einiger Zeit intensiv mit dieser Frage.] Ich will mich als Nicht-Fachfrau in dieser Debatte nicht engagieren, sondern hier nur zwei interessante Belege vorstellen. Der deutsche Übersetzer der Virginia-Woolf-Biographie von Quentin Bell übersetzt *writer* einmal mit *Schriftstellerin*, ein andermal mit *Schriftsteller* [beide Vorkommen von *writer* beziehen sich auf Virginia Woolf]:

(34) Als Schriftstellerin rinnt mir die Schönheit, die fast nur aus zarter, veränderlicher Farbe besteht, von der Feder, als gösse man einen Krug Champagner über eine Haarnadel. [V. Woolf an Vanessa Bell] (Bell 1982: 481)

(35) Gleichwohl ist es ein gedankenreicher Vortrag, die Aussage eines Schriftstellers, der sich nicht nur der eigenen gesellschaftlichen Stellung, sondern des gesellschaftlichen und des Klassencharakters von Literatur überhaupt bewußt ist. (Bell 1982: 496)

Klar, daß zu »Schönheit«, »zart«, »Farbe«, »Feder«, »Krug«, »Champagner« und erst zu »Haarnadel« *Schriftstellerin* viel besser paßt als *Schriftsteller*! Und zu »gedankenreich«, »Vortrag«, »gesellschaftlich« und erst zu »Klassencharakter« und »bewußt« paßt natürlich *Schriftsteller* viel besser als *Schriftstellerin*.

Zum Schluß noch zwei Belege, deren Interpretation mir nicht gelingen will:

(36) Bei ihr trafen sich Künstler aller Art, Maler, Bildhauer, Tänzer und Tänzerinnen, Musiker und das ganze Berliner Theater. (Goetz & von Martens 1982: 223)

(37) [...] Henriette Herz, in deren Salon sich einstmals die ersten Künstler und Künstlerinnen, Gelehrte und Aristokraten getroffen hatten [...]. (Brinker-Gabler in Schultz 1981: 81)

Kann ich davon ausgehen, daß die Tänzerinnen bzw. die Künstlerinnen die einzigen Frauen auf diesen Gesellschaften waren? Oder soll mit der eigenwilligen Sprachgestaltung in (36) nur angedeutet werden, daß bei Tänzern und Tänzerinnen das Geschlecht eine wichtige Rolle spielt [»Er hebt, sie schwebt«], daß die Tänzerin im Gegensatz zum Tänzer gerade auf festlichen Gesellschaften eine willkommene erotische Zutat ist, während bei den übrigen Berufsgruppen die Information über das Geschlecht uninteressant ist? Wie erklären sich unter dieser Voraussetzung aber die Künstlerinnen in (37) gegenüber den Aristokraten? Gab es in dem Salon der Henriette Herz einfach keine Aristokratinnen, oder sind sie hier – im Gegensatz zu den Künstlerinnen – nur zufällig mal wieder »inkorporiert«? [Nach den weiblichen Gelehrten frage ich gar nicht erst, denn Gelehrte sind ja eh männlich – dabei ist *Gelehrte* eine theoretisch-grammatisch geschlechtsneutrale Bezeichnung.]

Es ist wohl müßig, das Rätsel dieser beiden Belege lösen zu wollen. Möge die Feststellung genügen, daß die Suche nach Frauen in unserer deutschen Männersprache nicht selten eine unlösbare Aufgabe ist.

6 Entwürfe, Vergleiche, Metaphern – Frauen und männliche Rollenvorbilder

> Soll die Frauenbewegung etwa [...]
> um das weibliche Recht kämpfen,
> **Henker** werden zu können?
>
> *Parnass 1983: 77*

In Beispiel (16) hieß es, Helmut Schmidt habe in der »herben Hamburgerin« Anke Fuchs »das Zeug zum Bundeskanzler« entdeckt. Warum nicht »das Zeug zur Bundeskanzler**in**«? Weil es bisher noch keine gegeben hat. Wenn Schmidt in Fuchs das Zeug zu einer entdeckt hätte, so wäre das etwa so, wie wenn sie in ihm das Zeug zu einem »Barherrn« entdeckt hätte, m. a. W. zu etwas, das es gar nicht gibt. Wenn sie sich ihn hingegen als Bar**dame** vorstellen könnte, so wäre das zwar skurril, aber noch verständlich, weil ja alle wissen, was eine Bardame ist [oder ein Bundeskanzler]. Alle haben schon mal eine oder einen gesehen, entweder »in Wirklichkeit« oder in den Medien.

Als ich klein war, wollte ich Schuster werden, nicht Schusterin. Schusterinnen gab es nicht. Ich hatte nur die Wahl, entweder etwas zu werden, was ich als Mädchen nicht werden konnte [Schuster], oder etwas, was es nicht gab [Schusterin]. **Alles Essig – so oder so.** Diese Lektion lernen Mädchen sehr früh.

Seit den Anfängen der Frauenbewegung beklagen und kritisieren wir das Fehlen weiblicher Vorbilder in der Realität [keine Bundeskanzlerinnen, Schusterinnen usw.] und in der Literatur [keine Heldinnensagen, keine Häuptlinginnen, Trapperinnen, Sheriffinnen, Seeräuberinnen, Kalifinnen]. Das Schlimme ist, daß dieses System sich immer wieder selbst erneuert, daß die Geschichte sich gestaltet nach dem Prinzip »wer hat, **dem** wird gegeben« – falls **wir** nicht bewußt gegensteuern.

Alles Neue baut auf Altem auf, neue Formen werden gebildet aus altem Stoff. Kinder orientieren sich bei ihren Spielen und sonstigen Zukunftsentwürfen an den »Gegebenheiten«. Metaphern und Vergleiche, und seien sie noch so kühn, operieren ebenfalls mit »Gegebenheiten«. Deshalb sind fast alle Metaphern und Vergleiche, die Personen involvieren, männlich fundiert, denn Männer besetzen die Tradition und die Öffentlichkeit, also denjenigen Teil der Realität, der sichtbar, »gegeben« ist. Das Perfide an der ganzen Chose ist nun, daß Sprache und Denken metaphorisch strukturiert sind und daß ohne Metaphern offenbar überhaupt kein Denken, geschweige denn denkerischer Fortschritt möglich ist, wie Lakoff und Johnson (1980) und Lakoff (1987) ziemlich überzeugend dargelegt haben. Die Struktur und nötigenfalls die Umstrukturierung von Metaphern und Vergleichen gehen uns Frauen also ganz zentral an.

Metaphern und Vergleiche stellen eine Verbindung her. Die **Verbindung**, Gleichsetzung sollte neu, ungewohnt, überraschend sein und ist es auch manchmal. Die beiden **Pole** aber, die miteinander verknüpft werden, sind **nicht neu**. Sie sind gegeben, vertraut, bekannt, sonst hängt der Vergleich in der Luft. Nehmen wir die Metapher *Achill, das Vieh*. Die Gleichsetzung der beiden ist neu, aber die verknüpften Teile sind bekannt. Oder nehmen wir Vergleiche:

Eduard sieht aus wie eine Nonne/Kuh/Linsensuppe.
Eduard sieht aus wie ein weiblicher Papst/der Papst auf weiblich.

Das kann ich ohne weiteres sagen, aber nicht:

* Eduard sieht aus wie eine Päpstin/katholische Priesterin.

Die Beispiele zeigen, daß bei einem Vergleich die Kombination zwar seltsam bis phantastisch sein mag, daß aber das, **was** kombiniert wird, real sein muß. Metaphorisches Reden ist zwar »nur bildhaft«, setzt aber Realität voraus. Einen »richtigen« Literaturpapst gibt es nicht, wohl aber einen »richtigen« Papst. Und da es keine Päpstin gibt, ist eine Literaturpäpstin auch nur schwer vorstellbar. Das heißt, sie wird uns nicht in den Schoß fallen – das verhindert sozusagen der Stoff, aus dem Metaphern (normalerweise) sind.

Die folgenden Hermaphroditen machen das sehr deutlich. Es geht um Vergleiche und Metaphern aus Bereichen, die nahezu ausschließlich von Männern geprägt wurden bzw. sind: Tötungs- und Kriegshandwerk inklusive Kameradschaft, (Feudal)-Herrschaft inklusive Gefolgschaft und Rebellion, politische oder religiöse Agitation usw.

(38) Und Tante Flo rutschte rüber auf den Sitz neben die **Gebietsführerin**, legte ihren kleinen Arm um sie und trocknete ihre Tränen [...]. Das Opfer tröstet den **Henker**. (Parnass 1983: 82)

(39) [...] und doch empfanden sie sich, was die Arbeit betraf, als **Kameraden** und **jede** fühlte sich in der Gesellschaft **der anderen** wohl. [Über Virginia Woolf und Katherine Mansfield] (Bell 1982: 285)

(40) Wie gesagt, meine nächstjüngere Schwester zog ich mir als **Knappen** heran [...] ich glaube, ich war kein **Tyrann** dabei oder **Diktator**. Ich brauchte einfach einen Zuhörer. Ich bin immer ein **Proselytenmacher** gewesen – **einer, der** Anhänger sucht, **der seinen** Glauben verbreitet. Ich möchte gerne andere überzeugen, ich erkläre gerne Sachen und gebe sie weiter, vielleicht wäre ich interessierten Kindern eine gute **Lehrerin** gewesen. Da war meine Schwester meine beste **Zuhörerin**, und eine dankbare und stille. Das heißt, ich brauchte keinen Gesprächspartner, ich brauchte einen Zuhörer. (de Haen 1983: 114)

Daß in (40) eine Frau über sich spricht und kein Mann, merkt frau erst, wenn sie bei dem Wort *Lehrerin* angekommen ist ... *Knappe*,

Tyrann, *Diktator* – das sind alles Bezeichnungen für Männer. *Knappe* bezeichnet nicht nur einen rein männlichen Beruf aus feudaler Zeit, es ist überdies eng verwandt mit *Knabe*; das Wort *Knäppin* wäre also etwa so sinnvoll wie *Knäbin*. Sie zog sich also ihre Schwester als »Knappen« heran. Wenn sie über einen Bruder gesagt hätte: »Ich zog ihn mir als Knappen heran«, so wäre das auch metaphorisches Reden gewesen, aber die Metapher wäre in der historischen Realität verankert gewesen. Die Wörter *Tyrannin* und *Diktatorin* lassen sich zwar ohne weiteres bilden, aber sie sind so realitätsfern wie *Bundeskanzlerin*, *Häuptlingin* oder *Päpstin*, und es sollen mit diesen Bildern ja gerade »lebhafte, anschauliche Vorstellungen« hervorgerufen werden.

(41) Ich wurde geliebt und geachtet von meinen Schwestern, aber die Kleinen mußten mir auch helfen, mich gegen die zweite durchzusetzen, die war nämlich **die Schwierige, der Rebell.** (de Haen 1983: 102)

(42) Ich verbinde mit meinen Filmen nicht unbedingt eine Botschaft, ich möchte auch niemanden überzeugen, ich sehe mich nicht als **Prophet** oder **Agitator**, ich sehe mich eher als **Chronistin**. (Margarethe von Trotta in Mundzeck 1984: 89)

(43) Sie ist dann eben auch **die Vermittelnde, Verbindliche**, die treue **Gefolgsfrau**, wie Vera ihre dritte Schwester beschrieben hat. [...] Das bietet für die dritte auch die Chance, nicht nur treuer **Gefolgsmann** zu werden, wie Isa, sondern auch selber wieder zu führen. (de Haen 1983: 145 f.)

Das letzte Beispiel ist besonders aufschlußreich. Die Autorin bemüht sich um eine »frauengerechte«[22] Sprache. Sie verwendet hier zunächst das Wort *Gefolgsfrau*, obwohl nur der *Gefolgsmann* üblich ist. Falls zum *Gefolge*, zur *Gefolgschaft*, eines feudalen Herrschers überhaupt Frauen gehört haben, waren sie offenbar nicht der Rede wert, denn überliefert ist neben dem Wort *Gefolgsleute* nur das Wort *Gefolgsmann*. *Gefolgsfrau* mußte also kreiert werden. Eine Seite später schon wird jedoch dieselbe Frau *Gefolgsmann* genannt, weicht der kreative feministische Elan der Routine, dem Gehorsam gegenüber den Normen der Metaphorik und dem »herrschenden Sprachgebrauch«.

Aber es gibt auch noch andere Sprachgesetze. Es gibt, vor allem, die Kongruenzregel, die mit der soeben formulierten Metaphernregel im Streit liegt, weil sie sich nicht darum schert, ob es im wirklichen Leben Bundeskanzlerinnen, Dirigentinnen oder Päpstinnen gibt. Eine Frau kann nicht Kanzler werden, sondern nur Kanzler**in**, Dirigent**in**, Päpst**in** usw. – aus rein grammatischen Gründen. Es erinnert ein bißchen an Morgensterns Wiesel auf dem Kiesel im Bachgeriesel, das dort »des Reimes wegen« gesessen haben soll. Entsprechend hätte ich »der Grammatik wegen« nur Schuster**in** werden können. Die Kongruenzregel wurde in den hier zusammengestellten Belegen, den Hermaphroditen, permanent verletzt. Ohne Verletzung der Kongruenzregel keine Hermaphrodite, sozusagen. Die Hermaphroditen (41) und (42) hätten, wäre die Kongruenzregel befolgt worden, folgende Form gehabt:

(41 a) [...] sie war nämlich **die Schwierige, die Rebellin.**
(42 a) Ich sehe mich nicht als **Prophetin** oder **Agitatorin**, ich sehe mich eher als **Chronistin.**

Wir sollten die Kongruenzregel wiederbeleben und einsetzen, wo immer es geht. Sie bietet uns eine elegante Möglichkeit zur Schaffung weiblicher Realität – sogar aus dem Nichts. Früher hieß es beispielsweise *die Kirche als Grundherrin*, einfach aus Gründen der Grammatik, die sich bis weit ins 19. Jahrhundert nach den Regeln des Lateinischen richtete. Weil *die Kirche* Femininum ist, wurde aus dem *Herrn* eine *Herrin*, obwohl es Grundherrinnen in Wirklichkeit kaum gab. Es hieß *Amicitia est virtutum adiutrix* [Die Freundschaft ist die Helferin der Tugenden], *historia vitae magistra* [die Geschichte ist die Lehrmeisterin des Lebens], ja sogar *Athenae omnium doctrinarum inventrices fuerunt* [Athen war die Erfinderin aller Lehren (wörtlich: die Erfinderinnen, denn *Athenae* ist Fem. Plural)]. Die folgenden Beispiele orientieren sich an diesen alten Vorbildern:

Vorübergehend nahm *die Bank* deutscher Länder die Funktion als **Münzherrin** wahr [...] (Schön 1971: 82)
Die **Käuferin**, eine Treuhandgesellschaft, verkaufte sofort weiter. (Boveri 1977: 85)
Die katholische *Kirche* in ihrer Funktion als **Bewahrerin** der polnischen Nation [...] (WDR-Hörfunk, 22. 8. 1984)
[Mathilde von Tuszien] bestimmte *die Kirche* zur **Universalerbin** [...] der »Mathildischen Güter« [...] (*Große Frauen*, S. 325)

[...] *die Sowjetunion* [...] [versteht sich] als die konsequenteste und machtvollste **Kämpferin** für die Verwirklichung des Erbes von Karl Marx [...] (Mertes 1983: 28)
Die Bundesregierung als derzeitige **EG-Präsidentin** [...] (WDR-Nachrichten, 9. 4. 1983)

Seit Anfang des 20. Jahrhunderts orientiert mann sich allerdings mehr an »der Wirklichkeit« als an der Grammatik. Es heißt heute eher *Die Universität ist der größte Arbeitgeber am Ort*. Nicht *Arbeitgeberin*, denn Arbeitgeberinnen – gibt's die überhaupt?

Feministinnen aber haben die alte Kongruenzregel begeistert aufgegriffen und wenden sie gerne an:

Ich fühlte mich von vielen gehört, viele hatten mich verstanden, vielen hatte mein Buch geholfen – diese *Resonanz* war eine **Energiespenderin** für dieses Buch. (Trömel-Plötz 1984: 12)

Damit nicht genug, werden mittels der »feministisch motivierten Motion« immer mehr Schwestern »einfach so« erschaffen:

Ratgeberin für Hungerstreikerinnen. (Kapitelüberschrift in Hannelore Schröders Buchmanuskript der Dokumentation ihres Hungerstreiks)
Veranstalterin: Frauenzentrum Baden (Flugblatt zur Ankündigung eines Vortrags, Mai 1984, Baden b. Zürich)

Literaturpäpstinnen, Energiespenderinnen, Ratgeberinnen, Klassikerinnen und unzählige andere spannende weibliche Gestalten fallen uns, wie gesagt, nicht in den Schoß – aber wir können sie uns einfallen lassen und sie mitten im »wirklichen Leben« aufstellen neben all den Mannsbildern...

1984-89

Anmerkungen

1 Metaphysik der Sitten, 1. Teil. (Werke, Bd. 7, S. 433). Zitiert nach Modelmog 1983: 35.
2 Vgl. Pusch 1985a.
3 Vgl. die Glosse »Amtweibling und Amtfrau« in diesem Band, S. 218f.

4 Ein Kompositum ist ein zusammengesetztes Wort.

5 Heft 19/1984, S. 70-80.

6 Ebd., S. 83-85.

7 Ich möchte den linguistischem Begriff ›Movierung‹ an zwei Beispielen erklären: *Lehrerin* ist die movierte Form zu *Lehrer*, und *Witwer* ist die movierte Form zu *Witwe*.

8 Die Intension eines Begriffs ist das, was wir uns normalerweise unter diesem Begriff vorstellen, was ›vor unserem geistigen Auge erscheint‹.

9 Übersetzung von mir. Das engl. Original lautet: »By marriage, the husband and wife are one person in law: That is, the very being, or legal existence of the woman is suspended during the marriage, or at least is *incorporated* [...] into that of the husband [...]« Sir William Blackstone, *Commentaries on the Laws of England*, 4. Aufl., hg. von J. DeWitt Andrews (Chicago, Callaghan & Co., 1899), 1. Buch, Kap. 15, § 111, S. 442. Zitiert nach Pateman 1988: 91.

10 Übersetzung: »In der weiblichen Bezeichnung ist das männliche Geschlecht weder seiner Eigenschaft nach noch aufgrund irgendeiner anderen Interpretation enthalten.«

11 Übersetzung: »Dem männlichen Geschlecht steht das Recht auf Verteidigung [...], die häusliche Befehlsgewalt zu«, es ist »in jeder Hinsicht [...] der Anfang und das vollkommenere Geschöpf« [...].

12 Übersetzung: »gegen alle politische, wirtschaftliche und natürliche Vernunft«.

13 In dem 1986, zwei Jahre später, geschriebenen Aufsatz »Alle Menschen werden Schwestern« wird gezeigt, daß und wie sie das doch können. Noch ein Jahr später, im September 1987, erschien eine Nummer der Schweizer Wochenzeitung (*WoZ*) im »totalen Femininum« – Therese Flückiger und ich hatten sie feministisch-linguistisch redigiert.

14 Ein amtliches Schreiben aus dem Jahre 1981:
Betr.: Femininum bei einer Organbezeichnung
hier: Organbezeichnung »Der Dekan«

Aus gegebener Veranlassung hat der Minister für Wissenschaft und Kunst wegen der grundsätzlichen Bedeutung und einheitlichen Handhabung in der o. a. Frage wie folgt Stellung genommen:

> »Gem. § 78 Abs. 2 NHG lautet die Organbezeichnung ›Der Dekan‹. Da das NHG eine dem Besoldungsrecht (Vorbemerkung I. 1 zu den Bundesbesoldungsordnungen A und B) entsprechende Regelung für Organbezeichnungen nicht enthält, halte auch ich Organbezeichnungen in dieser Form nicht für zulässig. Es ist daher auch nicht möglich, amtliche Briefkopfbögen mit der Bezeichnung ›Dekanin‹ zu verwenden. Keine Be-

denken bestehen dagegen, wenn sich ein weiblicher Dekan als ›Dekanin‹ mündlich oder schriftlich anreden läßt.«

Merke also: Das Organ ist männlich!

[Den Hinweis auf dieses Schreiben verdanke ich Marlis Hellinger.]

15 In der Schweiz dauert die Ausbildung zum »Koch« drei Jahre; »Köchin« wird frau hingegen schon nach zwei Jahren.

16 Vgl. hierzu auch Pusch 1984a, S. 76-78 und die dort angegebene Literatur.

17 Vgl. hierzu auch Pusch 1984b: Im *Duden*-Bedeutungswörterbuch sind alle menschlichen Angelegenheiten säuberlich aufgeteilt in einen männlichen und einen weiblichen Bereich. Der weibliche Bereich besteht aus Versorgung des Gatten und der Kinder. Der männliche Bereich besteht aus »dem Rest«. Mögen wir bis dahin geglaubt haben, Tätigkeiten wie etwa Essen, Lesen, Schlafen, Spazierengehen und dergl. seien allgemein menschlich, so erfahren wir spätestens aus dem *Duden*-Bedeutungswörterbuch, daß sie männlich sind.

18 Christa Wolfs Variante *Achill, das Vieh* ist leider noch nicht zu einem Standardbeispiel in den Poetiken avanciert.

19 Den ersten erblickte ich in der Uni Konstanz. Unserem Fachbereichssekretär, einem gutbezahlten Mann in verantwortungsvoller Position, stand sonst immer eine Sekretärin zur Seite. Zu meinem Erstaunen machte sich ab ca. 1978 hin und wieder auch eine männliche studentische Hilfskraft, eine Art Sekretär also, im Vorzimmer des Fachbereichssekretärs zu schaffen.

20 Vgl. auch die Beispiele in der Einleitung zu »Alle Menschen werden Schwestern«, in diesem Band, S. 89.

21 Vgl. hierzu Brauns 1983.

22 *Frauengerechte Sprache* anstelle von etwa *feministische Sprache*, *Frauensprache* oder einfach *gerechte Sprache* wird von einigen feministischen Theologinnen bevorzugt; der Ausdruck soll den englischen Terminus *inclusive language* wiedergeben. Ich mag ihn nicht besonders. Er erinnert mich an artgerechte Ernährung/Kleintierhaltung oder behindertengerechte Bürgersteige. Im vorliegenden Zusammenhang scheint mir der Ausdruck aber passend.

Lila Lotta Lesbeton

Die Kinder der Frauenbewegung und ihre Namen

1 Die Geburt der Daphne: Ein Briefwechsel im Jahre 1984

(Susanne an Luise)
[...] Im übrigen hat mich vorgestern die wilde Mänade gebissen und ICH HABE EINEN VERLAG GEGRÜNDET!!!!!!!!

Ist das nicht toll??? Gewerbeschein etc. habe ich schon, aber ich bitte Euch herzlich, mir bei der Namensfindung zu helfen. AMOROSA hätte mir gut gefallen, aber das klingt ›sub rosa‹ zu ähnlich. Im Untertitel soll das Ding jedenfalls etwa heißen: ›Verlag für weibliche Lust und Geschichte‹ [...]

(Luise an Susanne in Göttingen)
Wie schön, daß Du inmitten von 3400 Göttinnen wohnst! Wär das nicht auch ein schöner Name für Deinen Verlag:

Verlag 3400 Göttinnen

Amorosa finde ich, abgesehen vom Anklang an sub rosa, auch etwas zu himbeerfarben. Ich hab nicht viel Zeit; hier ein vorläufiges Ergebnis des Taufpatinspiels, nur so: Verlag Kesse Motte, Wilde Hummel, Die Zaubermuschel, Mamma, Venuß, Wasserfrau, Mehrjungfrau, Chimähre, Ute Ruß. Oder Sündfluth Verlag, Winz Verlag für weibliche Lust und Geschichte. Und sehr fein wäre natürlich auch (SUSANNE) AMRAIN VERLAG, weil das so ein schöner und schön klingender und unsexistischer Name ist.

(Susanne an Luise)
[...] Liebe Grüße, [...] von DAPHNE!

2 Daphne & Co.

Es macht Spaß, für ein Kind einen Namen auszusuchen, zumal für ein ureigenes, eine ohne männliches Zutun gezeugte feministische Tochter, bei deren Taufe weder kirchliche noch standesamtliche Vorschriften zu beachten sind. Welcher Standesbeamte würde wohl Namen wie *Carambolage*, *Malaria*, *Strapaze*, *Lawine*,

Krem fresch, *Hydra*, *Famm fatal*, *Zitronenpresse*, *Courage*, *Tarantel*, *Zimpzicke*, *Belladonna*, *Primadonna*, *Donna Wetter*, *Donna Confetti* oder *Abschminke* für das Töchterchen erlauben, obwohl an der Feminität dieser Namen ja nun kein Zweifel bestehen kann? Denn an die Grundvorschrift der Standesämter – »Das Geschlecht des Kindes muß am Namen zweifelsfrei erkennbar sein« – halten sich feministische Täuferinnen in aller Regel ganz ohne behördliche Nachhilfe.

Kraß unseriöse Namen wie die obigen wollte meine Freundin Susanne (obwohl – oder weil? – »von der wilden Mänade gebissen«) also nicht für ihre Verlagstochter, sie nannte sie doch lieber *Daphne*. Der Griff in die Klassische Antike, überhaupt ins Mythisch-Vergangene, ist feministisch selten ein Fehlgriff, denn erstens klingen die Namen meistens sehr schön, zweitens eignen sich viele unserer Urmütter und antiken Vorschwestern bestens als Vorbilder, an denen es uns bekanntlich sehr mangelt. Die beliebteste Namensmatrone ist eindeutig die Frühfeministin Xanthippe, nicht unbedingt klang-, dafür aber auf jeden Fall kraftvoll und widerstandsfähig. Nach ihr wurden getauft: Frauenbuchläden in Mannheim und Amsterdam, die Frauenzeitung Uni Bonn sowie eine Frauenkneipe in Berlin. Um den zweiten Platz auf der Antiken-Beliebtheitsskala ringen Sappho und Kassandra: *Sappho* heißt sowohl der Frauenbuchladen und -vertrieb in Wiesbaden als auch das Lesbentheater in München (laut EMMA 1979.11.44; ob es noch heute besteht, weiß ich nicht).[1] *Kassandra* heißt eine Frauengalerie in Berlin, und im Februarheft 1985 meldete EMMA: »Eine Gruppe Schweizerinnen plant den Aufbau eines Frauenbildungs- und Ferienzentrums. Einen Namen hat das Kind schon, ›Villa Kassandra‹.« Ob Kassandras Beliebtheit auf sie selbst zurückgeht oder auf Christa Wolf, müßte noch erforscht werden.

Atossa nannte Vera Tschechowa ihre Produktionsfirma, nach der persischen Königin und »ersten Frauenrechtlerin des Altertums«[2], »denn Atossa hatte die ganze Macht« (Herodot). Marockh Lautenschlag (was für ein prunk- und prachtvoller Name auch dies!) nannte ihren Verlag *Medea*. *Clio* heißt die periodische Zeitschrift zur Selbsthilfe, die das FFGZ (Feministische Frauengesundheitszentrum) Berlin seit 1976 herausgibt. Eine der ersten Frauendruckereien hieß *Diana*, *Pandora* eine Frauenfilmgruppe, *Sirene* eine feministische Zeitschrift in Norwegen, und eine Berliner Frauenband nannte sich *Lysistrara*.

Die Amazonen und ihre Doppelaxt, die Labrys, verhalfen vielen feministischen Einrichtungen zu würdigen Namen. Einer der ersten Frauenverlage war der Berliner *Amazonen Verlag*, der erste Berliner Frauenbuchladen hieß *Labrys*. In EMMA 1985.3.53 inseriert ein *Amazonen-Express*. Der Tübinger Frauenbuchladen heißt *Thalestris*, nach einer sagenhaften Amazonenkönigin.

Über das Kölner Kulturzentrum *Rhiannon* schreibt COURAGE 1982.11.61: »RHIANNON ist der Name einer keltischen Göttin/Königin, die die All-Mutter und gleichzeitig den Amazonen-Aspekt der Göttin symbolisiert.«

Lilith war nach altjüdischer Überlieferung Adams erste Frau, mit ihm zusammen von Mutter Erde hervorgebracht. Sie entfloh ihrem Ollen. Zur Strafe wurde sie in eine Teufelin verwandelt, und zur Feier dieser feministischen Großtat und Urszene wurde einer der ersten Frauenbuchläden nach Teufelin Lilith benannt. Ihr »unweibliches Empfinden« heißt in der Sprache der Mediziner *Viraginismus*, und *Virago* heißt der größte feministische Verlag Europas, Sitz London.

3 Down to earth!

Bei weitem nicht alle Namen der Kinder der Frauenbewegung knüpfen an so grandiose Traditionen an, und lustig-frech à la *Carambolage* oder *Strapaze* sind gar die wenigsten. Sachliche Namen wie *Frankfurter Frauenschule*, *Frauen lernen gemeinsam e.V.*, *Fraueninitiative 6. Oktober*, *Verlag Frauenpolitik* sind eher die Regel als die Ausnahme. Eine der ältesten feministischen Zeitschriften der Bundesrepublik (1974 ff.) heißt schlicht *Frauen und Film* (frau beachte den feinen Unterschied zu *Film und Frau* der fünfziger Jahre!), eine der jüngsten ist *Frauen und Schule*. Die unkommerziellen Frauenzentren der ersten frauenbewegten Jahre identifizierten sich, ganz anders als die später aus ihnen hervorgegangenen Frauenkneipen und -cafés, ausschließlich mittels Ortsangaben, wie heute noch die Frauenhäuser und Frauen-Notrufe. In Konstanz, meinem damaligen Wohnort, hieß das Zentrum einfach *Frauenzentrum Gütlestraße*. Später gründeten einige Zentrumsfrauen das Frauencafé *Belladonna*. In der Rubrik »Frauentermine« der COURAGE jener Jahre heißt es nüchtern – und ernüchternd:

Frauenzentrum Aachen	Schmiedstraße
Frauenzentrum Berlin	Stresemannstraße
Frauenzentrum	Gropiusstadt
Frauenzentrum Gießen	Ludwigstraße
Frauenzentrum Heidelberg	Dreikönigstraße
Frauenzentrum Kassel	Goethestraße
Frauenzentrum Kiel	Gneisenaustraße
Frauenzentrum Krefeld	Alexanderplatz
Frauenzentrum Mülheim	Uhlandstraße
Frauengruppe Trier	Georg-Schmidt-Platz
Frauenzentrum Wiesbaden	Adlerstraße
Frauenzentrum Wuppertal	Friedrich-Engels-Allee

usw. (alle COURAGE 1977.9)

»Wie in Abrahams Schoß« – so läßt sich die Umwelt der meisten Fraueneinrichtungen und -veranstaltungen wohl am besten umschreiben:

Gummersbach: Seminar »Gewalt gegen Frauen« in der Theodor-Heuss-Akademie der Friedrich-Naumann-Stiftung (COURAGE 1982.9.65).

»Frauen und Frieden« Wochenendseminar im Heinrich-Pesch-Haus Ludwigshafen (COURAGE 1982.9.65).

Die neue Berliner »Zentraleinrichtung zur Förderung von Frauenstudien und Frauenforschung«[3] residiert zwar begünstigt in der Königin-Luise-Straße, dafür ist aber der Name dieser »Zentraleinrichtung« um so häßlicher geraten. Dies scheint der Preis der männlichen Umarmung und Unterstützung zu sein. Feministinnen mögen weiblich-herb sein – das wahre Bürokratendeutsch gelingt ihnen selten. Und so entpuppt sich denn der schon sprachlich verdächtige »Verein zur Förderung der Gleichberechtigung von Frauen« als eine gemischtgeschlechtliche Angelegenheit, denn er hat »jeden Donn. Frauentreff« (COURAGE 1982.9.64).

Nach so viel Trockenheit brauchen wir jetzt eine kleine Erfrischung, Frauenpower:

Heute eröffnen wir das schönste gemütlichste informativste bunteste geschmackvollste größte vielfältigste Café. Mit den klügsten schönsten interessantesten erregendsten Frauen. Natürlich nur für Frauen. Im Frauenbuchladen Bismarckstraße,

Hamburg (COURAGE 1982.10.64) [für den Mißton *Bismarck* in dieser Hymne kann ich nichts, er ist systembedingt, s. o., LFP].

4 Die Hexe, die Mondin und die Farbe Lila...

... sind, neben den mythischen Frauengestalten, die wichtigsten Inspirationsquellen feministischer Namengebung.

4.1 Daß die Mondin im Deutschen, gegen alle Vernunft und guten Sitten, in männlicher Verkleidung *(der Mond)* auftritt, stört dabei kaum: Entweder gibt frau ihr die richtige weibliche Gestalt wieder (*Bruchstücke einer Mondin*, so heißt ein im Selbstverlag erschienenes Buch), oder sie wählt romanische Sprachformen, oder sie bleibt ungerührt bei *Mond*: Was schert's die Mondin, daß der Deutsche sie maskulinisiert hat, sie ist trotzdem weiblich!

In Kalletal gibt es ein Frauenferienhaus *La Luna*, in Nürnberg gibt oder gab es (in der Wilhelm-Marx-Straße!) das *Café Luna*, in Basel den *Mond-Buch-Verlag*, in Berlin den Frauenselbsthilfeladen *13. Mond* sowie eine »Gruppe Zwielicht« mit *Mondrevue*, und in Brechen b. Limburg nannten 1980 drei Frauen ihr alternatives Kino *Mondpalast*.

4.2 Lila ist die Farbe der Frauenbewegung – warum? Ich weiß es auch nicht, aber mir gefiel die Farbe schon immer, außerdem klingt *lila* natürlich viel weicher und »weiblicher« als die meisten anderen Farbbezeichnungen, die (wie viele männliche Vornamen, z. B. *Kurt*, *Hans* oder *Bernd*) einsilbig sind und/oder markig auf Konsonanten enden: *weiß*, *schwarz*, *grün*, *gelb*, *rot* usw.[4]

Es gab oder gibt (im folgenden werde ich mir diese Differenzierung schenken und nur noch das Präsens benutzen: Unmöglich, bei der Störanfälligkeit feministischer Institutionen im Patriarchat deren Lebensdauer jeweils zu recherchieren) regionale feministische Zeitschriften namens *Lila Distel*, *Lila Klatschmohn* und *Lila Lotta*, in Wien das Frauenbeisl *Lila Löffel*, in München einen Frauentreff *Lilaterne*, in Berlin ein *Lila Lädchen* (Second Hand für Frau und Kind) und in Bremen einen *Lila Laden*. Ganz offenbar spielt die Freude an Alliterationen bei den *Lila*-Namen eine große Rolle; die meisten klingen wie ein weicher Singsang. *Liebe lila Grüße* ist eine beliebte Grußformel unter Schwestern.

Das englische Wort für *lila* ist *lavender*; es wird hin und wieder für deutsche Einrichtungen übernommen: Frauenbuchladen *Lavender* in Stuttgart, Frauenrockband *Lavender Jane*. Das schöne Wort *Lavendel* mag die deutsche Frauenbewegung anscheinend nicht besonders, vielleicht weil es zu sehr an Parfüm und Seife erinnert?

Statt *lila* findet sich hin und wieder auch *violett*: *Die Neue Violetta für Frauen liebende Frauen* heißt eine Gruppe in Berlin.

4.3 Die Hexe ist die Identifikationsfigur der Neuen Frauenbewegung schlechthin, und zwar international. Sie ist **das** Symbol für weiblichen Widerstand, weibliche Weisheit und weibliches Martyrium.

Die erste deutsche Frauenkneipe war der *Blocksberg* in Berlin. *Die kleine Hexe* ist eine Berliner Zeitschrift für Mädchen und junge Frauen. *Hexenkessel* ist der Name einer Göttinger Zeitschrift und eines Frauencafés in Düsseldorf (ob identisch mit der ebenfalls aus Düsseldorf gemeldeten *Hexenküche*, weiß ich nicht). Der Frauenbuchladen in Kempten heißt *Die Funkenhex'*, nach dem im Allgäu gepflegten Brauch, alljährlich die »Funkenhexen« anzuzünden. 1981 meldete die EMMA die Eröffnung eines Frauenbuchladens mit Café in Lüneburg namens *Hexenhaus*. Die Zürcher Rockband *Framamu* (Frauen machen Musik) spielt in der *Hexenhöhle*, und die Frauen in Erbach gründeten eine *Hexenschule Rheingau e. V.*

Das feministische Ursymbol *Hexe* wirkt zwar sehr verbindend, aber wo bleibt bei so vielen *Hexen*-Namen die Individualität?

Wer sucht, die findet, und zwar findet sie, daß *Hexe* auf das althochdeutsche Wort *hagazussa* zurückgeht, laut Grimm[5] »die das landgut, feld und flur schädigende«, laut DUDEN[6] »auf Zäunen od. Hecken sich aufhaltendes dämonisches Wesen«. *Hagazussa* nannte sich eine Gruppe schreibender Frauen in Berlin, und der soeben gegründete Kölner Frauengesundheitsladen mag es auch lieber in altdeutsch. Der Frauenbuchladen Düren hingegen wählte sich die Baba Jaga, die gewaltige furchterregende Hexe der russischen Dämonologie, als Namensmatrone. Und der Frauenbuchladen in Kassel heißt, nach einer anderen Ur-Hexe, *Aradia*.

5 Schimpfnamen für Frauen

Die deutsche Sprache ist, wie jede Sprache im Patriarchat, überreich an herabsetzenden Bezeichnungen für Frauen – ein Reservoir, in das wir nur beherzt hineinzugreifen brauchen, und schon haben wir farbig-kraftvolle Namen für feministische Neugründungen in Mengen. Der Trick ist alt und funktioniert immer: Wenn ich eine Beleidigung stolz zur Selbstbezeichnung mache, pufft sie ins Leere. Ich gebe damit dem Beleidiger zu verstehen, daß ich es geradezu als Ehre betrachte, von einem wie ihm verachtet und ausgegrenzt zu werden. Ein berühmtes Beispiel ist die Nazi-Ausstellung »Entartete Kunst«. Wer »nicht dazugehörte«, hatte allen Anlaß, an ihrer/seiner künstlerischen Qualität zu zweifeln. Und Frauen, die von Patriarchen mit Schimpfwörtern bedacht werden, haben allen Grund, darauf stolz zu sein, denn es beweist, daß sie nicht an MADness leiden (MAD = *Male Approval Desire* ›der Wunsch, dem Mann zu gefallen‹[7]).

Mary Daly (1981: 35) schreibt über den Schimpfnamen par excellence, *alte Hexe* (englisch *hag*):

> *Hag* wird auch definiert als »ein häßliches oder böse aussehendes Weib«. Angesichts der Herkunft dieser Definition könnte man das auch als Kompliment auffassen. Denn die Schönheit starker, kreativer Frauen ist »häßlich« nach den frauenfeindlichen Maßstäben von »Schönheit«. Der Anblick von frauenidentifizierten Frauen ist »böse« für diejenigen, die Angst vor uns haben. Und was das »alt« betrifft, so ist der Jugendlichkeitskult ein Merkmal der phallischen Gesellschaft. Für Frauen, die diese Wertungen hinter sich lassen, ist eine Alte eine, die ein Beispiel an Kraft, Mut und Weisheit sein sollte.

Die vielen auf den Namen *Xanthippe* oder hexisch getauften feministischen Töchter beweisen, daß wir unsere Daly-Lektion gelernt haben. Neben diesen prominentesten Beispielen und den bereits angeführten Namen *Famm fatal* (Frauenbund) bzw. *femfatal* (Frauenliste zum Studentinnenparlament Bonn, 1985) und *Zimpzicke* (Frauenbuchladen Dortmund) sind noch zu nennen: *Die Bonner Blaustrümpfe* (Frauenkabarett), *Kratzbürste* (Nürnberger Frauenzeitung), das *Marburger Weiberblatt* und die *Spinatwachtel* (Frauenzeitung Marburg). Daß die Liste nicht komplett ist und sein kann, braucht wohl nicht betont zu werden.

6 Flora und Fauna

6.1 Viele beleidigende Bezeichnungen für Frauen stammen aus dem Tierreich, vom *flotten Käfer* über die *süße Biene* oder *süße Maus*, *kesse Motte*, *wilde Hummel* bis zur *dummen Gans*, *blöden Ziege*, *alten Kuh*, *falschen Schlange* usw. usw. Auch die Frauenbewegung hat ein Herz für (weibliche) Tiere, bevorzugt allerdings mehr die giftigen und überhaupt wehrhaften, wie z. B. die *Tarantel* (Bielefelder Frauenzeitung) und die Wespe, veredelt zum *Lesbenstich* (Lesbenzeitung Berlin). Vor allem aber hat es einer echten Eva natürlich die Schlange angetan: *Anna Konda* (Frauenband), *Hydra* (Prostituiertengruppe Berlin), *Schlangenbrut* (Zeitschrift für feministische Theologie) und *Kobra* (Kölner Frauenzeitung) sind da ein paar Beispiele.

Recht beliebt ist auch die Eule, da nicht nur feminin, sondern auch Symbol weiblicher Weisheit: Der Frauenbuchladen Lindau heißt *Kleine Eule* und eine Wuppertaler Zeitschrift *Die Eule*.

6.2 Für die Pflanzen, die zu Namensmatronen auserkoren werden, gelten ähnliche Bedingungen wie für die Tiere:

1. Der Name muß ein Femininum sein. *Ahorn* z. B. oder *Löwenzahn*, sicher sehr liebenswerte Pflanzen, sind dennoch unbrauchbar, weil Maskulina.
2. Die Pflanze sollte möglichst giftig, zumindest aber sauer, stachelig oder scharf und beißend sein. Eben eine echte Xanthippe der Pflanzenwelt!

Die Rose erfüllt zwar beide Bedingungen, d. h., sie ist sowohl feminin als auch dornig, aber sie kommt natürlich trotzdem wegen ihrer fragwürdigen Funktion in patriarchalischen Liebesritualen auf keinen Fall in Frage, im Gegensatz zur *Limone* (Werkstatt für Fotosatz und Gestaltung Berlin), *Tollkirsche* (Frauenzeitung Kassel), *Pimpernella Paprika* (Frauenrockband) oder *Lila Distel* (Zeitschrift). Ein Berliner Frauenverlag heißt *Zitronenpresse* und eine Frauenkneipe in Bremen *Zizzania*, was »Tanzende Zwiebel« bedeuten soll. Der einzige Name, der hier etwas aus der sauerstachlichten Reihe tanzt, ist *Mamas Pfirsiche* (Münsteraner Literaturzeitschrift).

Andere Bereiche der Natur als die Tier- und Pflanzenwelt stehen bei feministischen Taufen nur selten Patin. Eine Frauengesangsgruppe nennt sich *Lapislazuli* – sicher weniger der Natur als des schönen Klanges wegen. In Berlin gibt es seit kurzem eine Gruppe *Wildwasser* (Frauen, die als Kinder vergewaltigt wurden) – ein Name, der über die Probleme dieser Frauen nichts verrät und auch nichts verraten soll. Das Thema »Väter als Täter« ist – noch – ein äußerst schmerzhaftes Tabuthema.

7 EFA, IFPA, BIFF und PSIFF

Feministische Akronyme sind oft genauso häßlich wie andere Akronyme. Wir konnten die Bezeichnung FFGZ noch nie ausstehen, aber da sie eine so lebenswichtige Sache meint (Feministisches Frauen-Gesundheitszentrum), haben wir uns schließlich daran gewöhnt, sogar daran, daß nach dem ersten FFGZ in Berlin alle weiteren den scheußlichen Namen erbten. Auch »das« BIFF (Beratung und Information für Frauen, Berlin) bekam Ableger mit dem Namen BIFF. Ob das PSIFF (Psychosoziale Initiative für Frauen, Berlin) und das LAZ (Lesbisches Aktionszentrum Berlin) auch wieder Kinder mit solchen Hundefutter-Namen bekamen, kann ich nicht sagen.

Nachdem wir so das Unangenehmste hinter uns haben, kommen nun ein paar gelungenere Kreationen, gelungener, weil sie wenigstens mit *a* enden und so einem weiblichen Namen schon ähnlicher sehen:

IFPA: Initiative Frauen-Presse-Agentur
KOFRA: Kommunikationszentrum für Frauen zur Arbeitssituation
OFRA: Organisation für die Sache der Frauen (Schweiz)
INFRA: Informationsstelle für Frauen (Schweiz)
LESTRA: Lesben Treff und Auskunft (Berlin)

EFA (Emanzipation – Frauen – Argumente, Zeitschrift) und F.R.A.U. (Forum zur restlosen Abschaffung der Unterdrückung) sind meines Wissens in der Bundesrepublik die einzigen feministischen Akronyme, die etwas von dem Inhalt des abgekürzten Begriffs vermitteln, wenn auch auf wenig originelle Weise. Über den Fall FAD (Frauenaktion Dortmund) grübele ich noch: Ist das feministischer Galgenhumor, Zynismus – oder ist den Frauen gar nicht fad, haben sie die »FAD«heit einfach übersehen?

Die österreichische Frauenzeitung AUF (Aktion unabhängiger Frauen) ist ein Beispiel für ein relativ gelungenes Akronym: Es hat einen anderen Sinn als die Langfassung, deren Gehalt es überdies noch unterstreicht. Die besten feministischen Akronyme kommen aus den USA:

NOW: National Organization of Women
WOMAN: World Organization of Mothers of all Nations
SCUM-Manifesto – Society for Cutting up Men (Valerie Solanas) (*scum* bedeutet »Abschaum«, und die *Society* ist die »Gesellschaft zur Vernichtung der Männer«)
WIG: Women in German (*wig* bedeutet »Perücke«; die Mitglieder nennen sich *wiggies*)

Ein Sonderfall ist das *Lene*, das autonome Lesbenzentrum Hamburg. *Lene* steht für *Lesbennest* (COURAGE 1976.Dez.51). Ein »harmloser« weiblicher Vorname soll hier den eigentlichen Inhalt vor einer feindlichen Außenwelt verstecken. Das Wort *Lesbennest* wiederum ist ein Wortspiel, das auf den SPIEGEL zurückgeht. Ähnlich wie der SPIEGEL Prostituierte genüßlich als »Gunstgewerblerinnen« zu bezeichnen pflegt, nennt er die Aufdeckung eines lesbischen Verstecks gern »Stich ins Lesbennest«. Apropos Versteck: Die Sprachpolitik der Lesben, zwischen Verschleierung und Offensive, verdient eine eigene Untersuchung. Auf der einen Seite stehen schützende Namen wie *Lene*, *Gruppe L 74* oder *Unsere kleine Zeitung*, auf der anderen Namen von Rockbands wie *Lesbeton* und *Flying Lesbians* oder Zeitschriftentitel wie *Lesbenfront* (heute heißt die Zeitung grimmig *Frau ohne Herz*), *Lesbenpresse* und *Lesbenstich*.

8 Andere Wortspiele

Es kamen in den einzelnen Abteilungen dieses Aufsatzes schon viele Wortspiele vor; ich erinnere an *Lysistrara*, *Anna Konda*, *Lesbeton*, *Donna Wetter* (Titel einer Ausstellung von 23 Malerinnen). Außerdem zählen natürlich alle gelungenen Akronyme zu den Wortspielen. Einfache Falschschreibungen wie *femfatal*, *Famm fatal* oder *Krem fresch* dagegen sind keine Wortspiele im engen Sinne, da sie nichts weiter zum Ausdruck bringen als Aufmüpfigkeit, Freude an der Verletzung ehrwürdiger Regeln.

Terre des Femmes und *Struwwel-Lotte* (Berliner Frauen- und Kinderbuchladen) gehören zur Klasse der femininen Pendant-Bildungen, die, nicht nur zahlenmäßig, der wichtigste feministische Beitrag zum laufenden Sprachwandel sind: Pronomen *frau*, *Industriekauffrau*, *Hampelfrau*, *Buhfrau*, *Emma Normalverbraucherin*, *einer die schwarze Petra zuschieben* und so weiter, endlos, wie die Flut männlicher Selbstverallgemeinerungen und -projektionen.

Die italienischen Wörter *donna* ›Frau‹ und *lotta* ›Kampf‹ werden besonders häufig für Wortspiele genutzt, vgl. *Belladonna*, *Primadonna*, *Lila Lotta*, Frauencafé *La Lotta* (Hannover) oder *Lotta Bewegung* (Pseudonym einer EMMA-Autorin).

Belladonna und *Primadonna* gehören zu den Amphibolien wie auch *Frauenzimmer* (Frauencafés in Basel und Wolfsburg). Außer ihrer gängigen Bedeutung vermitteln diese Namen in feministischem Kontext noch feministischen Hintersinn, den sich jede leicht selbst aufdröseln kann.

Wie schon das Akronym F.R.A.U. zeigte, wird auch mit dem Wort *Frau* gern gespielt. Weitere Beispiele sind: *Frauwärts* (Berliner Mädchen-Zeitschrift), *FR – AU 1 ff* (Frauenzeitung Freiburg) und *Allerleifrau* (Magazin des Hessischen Rundfunks, auch Titel eines Sammelbands des Frauenliteraturvertriebs Bremen).

Bleiben noch nachzutragen der Frauenbuchladen *Dröppel(fe)mina* in Wuppertal (*Dröppelminna* ist eine regionale Bezeichnung für Tropfenfänger), die Ausstellung *Fotomorgana*, mein Lieblingswortspiel *Unterrock* (Punkband Hannover) und:

EMMA wie Emanzipation! *EMMA* ist so gut geprägt[8], daß es spielend den schwierigen Sprung vom Eigennamen zur Gattungsbezeichnung schaffte. Fachfraulich ausgedrückt: *Emma* ist das einzige Eponym, das die deutsche Frauenbewegung hervorgebracht hat! Die Mitarbeiterinnen **und** die Leserinnen von EMMA bezeichnen sich selbst als Emmas. Ja, für viele ist *Emma* schon gleichbedeutend mit *Feministin*, gleichgültig, ob als Ehrenbezeichnung oder als Schimpfwort (»Emanze«) gemeint.

9 Weibliche Vornamen

Was unterscheidet nun den Namen *Emma* von den Namen »klassischer« Frauenzeitschriften wie *Petra*, *Brigitte* oder *Constanze*?

Emma ist zur Zeit gänzlich aus der Mode, weckt Assoziationen an unsere Urgroßmütter und ihr trostloses Dienstmädchen-Dasein. Ein »Tante-Emma-Laden« hat klein und eher ärmlich zu sein, dafür herzhaft-gemütlich mit einer ebensolchen, möglichst handfesten und stämmigen »Tante Emma« hinter der Theke, fern von allem Modischen. Während Namen wie *Petra* und *Brigitte* alle Petras und Brigittes und alle Frauen, die die anderen gängigen Vornamen tragen, zur Identifikation und zum Mitkonsumieren einladen, ist *Emma* ein Anti-Name des Protests – aber doch wiederum nicht so gänzlich »entlegen« wie *Xanthippe*, *Sappho*, *Rhiannon* oder *Courage*.

Jeder Standesbeamte würde *Petra* und *Brigitte* als Vornamen anstandslos zu Protokoll nehmen, bei *Emma* würde er sich vielleicht etwas wundern, aber nichts sagen. Bei *Xanthippe* oder *Sappho* jedoch würde er dringend abraten, und *Courage* oder *Rhiannon* würde er vermutlich verbieten.

Für feministische Zeitschriften kommen, wegen der Notwendigkeit der Abgrenzung von *Brigitte* usw., im Trend liegende weibliche Vornamen also nicht in Frage. Wenn es partout ein Vorname sein soll und nicht gleich so etwas wie *Kratzbürste*, muß frau schon ein bißchen ins Abseits gehen, und nach dem Vorbild von *Emma* bietet sich da das Altmodisch-Biedere an: *Else* (Berliner PH-Frauenzeitung), *Grete* (Nürnberg), *Klara* (Essen). Und wenn die Tochter schon *Eva* heißen soll, dann wenigstens *Eva offensiv* (Zeitschrift der ASF – Arbeitsgemeinschaft sozialdemokratischer Frauen).

Ist die Täuflingin jedoch keine Zeitschrift, gibt es keine solchen Abgrenzungsprobleme, und es kann auch ein geläufiger bis modisch-extravaganter weiblicher Vorname gewählt werden (nur nicht grade *Brigitte* etc. natürlich): Die *Neue Violetta* hatten wir schon. Ein Ensemble für klassische Musik nannte sich *Leonarda*. Der Frauenbuchladen in Aachen heißt *Laure*, der in Göttingen *Laura*, der in Bonn *Nora* (nach dem Stück von Ibsen), und in Berlin heißt einer *Miranda*. Das Frauenkulturzentrum in Stuttgart heißt *Sarah*, und in Berlin gibt es einen Frauentreffpunkt namens *Charlotte*. Aber wie kommt der Frauenbuchladen in Hannover zu dem komischen Namen *Annabee*? Eigentlich sollte er *Anna* heißen, aber das war den Frauen dann »zu langweilig«, also Änderung zu *Anna B.* und schließlich zu *Annabee*. Diese und andere wichtige Auskünfte (besonders zum nächsten Kapitel) verdanke ich Willi Wilms vom *Annabee*. Sie heißt wirklich Willi – frau nennt sich heute eben, wie sie willi.

10 Schluß: Wir machen uns unsere Namen selbst!

Bisher hat die Frauenbewegung von der gängigsten Möglichkeit der Namengebung für Institutionen fast überhaupt nicht Gebrauch gemacht: die Benennung nach historischen Persönlichkeiten. Literarische Gestalten wie Nora, Mutter Courage oder Pippi Langstrumpf (nach der ein Kinderladen in Berlin benannt wurde) oder Märchengestalten wie Rapunzel und Schneewittchen (Name der erfolgreichsten Frauenmusikgruppe) scheinen beliebter als, zum Beispiel, Frauen der Geschichte wie Bettina von Arnim, Rahel Varnhagen, Hedwig Dohm, Helene Lange, Rosa Luxemburg und und und. Diese Großen kommen als Namensmatronen nicht vor.

Lehnt die Frauenbewegung den Personenkult als typisch patriarchalisch ab? Oder werden diese Namen nur als zu lang empfunden? (Sappho ist auch eine historische Persönlichkeit, aber ihr Name ist kürzer.) Nimmt die Frauenbewegung sich selbst noch nicht ernst genug, zieht sie das Spielerische dem Gewichtigen vor? Die Beantwortung so schwerwiegender Fragen muß ich anderen überlassen; mein kleiner Streifzug durch die feministische Namenslandschaft liefert dafür nicht genügend Anhaltspunkte. Ich kann nur ein paar Vermutungen anstellen. Vielleicht »denkt die Frauenbewegung« etwa folgendes:

> »Wir Frauen leben im Patriarchat, ›so sicher wie in Abrahams Schoß‹. Was eigentlich können wir da mit Fug und Recht als unser eigen reklamieren? Große Frauen der Vergangenheit vielleicht? Verdächtig, denn **wer** hat sie denn für groß erklärt??!! Wir Frauen jedenfalls nicht, denn dazu gab mann uns nie das Recht. Große Frauen, bisher alle, sind »groß« von Mannes Gnaden. Deshalb ist es, bis wir die Zeit und Kraft zu eingehender Überprüfung gefunden haben, sicherer, die Namen aus anderen Bereichen zu nehmen, aus der Mythologie, dem Märchen, der Natur – und vor allem aus dem Schimpfnamenreservoir.«

Der neueste Trend geht dahin, so erzählte mir Willi Wilms, auch diese vertrauten Bereiche noch zu verlassen und sich die Namen selbst zu machen. Da aber auch unsere Phantasie aller Wahrscheinlichkeit nach patriarchalisch kolonialisiert ist, werden die Namen ausgependelt. Wie das genau geht, wußte sie auch nicht, aber frau merkt es den Namen an, wenn sie gependelt sind. Sie klingen fremdartig. *Marockh* und *Araquin*, meinte Willi, sind vermutlich gependelt. Garantiert gependelt ist *Colloc*.

1985

Anmerkungen

1 Die Siglen sind wie folgt zu lesen: *EMMA 1979.11.44* bedeutet »EMMA Jahrgang 1979 Heft 11 (November) S. 44«.
2 So die FUNKUHR 1984.30.13.
3 Bärbel Bäcker-Cantarino, die im Sommersemester 1984 eine Gastprofessur an der FU Berlin hatte, schreibt dazu in *Women in German*, November 1984, S. 5: »Wiggies visiting Berlin may be interested in visiting the Women's Studies Office (its bureaucratic name is ›Zentraleinrichtung zur Förderung von Frauenstudien und Frauenforschung‹).«
4 Die meisten weiblichen Vornamen enden mit einem Vokal, die meisten männlichen mit einem Konsonanten, nicht nur im Deutschen, sondern in vielen europäischen Sprachen. Vgl. hierzu Carson 1973.
5 *Deutsches Wörterbuch* von Jacob und Wilhelm Grimm. Band 10. Vierten Bandes Zweite Abtheilung H-Juzen. Bearbeitet von Moriz Heyne, Leipzig 1877: Hirzel, Sp. 1299.
6 *Duden. Das große Wörterbuch der deutschen Sprache in 6 Bänden.* Bd. 3, G-Kal, S. 1225.
7 Diesen Begriff prägte Honor Moore in »Polemic I«, *Amazon Quarterly* 3.1, S. 28-29. Zitiert nach Daly 1978: 68.
8 Wir verdanken diese Wortschöpfung Erika Wisselinck.

Laiinnen, Linguistinnen, Literatinnen – die drei »L« der internationalen feministischen Sprachkritik

Politische Bewegungen zielen auf Änderung des Status quo, wie er sich in den Institutionen einer Gesellschaft manifestiert. Nach Auffassung der verstehenden Soziologie gehört die Sprache einer Gesellschaft bzw. Sprachgemeinschaft zu deren zentralen Institutionen. Viele meinen, Sprache sei die wichtigste menschliche Institution überhaupt – mindestens aber sei sie gleichrangig mit den Institutionen Staat, Verwaltung, Wirtschaft, Militär, Justiz, (Hoch)Schule, Kirche usw.

Die Neue Frauenbewegung hat, durchaus im (vermutlich unbewußten) Einklang mit diesem soziologischen Postulat, von Anfang an vehemente Kritik an der Institution Sprache geübt. Sie stellt fest, daß die Sprachen im Patriarchat, ob Französisch, Englisch, Norwegisch, Chinesisch, Ungarisch, Deutsch, Russisch oder sonst eine Sprache, patriarchalisch organisierte Systeme sind, die der Entpatrifizierung und Feminisierung[1] bedürfen, damit aus ihnen *humane Sprachen* werden.

Feministische Sprachkritik manifestiert sich auf drei Ebenen, in dreierlei Form:

1. als unsystematisch-spontane kreative Leistung sprachbewußter Feministinnen (Laiinnen)
2. als systematische, sprachvergleichend und sprachhistorisch fundierte Kritik feministischer Linguistinnen
3. als komplexe sprachschöpferische Leistung einzelner feministischer Schriftstellerinnen

Die drei Ebenen lassen sich allerdings in der Praxis kaum trennen. So bezieht sowohl die feministische Linguistin als auch die sprachbewußte feministische Schriftstellerin ihre wichtigsten Impulse aus der allgemeinen »anonymen« kritischen Leistung der (internationalen, und das heißt hier: *viel*sprachigen) Frauenbewegung in ihrer Gesamtheit. Andererseits wird das kritische Bewußtsein der nicht schriftstellerisch oder linguistisch tätigen Feministinnen durch die Fundierung der feministischen Linguistik und durch die sprachschöpferische Phantasie feministischer Schriftstellerinnen angeregt und geschärft.

Sprachkritik und sprachliche Innovation gehen auf den Ebenen (1) und (3) – Frauenbewegung allgemein und Schriftstellerinnen – gewöhnlich Hand in Hand: Es bleibt nicht bei dem weiblichen Mißvergnügen am vorgeblich »geschlechtsneutralen« *Industriekaufmann* oder *Vordermann*, an den *Strichmännchen* oder an Bezeichnungen wie *Schamlippen* und *Penetration*, sondern diese androzentrischen Mißbildungen bekommen im Augenblick ihrer Entlarvung entweder weibliche Pendants wie *Industriekauffrau*, *Vorderfrau*, *Strichfrauchen*, oder sie werden durch gynozentrische Ausdrücke wie *Venuslippen*, *Einverleibung/Umschließung* usw. ersetzt.

Die Sprachkritik der Neuen Frauenbewegung ist soziologisch, philosophisch, psychologisch, literaturwissenschaftlich und linguistisch außerordentlich interessant. Wissenschaftlich untersucht wurde sie bisher meines Wissens jedoch ausschließlich von feministischen Linguistinnen[2], die sich mangels institutioneller und finanzieller Unterstützung aber vorerst nur der Ebene (1) widmen konnten: Die feminisierten bzw. entpatrifizierten Sprachvarietäten, die sich in den letzten zehn Jahren in der Frauenbewegung international durchsetzen konnten, wurden relativ gut dokumentiert und analysiert. Anders verhält es sich mit den teils sehr eigenwilligen und tiefreichenden Innovationen von Schriftstellerinnen wie etwa Monique Wittig[3] und Mary Daly, verglichen mit denen die meisten von uns bisher eigentlich nur »an der Oberfläche gekratzt« haben. Die Einführung von *s/he* für das »generische Maskulinum« *he* war gewiß eine wichtige und folgenreiche Tat, genau wie die Denunziation und Abschaffung des Wortes *Fräulein* oder die Einführung des Pronomens *frau*. Vor allem Mary Dalys Kritik/Wortschöpfungen aber gehen über solcherlei Erste Hilfe weit hinaus.

Die Laiinnen-Kritik an den patriarchalischen Sprachsystemen bezieht sich hauptsächlich auf das männlich geprägte Feld der Personenbezeichnungen und funktioniert, vergröbernd gesagt, nach dem Umkehr-Prinzip »Aus Maskulinum mach Femininum, vor allem: aus *Mann* mach *Frau*«. Eine kompetente Frau ist eine Fachfrau, kein *Fachmann*. In einer Frauengruppe möchte jede mal zu Wort kommen, nicht *jeder* (s. den folgenden Sketch).

Diese Regulierungen haben sich weitgehend durchgesetzt und zeigen vielfältige Wirkung auf unser verkümmertes Selbstbewußtsein: Sie restaurieren allmählich unsere beschädigte Identität, indem sie, endlich, unsere Präsenz im wichtigsten Medium überhaupt, Sprache, garantieren. Wir besetzen sprachlich das Terrain, das uns gebührt und jahrtausendelang verweigert wurde, und wir sichern es. Wir sind Frauen und wollen folglich in der Sprache nicht als Männer und als männlich verunkenntlicht werden (auch nicht von sprachunkritischen Frauen):

»Erst war ich Arbeitsgruppenleiter in einer Obstbaubrigade, danach FDJ-Sekretär, dann brauchten sie mich im Gemüsebau. Ich habe 24 Mann in der Brigade, 23 sind Frauen.«[4] (Aus einem Interview mit einer Arbeiterin, DDR)

Sketch

Vatersprache im Mutterland oder Kauderwelsch auf Patriarchalisch

Wir befinden uns in einer reinen Frauengruppe:

U: Hallo, fehlt noch *einer*, oder können wir anfangen?

B: Alle da. Ich möchte noch vorschlagen: *Jeder*, *der* rauchen möchte, soll rausgehen.

U: Wieso, *wem* unser Rauchen hier nicht paßt, *der* soll doch heimgehen.

B: Vertragt euch, sollen halt die *Raucher* hinter die Trennwand gehen. *Jedem* das *Seine*.

U: Übrigens, letztes Mal hat *jemand seinen* Schal hier vergessen, falls er *einem* von euch gehört, hier ist er.

B: Habt ihr gehört? Zum ersten Mal ist *jemand* in den Stadtrat gekommen, *den* wir persönlich kennen, nämlich Sabine.

U: Ja, toll, sie ist ein Mensch, *der seine* und unsere Interessen dort gut vertritt.

B: Jetzt fangen wir aber mal an. Ich

Und nun das Ganze noch mal in Frauensprache:

U: Hallo, fehlt noch *eine*? Oder können wir anfangen?

B: Alle da. Ich möchte noch vorschlagen: *Jede*, *die* rauchen möchte, soll hinausgehen.

U: Wieso, *eine*, der unser Rauchen nicht paßt, soll doch heimgehen.

B: Vertragt euch, sollen halt *die Raucherinnen* hinter die Trennwand gehen. *Jeder* das *Ihre*.

U: Übrigens, letztes Mal hat *eine ihren* Schal hier vergessen, falls er *einer* von euch gehört, hier ist er.

B: Habt ihr gehört? Zum ersten Mal ist *eine* in den Stadtrat gekommen, *die* wir persönlich kennen, nämlich Sabine.

U: Ja, toll, sie ist *eine Frau*, *die ihre* und unsere Interessen dort gut vertritt.

B: Jetzt fangen wir aber mal an. Ich

finde es nicht gut, wenn *man seine* Zeit so vertrödelt.
U: Hat *jeder seine* Unterlagen vor sich?

finde es nicht gut, wenn *wir unsere* Zeit so vertrödeln.
U: Hat *jede ihre* Unterlagen vor sich?[5]

In der DDR ist solcher Sprachgebrauch noch heute die Norm, während in der BRD gerade im letzten Jahr (1985) erstaunliche Veränderungen offiziell durchgesetzt wurden. So haben die Obersten Hessischen Landesbehörden festgelegt, »die männliche Form einer Bezeichnung könne nicht als Oberbegriff angesehen werden, der die weibliche und männliche Form einschließt«.[6] Der Senat der Freien Hansestadt Bremen hat sich dieser Sprachregelung in einem »Runderlaß über die Gleichbehandlung von Frauen und Männern in Vordrucken« angeschlossen.

Dennoch ist dies nur ein Tropfen auf den heißen Stein, wie eine gründliche Lektüre von Mary Dalys Werken *Gyn/Ecology* (1978, dt. 1981) und *Pure Lust* (1984) alsbald klarmacht. Um es an einem Beispiel aus einem anderen Bereich von Unterdrückung zu verdeutlichen: Eine »Dritte-Welt-Frau« nahm an einem »Dritte-Welt«-Kongreß teil und beschämte die anwesenden »nicht-drittweltigen« Frauen mit der Kritik, für sie sei der Ausdruck *Dritte Welt* nicht nur diskriminierend, sondern eine Lüge, eine groteske, unverschämte semantische Verzerrung. Sie benutze deshalb ausschließlich den Terminus *Wirts-Welt* (host world).[7] Die Implikation ist klar und treffend; sie trifft uns, die Parasiten der Wirts-Welt. – Nach dem schlichten Umkehrprinzip hätte die Frau die »Dritte« einfach zur »Ersten Welt« erklären können, was wahrscheinlich als kühner, aber relativ folgenloser Selbstbehauptungsakt, als reine Sprachkosmetik, bewertet worden wäre. Sprachliche Umkehrung leistet sicher etwas, aber in vielen Fällen richtet eine zur Sprache gebrachte ganz andere Perspektive mehr aus. Mit dem Begriff »host world« wurde eine solche Perspektive gefunden: Aus einem eine ganze »Welt« auf den dritten Platz verweisenden Terminus wurde eine Anklage der ausgebeuteten gegen die parasitäre Welt.

Mary Daly nennt diese Strategie »targeting/humiliating the *right* objects«. Über die Umkehrstrategie sagt sie: »it has an ›odor‹ of mere reactive maneuvering, which is humiliating to women.« (1978: 24). Aus diesem Grund zieht Daly z. B. den Ausdruck *Prehistory* dem Wort *herstory* vor: »*Her-story*, I think, shortcircuits the intent of radical feminism by implying a desire to parallel the record of men's achievements. It fails because it imitates male *history.*« (1978: 24). Feministische Wortschöpfungen wie *manipulated* oder *the/rapist* hingegen (so Daly) imitieren nicht mehr, sondern treffen ihr Ziel (ebd.).

Aus feministisch-linguistischer Sicht ist zu der Kritik von Daly zu sagen, daß das Umkehrprinzip nur an den richtigen Stellen wirksam (dort aber auch unverzichtbar) ist: bei den vorgeblich geschlechtsneutralen, jedoch nicht nur ›äußerlich maskulinen‹, sondern auch ›innerlich männlichen‹, d. h. männlich konnotierten, die Vorstellung eines Mannes erweckenden Personenbezeichnungen. Für andere Bereiche des Wort»schatzes«, denen das Wort *history* z. B. angehört, sind andere Strategien angezeigt. Vor allem ist hier die oben anhand der Beispiele *Umschließung/Einverleibung* statt *Penetration* veranschaulichte Strategie/Technik der ›Gynozentrischen Re-Vision‹ zu nennen – eine Technik, die Daly virtuos beherrscht.

Gerd Brantenbergs brillante Satire auf das Patriarchat, *Egalias dötre* ›Die Töchter Egalias‹ (1977, dt. 1980), ist inhaltlich und sprachlich nach dem Umkehr-Prinzip gearbeitet; die »umgekehrte« Sprache dient hier allerdings nicht der Herstellung sprachlicher Symmetrie für beide Geschlechter, sondern ist logische Folge des »spiegelverkehrten« Inhalts. Die sprachliche Asymmetrie des Patriarchats wird spiegelverkehrt als matriarchalische Asymmetrie minutiös abgebildet und dadurch bewußt (»bewußtseinsfähig«) gemacht.[8]

In der Bundesrepublik war *Egalia* ein weit größerer Erfolg als in Norwegen, ein viel größerer Erfolg auch als Dalys *Gyn/Ökologie*. Über die Gründe dieses Erfolgs kann nur spekuliert werden. Mit ein Grund mag aber gewesen sein, daß sich für sprachliche Innovationen nach dem Umkehrprinzip viel leichter auch in der Übersetzung Entsprechungen finden lassen als für die komplexen sprachlichen Re-Visionen einer Mary Daly, die letztlich unübersetzbar sind. Und ein weiterer Grund mag sein, daß auch die Geschichte der feministischen Sprachsensibilität und -kritik in Stufen fortschreitet: Erst wenn mittels des Umkehr-Prinzips gesichert ist, daß Frauen »in der Sprache genauso oft vorkommen wie in Wirklichkeit«, können die anderen Patriarchalismen angegriffen und kreativ überwunden werden. Hierzulande befinden wir uns sozusagen noch ›auf der ersten Stufe‹, weil wir dort, wegen der besonders maskulinistischen Struktur des deutschen Sprachsystems, auch besonders viel in Ordnung zu bringen hatten und haben. Deshalb kommen vielleicht solche literarischen Werke hier besser an als anderswo, die uns bei dieser Aufräumungsarbeit ein Vorbild/Leitfaden sein können.

Aber welche Bereiche sind es nun genau, die einer Gynozentrischen Re-Vision bedürfen? Viele Sprachkritikerinnen innerhalb der Frauenbewegung sind davon überzeugt, daß die diversen Sprachen im Patriarchat allesamt patriarchalisch von Grund auf verseucht sind und deshalb von Grund auf erneuert werden müssen. Im deutschen Sprachraum wurde dieser Anspruch zum erstenmal von Verena Stefan in *Häutungen* (1975) öffentlich formuliert:

> Beim schreiben dieses buches, dessen inhalt hierzulande überfällig ist, bin ich *wort um wort und begriff um begriff* an der vorhandenen sprache angeeckt. (S. 3, meine Hervorhebung)

> *jedes wort* muß gedreht und gewendet werden, bevor es benutzt werden kann – oder weggelegt wird. (S. 4, meine Hervorhebung)

Als besonders irritierend und weiblichem Empfinden entfremdet erlebt Stefan (wie jede einigermaßen sprachsensible Frau) den herrschenden Diskurs über Sexualität:

> *Alle* gängigen ausdrücke – gesprochene wie geschriebene – die den koitus betreffen, sind brutal und frauenverachtend. [...] Als ich über empfindungen, erlebnisse, erotik unter frauen schreiben wollte, wurde ich vollends sprachlos. (S. 3f.)

Ihre Bemühungen, aus dieser Sprachlosigkeit zu einer neuen, eigenen Sprache zu finden, wirkten auf viele Leserinnen jedoch wenig überzeugend. Geradezu hämisch war die Kritik von Classen & Göttle (1979: 59):

> »Häutungen« weist den Frauen eine Zukunft, in der die Verwechslung von Worten und Begriffen als neue Erfahrung und neue (weibliche) Sprache verstanden sein will: Portio statt Ratio, Spekulum statt Brille, Romantik statt Revolution, Anemone statt Amazone.

Stefan selbst beschließt ihr Programm einer totalen Spracherneuerung denn auch mit einer Entschuldigung und einer Vertröstung:

> in dem vorliegenden text konnte ich *noch nicht jedes Wort* dre-

> hen und wenden. ich mußte erst den Weg dazu freilegen, indem ich einen Bruchteil meiner geschichte abgearbeitet habe. jetzt kann ich anfangen, systematisch über sexismus in der Sprache, über eine weibliche sprache, eine weibliche literatur zu arbeiten und genauer über das leben unter frauen zu berichten. (S. 4, meine Hervorhebung)

Mary Daly begründet ihre Sprachkritik wie folgt:

> Gynocentric writing means risking. Since the language and style of patriarchal writing simply cannot contain or carry the energy of women's exorcism and ecstasy, in this book I invent, dis -cover, re-member. (1978: 24)

Anders als Stefan lehnt also Daly nicht ›die Sprache‹ (in toto) als ungeeignet ab, sondern ›the language and style of patriarchal writing‹, und sie definiert in ihrem ›Grundmuster des sado-ritualen Syndroms‹ (Daly 1978: 130f. bzw. 1981: 153f.) sehr genau, was sie darunter versteht. Auch ist sie als Bürgerin der USA, des Geburtslandes der feministischen Sprachkritik, ja der Neuen Frauenbewegung überhaupt, in ihrem drei Jahre nach Stefans *Häutungen* erschienenen Buch schon wesentlich weiter: Sie nennt einen ganzen Katalog von sprachtherapeutischen Mitteln, die sie eingesetzt hat – Mittel, von denen deutschsprachige feministische Schriftstellerinnen m. W. noch weit entfernt sind. »Gynocentric writing means risking« – auch dies könnte natürlich ein Grund für den Rückstand im deutschsprachigen Raum sein.

Wirklich radikale Sprachkritik begegnet uns hierzulande nur als ›anonyme‹ (und daher unsystematische) Leistung der Frauenbewegung insgesamt sowie im Bereich der feministischen Linguistik. Originale literarische Leistungen liegen diesbezüglich nur als Programm vor. Wir sind also auf Übersetzungen angewiesen, genauer: auf die bisher vorliegenden zwei Übersetzungen der drei Hauptwerke sprachkritischer feministischer Literatur: Mary Dalys *Gyn/ecology* und *Pure Lust* sowie Gerd Brantenbergs *Egalias dötre*.

Eine feministisch-linguistische Analyse dieser beiden Werke und ihrer Übersetzungen ins Deutsche wird u. a. zeigen, daß die radikale Kritik an der ›patriarchalischen Sprache‹ einerseits zwar überfällig war, andererseits aber natürlich ›über das Ziel hinausschießt‹.[9] Es stimmt ja einfach nicht, daß jedes Wort ›um- und umgedreht‹ werden muß, wie Stefan es nennt. Betrachten wir einmal diesen zuletzt geschriebenen bzw. gelesenen Satz:

> Es stimmt ja einfach nicht, daß jedes Wort ›um- und umgedreht‹ werden muß, wie Stefan es nennt.

Ich finde, jedes Wort in diesem Satz ist, wie sicherlich die Mehrzahl aller deutschen Wörter, ziemlich ›unschuldig‹, m. a. W. keineswegs ›patriarchalisch verseucht‹. Es wäre auch in der Tat zum Verzweifeln, wenn es wirklich notwendig wäre, die ganze Sprache neu zu schaffen. Wir brauchten mit einem dermaßen aussichts- und uferlosen Unternehmen gar nicht erst anzufangen.[10] Das Globalprogramm wird ja auch von den Kritikerinnen im Ernst niemals in Angriff genommen, geschweige denn realisiert.

Wirklich radikal, weil folgenreicher, ist deshalb m. E. nur eine weniger ›radikale‹/globale, also eine ihren legitimen Bereich genauer/genauestens spezifizierende Kritik. Zu diesem Bereich gehört natürlich in erster Linie der herrschende Diskurs über Sexualität (s. auch oben das Stefan-Zitat), des weiteren der theologische und der Wissenschaftsdiskurs, den Daly treffend als ›Sado-Ritual‹ bezeichnet. Diskursübergreifend sind patriarchalische Stiltechniken wie ›dem Opfer die Schuld geben‹, ›Unterschlagung des Unterdrückers‹, ›männliche Selbstverallgemeinerung und -verherrlichung‹, ›Abwertung alles Weiblichen‹, ›fehlende Empathie für Frauen‹ etc.[11]

Die Entlarvung derartiger Sprachpathologien und die Schaffung von mehr und mehr Gynozentrischen Re-Visionen ist die wichtigste Aufgabe der »drei ›L‹ – Laiinnen, Linguistinnen, Literatinnen – der internationalen feministischen Sprachkritik« für die kommenden Jahre. Für den englischen Sprachraum ist ein beträchtlicher Teil dieser Aufgabe bereits geleistet: Cheris Kramaraes und Paula A. Treichlers *A Feminist Dictionary* ist für alle, die an der Gynozentrierung unseres ›überkommenen Sprachguts‹ interessiert sind und mitarbeiten wollen, eine Fundgrube an Anregungen, Aha-Erlebnissen und umwälzenden Erkenntnissen. Für mich ist dieses Standardwerk der beiden feministischen Linguistinnen, an dem sie mit Ann Russo und zahlreichen freiwilligen Mitarbeiterinnen und Sammlerinnen (und etlichen Computern) drei Jahre lang gearbeitet haben, der wichtigste Beitrag zur internationalen feministischen Sprachkritik in den achtziger Jahren.

1986

1 Vgl. hierzu meinen Aufsatz »Frauen entpatrifizieren die Sprache: Feminisierungstendenzen im heutigen Deutsch«, in Pusch 1984a.
2 Vgl. hierzu die Bibliographie in Pusch 1984a, Beate Schräpels Dissertation (1987) sowie den von Marlis Hellinger herausgegebenen Sammelband *Sprachwandel und feministische Sprachpolitik: Internationale Perspektiven*. Er enthält Arbeiten zum Dänischen, Deutschen, Englischen, Griechischen, Italienischen, Niederländischen, Norwegischen und Spanischen.
3 Leider kann ich die sprachschöpferische Leistung Monique Wittigs nicht selbst beurteilen, da ich ihre Werke nur angelesen habe. Ich gebe also nur die Meinung feministischer Kreise wieder.
4 Vgl. *So sehe ick die Sache*, Kiepenheuer & Witsch, Köln, 1984, S. 261.
5 Erarbeitet vom Arbeitskreis »Sprache« der Münchner Aktionswoche der autonomen Frauen, 20.-26. 1. 1985. Abgedruckt in *IFPA* (Initiative Frauen-Presse-Agentur) 29. Februar 1985, S. 10.
6 Vgl. »Informationen der Zentralstelle für Frauenangelegenheiten« (Wiesbaden), Februar 1985, S. 1.
7 Vgl. La Duke 1983: 55 (zitiert nach Kramarae & Treichler 1985: 197).
8 Eine genauere Analyse der Sprache Egalias bringe ich in meiner Rezension des Romans in Pusch 1984a: 69-75.
9 Vgl. hierzu meine Daly-Kritik »Mary, please don't pun-ish us anymore!«, in diesem Band, S. 104–111.
10 Suzette Elgin, Verfasserin vieler Science-fiction-Romane, hat allerdings den Versuch unternommen, eine Sprache für Frauen zu schaffen. Sie nennt sie Laadan. Hier eine Kostprobe:
Blide erili wooban with wemaneya waa Woob an bi awithid i ban bi zhath »Zheshu« awithedi wa.
(Freie Übersetzung ins Englische: I am telling you this story and I assume it is true because I trust its sources. – Long ago a woman gave birth in the wintertime. She had a boychild and she gave the name »Jesus« to the baby.)
Über diese neue Sprache, Laadan, erfahren wir in *Woman and Language News* 6/2-3 (1982), S. 20 (Übersetzung aus dem Engl. von mir):
Elgin erfand das Laadan für einen Science-fiction-Roman, **Muttersprache** *(Native Tongue), der davon ausgeht, daß die existierenden Sprachen für den Ausdruck weiblicher Wahrnehmungen und Ansichten ungeeignet sind, und dann die möglichen Konsequenzen der Schaffung einer neuen Sprache durch Frauen untersucht, die speziell diesem Mangel abhelfen soll. In dem Roman werden die Frauen an dem (gefährlichen) Unternehmen, eine Frauensprache zu schaffen, nicht gehindert,*

weil Männer sie nicht ernst nehmen. Erstens, weil man ja **weiß**, *daß man nicht wirklich neue Sprachen erschaffen kann (im Gegensatz zur Revision bereits existierender Sprachen). Zweitens: Wenn wirklich jemand Sprachen ›machen‹ würde, wären es bestimmt nicht die Frauen. Drittens wäre alles, was Frauen schaffen könnten, ohnehin Blödsinn. Die Protagonistinnen des Romans sind Linguistinnen, und das Buch enthält einen Anhang mit einer kleinen Grammatik und einem Lexikon dieser Sprache von Frauen für Frauen.*

11 Vgl. hierzu auch »Weibliches Schicksal aus männlicher Sicht: Über Syntax und Empathie« in Pusch 1984a: 109-128 sowie »Wie mann aus seiner Mördergrube ein Herz macht« und » Das Schmettern des Schweizer Gockels« in diesem Band.

Alle Menschen werden Schwestern: Überlegungen zum umfassenden[1] Femininum

By age 17 a human being may know 80,000 words; how does she do it?

Scientific American,
Titel-Schlagzeile 9/87

Es werden zur Zeit Untersuchungen über [...] den gesamten symbolischen Apparat unserer Männerkultur veröffentlicht, über die Bedeutung von Metaphern und speziell sexuellen Metaphern. Was aber noch immer nicht erkannt ist, ist die Bedeutung der einen, alles durchdringenden Metapher, die in unserer Sprache verankert ist: Ich meine die Metapher des Genus selbst.

Alma Sabatini[2]

1 Grammatik und Mathematik: Die Metapher des Genus

Alma Sabatini ist Italienerin – sie weiß, wovon sie spricht. Denn in der italienischen Sprache ist die Metapher des Genus womöglich noch »durchdringender« als im Deutschen. Wie alle romanischen Sprachen besitzt das Italienische nur zwei Genera: Maskulinum und Femininum, während wir im Deutschen immerhin noch das Neutrum haben. Dieses Neutrum gibt uns z. B. die Möglichkeit, *das Kind*, *das* eine Frau erwartet, realitätsgerecht, geschlechtsneutral eben, zu bezeichnen. Unsere Sprache macht es nicht schon vor der Geburt zu einem kleinen Mann, wie es die romanischen Sprachen tun. Allerdings – das Neutrum hat bei uns auch seine Tücken: Ist das Kind geboren, heißt es »der Junge« oder »das Mädchen«. Das männliche Kind wird also sprachlich als männlich eingeordnet, das weibliche Kind hingegen als sächlich.

Diese Art Einordnung in die richtige oder falsche »Geschlechts-Schublade« mit Hilfe des richtigen oder falschen Genus nennt Sabatini »die Metapher des Genus«. Männer werden immer richtig eingeordnet, Frauen fast nie, denn in unserer Sprache gilt die Regel: 99 Sängerinnen und 1 Sänger sind zusammen 100 Sänger. Futsch sind die 99 Frauen, nicht mehr auffindbar, verschwunden in der Männerschublade. Die Metapher bewirkt, daß in unseren

Köpfen nur Manns-Bilder auftauchen, wenn von »Arbeitern«, »Dichtern«, »Studenten«, »Rentnern« oder »Ärzten« die Rede ist, auch wenn jene »Rentner« oder »Ärzte« in Wirklichkeit überwiegend Ärztinnen oder Rentnerinnen waren.

Wann immer meine US-amerikanischen Freundinnen von Frauen sprechen und dabei Wörter wie *student*, *friend*, *neighbor*, *lawyer*, *social worker*, *colleague* verwenden, stelle ich mir zunächst (bis das klärende Wort *she* gesprochen ist) Männer vor, weil die **deutschen** Entsprechungen Maskulina sind – und das, obwohl ich seit Jahren gegen den perfiden Einfluß der Metapher in meinem eigenen Kopf andenke! Eine Bekannte erzählte mir neulich von dem neuen Lehrling in ihrem Geschäft, und ich habe mir **natürlich** ganz automatisch einen Jüngling vorgestellt. **Der** Lehrling war aber – eine junge Frau! Undenkbar ist es in unserer Kultur auch, daß ein Buch etwa über »Die Anatomie des Menschen« auf dem Umschlag einfach eine Frau darstellt. Eine Frau kann in unserem Denken nicht »den Menschen« symbolisieren – dieses Privileg bleibt dem Mann vorbehalten, nicht zuletzt dank einer nur scheinbar harmlosen Grammatikregel, die aus beliebig vielen Frauen Männer macht, sowie ein einziger Mann hinzukommt. Auf die Spitze getrieben: Die gesamte Erdbevölkerung könnte aus Milliarden von Frauen und einem Mann bestehen – diese Regel würde die Frauen noch immer als »Erdbewohner« statt »Erdbewohnerinnen« zählen, und spätere Generationen hätten einige Mühe, sich unter diesen »Erdbewohnern« überhaupt Frauen vorzustellen.

Ist es denn so schlimm, wenn wir alle uns – auf den Leim geführt durch die Metapher des Genus – unter dem bzw. einem Menschen eigentlich nur einen Mann vorstellen können? Diese häufig gestellte Frage zeugt von ungeheurer Naivität oder eben davon, wie tief die Metapher des Genus bereits auf unser Bewußtsein eingewirkt hat. Die Metapher vermittelt, »alles durchdringend«, nämlich mit fast jedem einzelnen deutschen Satz, d. h. mit Milliarden und Abermilliarden von Sätzen, immer wieder die eine Botschaft: **Frauen sind nicht der Rede wert**. Frauen und Männer, die diese Botschaft geschluckt haben, können gar nicht anders als genervt fragen, ja was soll denn so schlimm daran sein, wenn wir uns unter einem Menschen automatisch einen Mann vorstellen?

Um wirklich erfassen zu können, was daran schlimm ist, brauchen wir Analogien aus anderen Bereichen der Wirklichkeit. Etwa Sätze wie den oben als erstes Motto angeführten, die zur Abwechslung mal wie selbstverständlich davon ausgehen, daß *the human being* ›der Mensch‹ eine Frau ist: »By age 17 a human being may know 80,000 words; how does **she** do it?« Dieses *she*, gedacht als sanfte Therapie, trifft Männer in der Regel wie ein Schock; bei Frauen löst es ein nie gekanntes Gefühl der Befriedigung aus, gemischt mit etwas Angst und »weiblichem Mitgefühl« für das nunmehr untergebutterte andere Geschlecht: »So also würde sich die Welt anfühlen, wenn **wir** als die Norm gälten.« Oder stellen wir uns vor, in der Geometrie gäbe es wie gehabt die Begriffe »Kreis« und »Quadrat«, aber der Oberbegriff für beide wäre »Quadrat« – drei Kreise und zwei Quadrate wären also zusammen fünf Quadrate. Mit einer derart konfusen Begriffsbildung würde die Geometrie vermutlich nicht weit kommen ... Letztes Beispiel: Stellen wir uns vor, es habe eine CDU-Veranstaltung stattgefunden, bei der auch ein SPD-Mitglied zugegen war. Am nächsten Tag berichtet die Presse von einer SPD-Veranstaltung. Die CDU würde aufjaulen. Wir Frauen aber sind es gewohnt, der »Gegenpartei« zugezählt und somit ausgelöscht zu werden; die Metapher des Genus hat ganze Arbeit geleistet.

So jedenfalls sah es bis vor kurzem aus. Inzwischen aber, seit Beginn der Neuen Frauenbewegung, wehren sich immer mehr Frauen gegen die männliche Vorherrschaft in der Sprache. Im folgenden möchte ich

1. die Geschichte dieses Protests skizzieren
2. weitere unschöne Aspekte der Metapher des Genus diskutieren
3. davor warnen, eine Strategie, die für das Englische (eine Sprache **ohne** Genus!) entwickelt wurde, sozusagen blindlings auf Genus-Sprachen zu übertragen,
4. eine Reihe von Argumenten für die »Totale Feminisierung« anstelle der bisher als Lösung propagierten »partiellen Feminisierung« vortragen.

2 Unschön und schwerfällig – die »englische Lösung« der partiellen Feminisierung, angewandt auf die europäischen Genus-Sprachen

Der Protest gegen den Sexismus in der Sprache begann in den USA, und um 1978 setzte die Diskussion über die Feminisierung und somit Therapierung der patriarchalischen Sprachen auch in Europa ein. Als Vorbild dienten dabei die Methoden, die von Feministinnen in den USA für die Therapierung der englischen Männersprache (*Manglish*) entwickelt worden waren. Nur: Es gibt einen gravierenden Unterschied zwischen dem Englischen und den meisten anderen europäischen Sprachen: Das Englische besitzt kein grammatisches Genus, was die Therapie zu eienr relativ simplen Sache macht: Wenn von *a doctor*, *a student* o. ä. im allgemeinen die Rede ist, wird anschließend nicht mehr wie ehedem mit *he*, sondern mit *he or sche* oder *s/he* fortgefahren, und damit hat sich die Sache. Die Mehrzahl der europäischen Sprachen jedoch ist geprägt vom grammatischen Genus und der Herrschaft des maskulinen über das feminine Genus:

> [Französisch, Spanisch, Italienisch, Rumänisch, Portugiesisch, Russisch, Polnisch, Tschechisch, Serbokroatisch, Deutsch, Griechisch und – mit Einschränkungen – die skandinavischen Sprachen Norwegisch, Schwedisch und Dänisch sowie das Niederländische] stimmen in folgenden Regularitäten überein: Frauen haben nicht dieselben Chancen des Gemeintseins wie Männer. Maskulina können sich generell nicht nur auf männliche Referenten beziehen, sondern auch auf gemischtgeschlechtliche Gruppen. Diese zweite Funktion wird als sog. generische oder geschlechtsabstrahierende Funktion bezeichnet.
> Feminina haben dagegen eine ausschließlich geschlechtsspezifizierende Funktion. Danach kann eine Personengruppe, die aus 49 Studentinnen und einem Studenten besteht, im Deutschen wie in allen anderen der genannten Sprachen nicht als »fünfzig Studentinnen« bezeichnet werden, es muß vielmehr heißen »fünfzig Studenten«. Maskulina sind also mehrdeutig und schließen Feminina manchmal ein, manchmal aber nicht; vgl. das folgende Beispiel aus dem Spanischen: *Al italiano le gustan las operas* »Der Italiener (die Italienerin) liebt die Opern« gegenüber *Al italiano le gustan las mujeres* »Der Italiener liebt die Frauen«.

Die Konsequenz des Gebrauchs generischer Maskulina ist die Unsichtbarkeit von Frauen und ihren Leistungen in den betreffenden Sprachen.

Die zweite Regularität betrifft die semantische Asymmetrie maskuliner und femininer Ausdrücke. Dabei kommt dem Femininum generell ein niedrigerer Rang zu als dem Maskulinum; vgl. engl. *master/mistress*; dt. *Gouverneur/Gouvernante*; ital. *maestro* »Lehrer, großer Meister«/*maestra* »Lehrerin«; *filosofo* »Philosoph«/*filosofessa* »pedantische, eingebildete Frau«; frz. *couturier* »Modeschöpfer«/*couturière* »Schneiderin«; dän. *professor* »Professor«/*professorinde* »Frau des Professors«. Diese Asymmetrie hat Auswirkungen auf den Status abgeleiteter Feminina im allgemeinen; die Feminina werden als zweitrangig empfunden – auch von vielen Frauen.

Daraus ergibt sich eine dritte Regularität: Die Bezeichnung von Frauen mit einem Maskulinum wird als Aufwertung interpretiert, während die Bezeichnung von Männern mit einem Femininum als Degradierung empfunden wird. Dies hat Konsequenzen für die Entwicklung des Wortschatzes patriarchalischer Sprachen. Die Neubildung maskuliner Ausdrücke von vorhandenen Feminina wird generell vermieden; vgl. die folgenden Beispiele: ital. *la levatrice* »Hebamme« – das zugehörige Maskulinum müßte *il levatore* lauten; statt dessen – um negative Assoziationen zu vermeiden – wird ein neues Maskulinum mit anderem Stamm gebildet: *l'ostetrico*; ähnlich dän. *sygeplejerske* »Krankenschwester« → * *sygeplejer* → *sygeplejerassistent*; span. *azafata* »Stewardess« → * *azafato* → *comisario de abordo*; dt. *Kindergärtnerin* → * *Kindergärtner* → *Erzieher*. [nach Hellinger 1985: 3f.]

Besonders die letzten Beispiele zeigen deutlich, daß die Regularitäten patriarchalischer Sprachen **nicht** linguistisch, sondern schlicht machtpolitisch motiviert sind. Nie und nimmer darf das männliche Prinzip dem weiblichen untergeordnet werden! **Deshalb** – und wir feministischen Linguistinnen haben lange gebraucht, um dieses Gesetz in seiner Unverblümtheit zu kapieren – dürfen Feminina wie *Hebamme*, *Witwe* oder *Hausfrau* (ja nicht einmal die maskulinen Rückbildungen von Feminina, vgl. * *azafato* und * *Kindergärtner*) unter keinen Umständen zum Oberbegriff avancieren, auch wenn das linguistisch-morphologisch die normale Lösung wäre. Die logische Konsequenz aus dieser Einsicht ist:

> **Den Ungerechtigkeiten patriarchalischer Sprachen ist praktisch und theoretisch mit systemlinguistischen Mitteln nicht beizukommen, sondern nur mit sprachpolitischen.** Dazu mehr im dritten Teil dieses Artikels.

Die mittels der Genera Maskulinum und Femininum in die meisten europäischen Sprachen zutiefst verankerte Metapher (Sabatini) männlicher Macht und weiblicher Ohnmacht erschwert deren Therapie ungeheuer – zumindest die Therapie nach dem englischen Vorbild, welche männliche Interessen ungeschoren läßt. Nehmen wir zur Verdeutlichung einen Ausspruch von W. H. Auden:

> However pitiful a handful his readers, a poet at least knows this much about them: they have a personal relationship to his work. (Auden 1967).

Heute hätte Auden wahrscheinlich geschrieben:

> However pitiful a handful his or her readers, a poet at least knows this much about them: they have a personal relationship to his or her work.

Die Übersetzung in eine Genussprache wie das Deutsche sieht wie folgt aus:

> Mögen auch ihre oder seine Leserinnen und Leser nur eine traurige Handvoll sein, eine Dichterin oder ein Dichter weiß jedenfalls dies über sie: Sie haben eine persönliche Beziehung zu ihrem oder seinem Werk.

Wie wir sehen, ist die Therapierung einer Sprache wie Englisch, die kein grammatisches Genus besitzt, relativ einfach, während die Feminisierung von Genus-Sprachen es keineswegs ist. Die Resultate der Therapie werden gewöhnlich als »unschön« und »schwerfällig« beurteilt. Es ist aber nicht unsere Schuld, daß für Frauen in den patriarchalen Sprachen kein Platz ist. Das geben Männer, Lexikographen, die es wissen müssen, bisweilen sogar selbst zu:

> [...] bis in neue zeit [beherrscht] der mann sprache und literatur fast allein. (Alfred Götze, Grimmsches Wörterbuch, Bd. 28, Sp. 336)

Es ist nicht unsere Schuld, daß sprachliche Gleichbehandlung von Frauen und Männern (das aus dem engl. Sprachraum übernommene Ziel) für die Genus-Sprachen kaum praktikabel ist. Sie belastet nicht nur Männer, sondern Frauen genauso – für uns bedeutet sie schließlich das überaus lästige ständige Miterwähnen auch der Männer. Frauen nehmen aber derzeit die Belastung noch auf sich – und werden für ihre aufopferungsvolle Arbeit auch noch beschimpft (ein klassisches Beispiel für die männliche Strategie des *blaming the victim* »dem Opfer die Schuld geben«). Es ist wie wenn ein Elternpaar mit zwei Kindern sich einen Zweisitzer zugelegt hätte und sich dann beklagt, daß es eng wird, wenn die Kinder mitfahren sollen. Hätten sie ihre Kinder nicht einfach vergessen und von vornherein vernünftig geplant, wäre das Resultat auch nicht so »unschön« und »beschwerlich«. Gänzlich unangebracht aber ist es, hier die Kinder zu beschuldigen.

Aber es gibt noch schlimmere Probleme als »mangelnde stilistische Eleganz« bzw. »Schwerfälligkeit«: Da Genus-Sprachen (fast) keine wirklich geschlechtsneutralen Substantive zur Bezeichnung von Personen, deren Geschlecht irrelevant oder unbekannt ist, besitzen, sondern nur die maskulinen pseudoneutralen Wörter, gibt es nicht nur keine einfache, »elegante« Methode, Buchtitel wie *The sceptical feminist* (Janet Radcliffe Richards) in eine Sprache wie das Deutsche zu übersetzen. Es gibt überhaupt keine Möglichkeit einer semantisch äquivalenten Übersetzung; mit anderen Worten: Solche neutralen Konzepte können im Deutschen nicht **direkt** ausgedrückt werden. Wir **müssen** Umschreibungen verwenden:

* Der skeptische Feminist (unakzeptabel als Titel für ein feministisches Werk)

* Die skeptische Feministin (schließt Männer aus, während das Original sie mitmeint)

?Der/Die skeptische Feminist/in (zu umständlich für einen Buchtitel)

Skeptischer Feminismus (gut, pragmatisch o.k., aber die Bedeutung stimmt nicht mit der des Originals überein)

Schlußfolgerung: Die Strategie »partielle Feminisierung« der englischsprachigen Feministinnen funktioniert nicht für Genus-Sprachen; sie kann nicht einfach auf unsere Verhältnisse übertragen werden. Aus diesem Grund plädieren Männer, sofern sie sich mit der Unsichtbarkeit der Frau in der Sprache überhaupt befassen und uns dabei nicht einfach für überspannt erklären, gewöhnlich für die »Lösung«, alles beim alten zu belassen:

> Übrigens wenden wir uns ebenso an Leser*innen* und Psychoanalytiker*innen* wie an die männlichen Vertreter dieser Genera, und wir schreiben für Patienten *und* für Patientinnen. Die generische Verwendung des Maskulinums, mit der wir die Gattung Leser und das Genus Psychoanalytiker ansprechen, ist die **bequemste Lösung** [m. H.] eines schwierigen Problems. Die Verwendung des generischen Femininums würde zumal dann verwirrend wirken, wenn wir der Gerechtigkeit wegen von einem Kapitel zum anderen wechselten. So belassen wir es beim gebräuchlichen generischen Maskulinum [...] (Thomä & Kächele 1985: XXI)[3]

Geradezu beklemmend, weil so typisch als männliche Reaktion und so »haarscharf daneben«, ist die zartfühlende Sorge der beiden Herren um die sprachliche Gerechtigkeit für den Mann, der doch in der deutschen Sprache seit je, immer und überall, bevorzugt wird. Die Struktur ihres Arguments ist etwa wie folgt: Wenn wir [in dem Meer der Ungerechtigkeit!] mal ein bißchen Gerechtigkeit gegen Frauen walten lassen, ist das aber ungerecht gegen Männer. Deshalb haben wir erwogen, gerecht abzuwechseln. Das ist aber verwirrend [für wen???], und deshalb lassen wir es bei der ›gebräuchlichen‹ Ungerechtigkeit gegen Frauen. Um diesen Gedankenwust zu entwirren, bedarf es einer differenzierteren Auffassung des Begriffs ›Gerechtigkeit‹. Ich komme am Schluß des dritten Kapitels darauf zurück.

Aber ihre »bequemste Lösung« ist bequem nur für Männer und wird deshalb auch nicht funktionieren, weil Frauen weiterhin darauf bestehen werden, auch in Genus-Sprachen sprachlich sichtbar zu sein, wie »unbequem« auch immer das für Männer sein mag. Für Sprachen mit einem Genus Neutrum wie Deutsch oder Griechisch gibt es die Möglichkeit, dieses Genus zu aktivieren und die femininen Endungen abzuschaffen[4] – eine Lösung, die unter dem Namen »der verrückte Pusch-Vorschlag« bekannt wurde. Nach diesem Vorschlag würden deutsche Texte etwa so aussehen:

> Birgit ist eine gute Student; ihre Professor ist sehr zufrieden mit ihr. Früher war sie übrigens Sekretär bei einer Architekt und dann bei einer Rechtsanwalt. Für ihre Dissertation suchen wir noch ein zweites Gutachter, am besten ein Dozent, das sich in feministischer Theorie auskennt.

Es gibt aber natürlich noch eine dritte, sehr einfache und effektive Strategie: die Totale Feminisierung, d. h. die Ersetzung des generischen Maskulinums durch ein generisches Femininum. Sehen wir uns zunächst an, wie W. H. Auden die Totale Feminisierung bekommt:

> However pitiful a handful her readers, a poet at least knows this much about them: they have a personal relationship to her work.

> Mögen auch ihre Leserinnen nur eine traurige Handvoll sein, eine Dichterin weiß jedenfalls dies über sie: Sie haben eine persönliche Beziehung zu ihrem Werk.

> A poem does not come to life until a reader makes her response to the words written by the poet.

> Ein Gedicht wird erst dann lebendig, wenn eine Leserin ihre Antwort auf die Worte gibt, die die Dichterin geschrieben hat.

Die Totale Feminisierung bietet eine elegante Lösung für die oben aufgeführten Übersetzungsprobleme. Buchtitel wie *Die skeptische Feministin* sind damit kein Problem mehr. Es soll allerdings nicht verschwiegen werden, daß diese Lösung andere Probleme aufwirft, und zwar Probleme für das Maskulinum. Ich erinnere deshalb noch einmal an den obigen Kernsatz:

> **Den Ungerechtigkeiten patriarchalischer Sprachen ist [...] mit systemlinguistischen Mitteln nicht beizukommen, sondern nur mit sprachpolitischen.**

Die Totale Feminisierung ist eine in erster Linie politische Antwort auf ein politisches Problem. Den (linguistischen) Rest kriegen wir dann später ...

3 Argumente für den Gebrauch des umfassenden Femininums, d. h. für die Totale Feminisierung

In den vergangenen Jahren habe ich in Westdeutschland, der Schweiz und Österreich etwa 500 Vorträge zum Thema »Sprache, Geschlecht und Macht« gehalten, üblicherweise vor Auditorien von 50 bis zu 600 Personen. Das zentrale Anliegen in den jeweils sich anschließenden Diskussionen war **immer** die Frage: Was sollen wir nun praktisch tun? – eine Frage, die sich so für Englischsprachige überhaupt nicht stellt, weil ihre Lösung der partiellen Feminisierung ja so leicht durchführbar ist und sich deshalb auch schon längst weitgehend durchgesetzt hat. Es ist an der Zeit, daß die europäische Frauenbewegung sich diesbezüglich von ihrem Anglozentrismus emanzipiert.

In den Diskussionen bestand und besteht Einigkeit über folgende Punkte:

1. Der Gebrauch des generischen Maskulinums wird entschieden abgelehnt.

2. Die konsequente partielle Feminisierung (das sogenannte Splitting, neuerdings auch »die Doppelform« genannt) wird als so umständlich empfunden, daß die Mehrheit ihr langfristig kaum Chancen einräumt. Trotzdem wird derzeit viel Energie darauf verwendet, sie zu praktizieren und zu propagieren, weil andere/bessere Lösungen bisher nicht gefunden worden sind. Die obersten Behörden der Bundesländer Hessen und Bremen haben 1985 sogar in Runderlassen die Abschaffung der maskulinen Oberbegriffe angeordnet – ein immerhin erstaunlicher Erfolg zäher feministischer Sprachpolitik. Allerdings untergräbt es die »Kampfmoral« erheblich, daß Frauen dem stereotyp und hämisch vorgebrachten Einwand der Männer, diese Lösung führe zu »unerträglichen Schwerfälligkeiten«, insgeheim zustimmen. – Leider kommen bei solchen Kontroversen bisher nur wenige Frauen auf die Idee, das ständige Miterwähnen **der Männer** für unzumutbar zu erklären.

3. Gewünscht wird eigentlich eine Sprache, die sowohl echt geschlechtsabstrahierende als auch geschlechtsspezifizierende Ausdrucksmöglichkeiten besitzt, und zwar in der Form, daß erstens keines der beiden Geschlechter sprachlich benachteiligt wird

und zweitens alle die Sprache als »bequem« und »nicht schwerfällig« empfinden. Im Grunde ist dies ja eine Mindest-Anforderung, wie sie an jede anständige Sprache, die ihren Namen verdient, zu stellen wäre: **Sie soll gerecht und bequem sein!** Wie jedoch unsere überkommenen, durch und durch patriarchalischen Genus-Sprachen der Erfüllung auch nur der Mindestanforderung näherzubringen sind, bleibt einstweilen unklar.

Angesichts des sprachpolitisch bisher Erreichten (hohe Sensibilisierung, Beurteilung der partiellen Feminisierung als nicht optimal, sondern bestenfalls als »kleineres Übel«) ist es offenbar Zeit für eine nüchterne Strategie-Diskussion, die ich hiermit einleiten möchte. Ich bin der Ansicht, daß sich die Totale Feminisierung als natürliche Übergangslösung – so etwa für die nächsten zwei-, dreitausend Jährchen – anbietet. Von einer »radikalen Minderheit« (ich schließe mich ein) wird sie bereits seit langem konsequent praktiziert und propagiert. Von Männern wird sie – natürlich – vehement abgelehnt, von den meisten Frauen ebenso, denn unsere Fähigkeit und Bereitschaft, uns in gekränkte Männer einzufühlen, ist enorm, die Fähigkeit, die eigene krasse Benachteiligung zu erkennen, dagegen völlig unterentwickelt. Häufigstes Argument der Frauen gegen diese Strategie ist: Wenn wir den Spieß umdrehen, gewinnen wir nichts. Wir ziehen nur denselben Vorwurf auf uns, den wir immer den Männern gemacht haben. Wir machen uns lächerlich, wenn wir etwa die 97% Professoren und 3% Professorinnen an unseren Universitäten entschlossen, aber wirklichkeitsfremd als *Professorinnen* bezeichnen. Niemand wird im Ernst diese Strategie unterstützen, mittragen. Einige von der »Neuen-Weiblichkeits-Fraktion« meinen auch, das Femininum sei »echt zu schade«, um damit »Schwanzträger« zu bezeichnen.

Nun die Argumente der »kleinen radikalen Minderheit«:

Wenn wir

a) das generische Maskulinum ablehnen
b) der partiellen Feminisierung für Genus-Sprachen langfristig keine Chancen einräumen
c) zu machtlos sind, um die letztlich angestrebte optimale Lösung (entweder Abschaffung des Genus-Systems, was allerdings tiefgreifende Folgen für die Syntax der betreffenden Sprachen hätte, oder so etwas wie den »verrückten Pusch-Vorschlag«) hier und heute, auf direktem Wege, durchzusetzen –

– dann bleibt uns eigentlich nur die dialektisch motivierte, indirekte/paradoxe Strategie, über das Ziel hinauszuschießen, um es zu treffen. Was wir zur Zeit versuchen, ist gleichsam der Sprung von der These zur Synthese unter Umgehung der Antithese (ob aus Angst vor männlichen Sanktionen oder angeborenem weiblich-demokratischem Empfinden, will ich nicht entscheiden). Ich meine also, wir müssen so konsequent und radikal sein, daß wir mit unserer Sprachpolitik nicht nur – wie bisher – den Männern auf die Nerven gehen, sondern ihren Nerv treffen. Der Nerv, auf dem Männer erwiesenermaßen sprachlich zu treffen sind, und nicht nur sprachlich, sondern gesamtkulturell, ist: Feminisierung. Die männliche Angst vor dem Verlust der männlichen Identität (durch Feminisierung) ist das Zentrum der grotesken Gesamtveranstaltung, die sich Patriarchat nennt. Feminisierung ist für den Mann sozusagen die ultimative Bedrohung, das schlechthin Unerträgliche. Um dem zu entgehen bzw. nicht länger ausgesetzt zu sein, wird er möglicherweise zur Kooperation bei der Entwicklung einer für beide Geschlechter gerechten und bequemen Sprache bereit sein.

Soweit das Hauptargument. Es betrifft ein Faktum, das Männer nicht zugeben können, da die Geheimhaltung dieser Tatsache – sogar vor sich selbst (Verdrängung) – ihre Welt zusammenhält und bedingt. Männer klammern sich ja an den Glauben, sie seien Frauen **von Natur aus** überlegen. Wenn sie – etwa unter dem Einfluß diverser Feminisierungsmaßnahmen – erkennen und zugeben müßten, daß sie in Wirklichkeit auf derselben Stufe stehen wie Frauen, die sie immer »irgendwo weit unter sich« gewähnt haben, bricht die Hierarchie und damit das männliche Selbstwertgefühl zusammen.

Ich werde nunmehr ein paar äußerlichere Argumente zusammentragen, die für den Gebrauch des umfassenden Femininums sprechen, denn schließlich müssen wir, um das Fernziel – eine gerechte und bequeme Sprache – zu erreichen, auch das Zwischenziel – Totale Feminisierung – argumentativ absichern und ernst nehmen.

Die Argumente für das Zwischenziel fallen in zwei Gruppen, eine halb ironisch-spielerisch vorzutragende und eine sehr ernstgemeinte.

A Ironisch-spielerische Argumente für die Totale Feminisierung

1) **Das Arbitraritäts-Argument**[5]: Männer pflegen ja zu betonen, daß wir »sowieso nur an Symptomen herumkurieren«, daß unsere Bemühungen um eine gerechte Sprache am Kern der Sache vorbeigehen, daß Sprachveränderung nichts bewirkt. Nehmen wir sie also beim Wort. Es ist immer wieder köstlich zu beobachten, wie das, was »nichts bewirkt«, die Männer völlig aus der Fassung und in Rage bringt.

2) **Das strukturelle Argument**: Es leuchtet – rein strukturell betrachtet – nicht ein, daß das längere Femininum im kürzeren Maskulinum »enthalten« sein soll. Wo, bitte schön, ist in dem Wort *Lehrer* das Wort *Lehrerinnen* enthalten? Die umgekehrte Behauptung ergibt **offensichtlich** viel eher einen Sinn: Das Maskulinum *Lehrer* (Singular und Plural) ist in den Feminina *Lehrerin* und *Lehrerinnen* hör- und sichtbar enthalten, ähnlich wie *man* in *woman* und *poet* in *poetess* und nicht umgekehrt. Halten wir also folgendes Strukturgesetz fest: Das schöne lange Femininum ist die **Grundform**, das kurze, quasi abgehackte Maskulinum ist die **Schwundform**, auch Schrumpf-, reduzierte oder Kümmerform genannt. Biolinguistinnen haben die staunende Männerwelt darauf aufmerksam gemacht, daß die Relation zwischen Grund- und Schwundform auffällig an die zwischen X- und Y-Chromosom erinnert.

3) **Das biologische Argument**: So sieht es ein deutscher Humanbiologe: »Das weibliche Bild stellt [...] den unmittelbar im Erbgut festgelegten Bauplan des Menschen dar. Der Mann dagegen ist eine **Spezialform**, die irgendwann in der langen tierischen Stammesgeschichte als **Abweichung** des weiblichen Bauplans entstanden ist. [...] Die Natur hat [...] eigens für die Fortpflanzung die **Sonderform** des männlichen Geschlechts [geschaffen]. Dies charakterisiert das Wesen des Mannes. Er ist nur ein **Ableger** der Frau, eine menschliche **Sonderform** für die Fortpflanzung. [...] Der Mann ist das **sekundäre** Geschlecht, aus der ›Rippe‹ der Frau gemacht – genau umgekehrt, als [*sic*] es die Bibel meint!« [m. H.][6]

[Wenn ich in einem Vortrag an dieser Stelle angekommen bin,

pflege ich daran zu erinnern, daß es sich bei dieser Aufzählung um scherzhaft-ironische Argumente handelt. Ironisiert wird die bis weit ins 19. Jahrhundert von Männern bierernst vorgetragene »Theorie«, die »aus dem Maskulinum abgeleiteten« Sprachformen zur Bezeichnung weiblicher Personen seien darauf zurückzuführen, daß Eva aus Adams Rippe quasi »abgeleitet« sei. Die (zwerchfell-)erschütternde Geschichte dieser Lieblingsidee der sexistischen Grammatik ist nachzulesen bei Dennis Baron, *Grammar and Gender*, 1985.]

2 & 3) **Das strukturell-biologische Argument**: Wir erlauben uns, daran zu erinnern, daß jeder Mann vor der Geburt tatsächlich »in der weiblichen Form enthalten« war. Behauptungen zum Beweis des Gegenteils gehören in den Bereich des Mythos.

4) **Das statistische Argument**: Frauen sind mehr als die Hälfte der Weltbevölkerung. Allgemeine Aussagen wie »US-Amerikanerinnen sind freundlich«, »Engländerinnen sind reserviert«, »Die Nächste bitte«, »Die Kundin ist Königin«, »Gehen wir zur Griechin, oder ißt du lieber italienisch?« »Jeder das Ihre«, »Du solltest wirklich mal zur Ärztin gehen!«, »Die Inhaberin dieses Passes ist Deutsche«, »Du brauchst eine Rechtsanwältin!« lassen mehr an Frauen denken als an Männer, obwohl sie – nach Einführung der Totalen Feminisierung – geschlechtsneutral gemeint sind. Sie liegen somit näher bei der Wahrheit, als wenn das generische Maskulinum benutzt würde. Zugegebenermaßen gibt es (noch) zahllose Berufe, in denen das männliche Geschlecht statistisch weit überwiegt, aber erstens soll dieser Zustand ja bald überwunden sein, und zweitens werden ja die angeblich geschlechtsneutralen Maskulina auch hemmungslos für überwiegend und sogar für rein weibliche Gruppen eingesetzt. (Vgl. etwa »Die Menstruation ist bei jedem ein bißchen anders«.) Und für wirklich männliche Gruppen bleibt uns ja immer noch das Maskulinum. Es wird geschlechtsspezifizierend benutzt, genau wie bisher das Femininum. So werden wir also nicht statt *die Päpste* plötzlich *die Päpstinnen* sagen.

5) **Das Aufwertungsargument**: Der Einwand, das Femininum könnte »zu schade« sein, um damit Männer zu bezeichnen, ist ernst zu nehmen, weisen doch sogar Männer immer wieder darauf

hin, das weibliche sei das bessere, weil (z.B.) friedlichere Geschlecht. Aber seien wir doch ein bißchen großzügig und betrachten wir den Gebrauch des Femininums für Männer als eine (hoffentlich) sich selbst erfüllende Prophezeiung, auf daß dereinst auch das männliche Geschlecht echt weiblich-friedfertig sein möge. Wie wir wissen, ist es höchste Zeit.

B Ernsthafte Argumente für die Totale Feminisierung

1) **Das internationale Argument**: Feminismus ist international, da das Patriarchat international ist. Partielle Feminisierung ist (relativ) bequem nur für die Sprachen ohne grammatisches Genus. Totale Feminisierung ist für alle Sprachen bequem und einfach.

2) **Das historische Argument**: Die Geschichte lehrt, daß unterdrückte Gruppen ihre Energien darauf konzentrieren sollten, **ihre** Situation zu verbessern. Gleichzeitige Berücksichtigung der Interessen des Unterdrückers ist taktisch absurd.

3) **Das Autarkie-Argument**: Der Einwand, daß Männer diese Lösung »nicht mittragen« werden, ist nicht stichhaltig, da sie ja auch die partielle Feminisierung nicht oder kaum (d. h. nur widerwillig) mitmachen. Jedenfalls gilt dies für die Genus-Sprachen, wenn es auch für das Englische anders sein mag.

4) **Das Gerechtigkeits-Argument**: Phyllis Chesler sagt: »Die Gleichbehandlung ›Ungleicher‹ ist ungerecht«[7], und ich stimme ihr zu. Wenn ich tausend Mark zu verschenken hätte, wäre es sinnvoll, sie »gerecht« zwischen meinem netten reichen Onkel und meiner Freundin, die von der Arbeitslosenhilfe lebt, aufzuteilen? Oder sollte ich ihm gerechterweise gar nichts geben und ihr die ganze Summe? Anderes Beispiel: Stellen wir uns einen übergewichtigen Menschen und einen unterernährten vor. Es wäre nicht nur ungerecht, sondern für die übergewichtige Person auch ungesund, ihr ebensoviel Nahrung zu geben wie die unterernährte Person benötigt.

Auf die Sprache übertragen, bedeutet das: Wenn es unser Ziel ist, unsere Position und dadurch uns selbst zu stärken – warum sollten wir nicht ein wenig bei Männern in die Lehre gehen? Offenbar waren ja ihre Strategien zur Stärkung des eigenen Selbstbewußtseins sehr erfolgreich. Eine ihrer Maßnahmen war das »generische Maskulinum«. Diese Selbstvergrößerungsdroge funktioniert offenbar hervorragend. Warum sollten wir uns nur eine halb so starke Nahrung gönnen?

Es besteht kein Zweifel daran, daß die Frau sprachlich (natürlich auch in jeder anderen Hinsicht) extrem benachteiligt ist. Was ihr zusteht und was sie braucht, ist nicht Gleich-, sondern Besserbehandlung, **kompensatorische Gerechtigkeit**, eine gezielte und umfassende »affirmative action«. Der Mann hingegen braucht dringend eine »Abmagerungskur« zur Therapie seines immer gefährlicher werdenden Größenwahns. Außerdem braucht er Einfühlungstraining. Es wird ihm guttun, es im eigenen Gemüt zu erleben, wie es sich **anfühlt**, *mitgemeint* zu sein, sprachlich dem anderen Geschlecht zugezählt zu werden, diesen ständigen Identitätsverlust hinzunehmen. Wir werden ihm immer wieder mütterlich und geduldig versichern, er sei natürlich mitgemeint, eingeschlossen – aber solche Mitteilungen werden höchstens intellektuell verarbeitet, das Gefühl reagiert anders (als Frauen haben wir da unsere Erfahrungen machen können). Und dieses Gefühl muß der Mann erlebt haben, um die Notwendigkeit einer grundlegenden Sprachreform zu begreifen.

Die bisherigen sprachtherapeutischen Maßnahmen (Splitting-Empfehlungen, Runderlasse zur Abschaffung des generischen Maskulinums) hatten nur einen geringen Effekt, der etwa mit dem des neuen Namensrechts vergleichbar ist. Seit 1976 kann in der BRD auch der Name der Frau als Familienname gewählt werden. Wenn beide Geschlechter »gleiche« wären, hätten in den letzten zehn Jahren genau 50% der Männer bei Eheschließung ihren Namen ändern (»feminisiert werden«) müssen. Es waren aber nur 2%. Für das Namensrecht hätte es also zur Herstellung des Gleichgewichts eines kompensatorischen Gesetzes bedurft: »Ab sofort wird der Name der Frau zum Ehenamen.« Die normative Kraft des Faktischen hätte dann im Laufe der Zeit den Ausgleich bewirkt. Aber: Die Gesetzgeber waren Männer – und sie werden sich nicht selbst »entpatrifizieren«.

4 Schlußbemerkung

Ich bin überzeugt, daß die Strategie, die ich skizziert habe, die einzig erfolgversprechende zur Herstellung sprachlicher Gleichberechtigung ist. Genauso überzeugt bin ich davon, daß sich nur wenige meiner Meinung anschließen und noch weniger diese Strategie-Überlegungen in die Praxis umsetzen werden. Die praktischen Auswirkungen des neuen Namensrechts sind zu ernüchternd, als daß ich mich Illusionen hingeben könnte: Ganz offensichtlich mögen Frauen in der Regel den Männern die Feminisierung nicht antun/zumuten; die Angst vor herrischen Reaktionen ist ja auch sehr begründet. Trotzdem versuche ich weiter, diese Ideen zu verbreiten, denn immerhin ist die Sache einen Versuch wert, weil sie Spaß macht, erkenntnisfördernd ist und das weibliche Selbstbewußtsein kräftigt: Frauen, die konsequent das umfassende Femininum verwenden, empfinden dies als sehr lustvoll – auch weil die Reaktionen der Männer auf diese Strategie so komisch und entlarvend sind.

Mit diesen Worten beschloß ich 1986 meinen Aufsatz. Jetzt, Anfang 1989, bin ich nicht mehr so skeptisch. Die Totale Feminisierung wurde von vielen Frauen begeistert aufgegriffen und immer weiter verbreitet, so z. B. von den Grünen im Niedersächsischen Landtag, die 1988 diese bis vor kurzem noch als absurd abgetane Idee hochoffiziell in ihren Entwurf für ein neues Sprachgesetz einbrachten. Dies ermutigende Beispiel steht hier für viele ähnliche, die ich in den letzten drei Jahren, seit der ersten Niederschrift dieses Artikels, erlebt habe. Und wichtige alternative Zeitungen wie die *taz* und die Schweizer *WoZ* praktizieren inzwischen »das große I mitten im Wort«, also die Schreibweise *LeserInnen*, *ArbeiterInnen*, die von der Totalen Feminisierung ja wirklich nur noch durch einen winzigen Klecks Druckerinnenschwärze entfernt ist...

1986–89

Das dritte Geschlecht

Schriftliche Kleine Anfrage des Hamburger Bürgerschafts-Abgeordneten Günter Elste (SPD): Betr. das Wort »LehrerInnen« in der Meldung der Staatlichen Pressestelle.

»Ich frage den Senat: Wie lautet die Definition des Begriffes ›LehrerInnen‹? Welches Geschlecht haben ›LehrerInnen‹? Handelt es sich nach Meinung des Senats um eine neue Wortschöpfung, die bereits Eingang in die deutsche Sprache gefunden hat? a) Wenn nein, beabsichtigt der Senat, sich zukünftig solcher Begriffe zu bedienen, etwa bei der Formulierung von Gesetzen, Verwaltungsvorschriften oder Dienstanweisungen, um sich begriffsschöpfend zu betätigen? b) Wenn ja, hat die Schulbehörde bereits begonnen, entsprechende Änderungen der Lehrpläne für den Deutschunterricht vorzunehmen, oder werden ähnliche Begriffe bereits heute in den Arbeiten von Schülern nicht mehr beanstandet? Beabsichtigt der Senat zukünftig, ähnliche Begriffsschöpfungen als einen Beitrag zur Gleichberechtigung von Frauen und Männern bei seiner Öffentlichkeitsarbeit zu verwenden? wie hätte nach meinung des senats die schreibweise des im betreff genannten begriffs bei einer etwa durch eine änderung der lehrpläne einzuführenden gemäßigten kleinschreibung zu erfolgen, und hält der senat etwaige probleme bei der schreibweise für ausschlaggebend, um auf die einführung der kleinschreibung zu verzichten?«

Wir wissen nicht, was der Senat empfiehlt. Frau Duden empfiehlt für diesen Fall: lehrerInnen oder LEHRERiNNEN.

DIE ZEIT – Nr. 3 – 13. Januar 1989

1 Das Wort *umfassend* benutze ich anstelle des in der englischsprachigen Fachliteratur gebräuchlichen Terminus *generic* ›generisch‹. Das »generische Maskulinum«, so heißt es immer [noch], »umfaßt« beide Geschlechter, etwa in Sätzen wie *Every student must turn in* **his** *assignment by the end of the week* ›**Jeder Student** muß **seine** Aufgaben bis Ende der Woche einreichen‹.

2 Sabatini 1985: 64.

3 Diesen Fund verdanke ich Jennifer Hartog, die Kächele empfohlen hatte, es doch mal mit dem generischen Femininum zu versuchen, woraufhin er mit seiner »bequemsten Lösung« aufwartete.

4 Vgl. Pusch 1984a: 62-4.

5 ›Arbitrarität (Beliebigkeit)‹ ist einer der linguistischen Grundbegriffe, vgl. auch die ausführliche Erörterung in Pusch 1984a: 31-33. Es wird behauptet, die Beziehung zwischen Zeichen und dem, was sie bezeichnen, sei beliebig. Eine Frau soll sich doch nicht so haben, wenn sie als Amtmann oder Kaufmann bezeichnet wird. Was sind schon Bezeichnungen?! Aufregung über ›beliebige‹ Bezeichnungen wird nur Männern zugebilligt.

6 Knußmann 1982: 22 und 29f.

7 Chesler 1985: 435; zitiert nach Armstrong 1986: 6. Alle Übersetzungen aus dem Englischen in diesem Artikel sind von mir.

Mary, please don't pun-ish[1] us any more!

Mary Daly, die Sprache und die deutschsprachige Leserin

Mary Dalys *Reine Lust*[2] wiegt 860 Gramm, die gebundene Fassung des Originals (*Pure Lust*) wiegt 820 Gramm. Seit dem Erscheinen der deutschen Übersetzung im Mai 1986 schleppe ich diese beiden dickleibigen Wälzerinnen (Gesamtgewicht: fast 2 Kilo!) in der Gegend herum, habe ich doch verschiedenen Zeitungen leichtsinnig versprochen, eine Rezension zu schreiben. Mein Leben besteht zur Zeit aus Schreiben und Vortragsreisen. Zum Lesen komme ich nur in der Deutschen Bundesbahn und abends im Bett (dort sind so schwere Bücher besonders drückend und beschwerlich). Mary, Deine (Sch)Werke fordern wahrhaft die ganze Frau, kosten uns nicht nur viel Geld, sondern auch viel Kraft, nicht nur geistige, sondern sogar körperliche!

Aber dafür geben sie uns natürlich auch viel Kraft, »Gynergie«. Die wichtigsten Einsichten über die Struktur des Patriarchats verdanke ich der radikalen Denkerin Mary Daly und verehre und achte sie deshalb wie keine andere zeitgenössische Denkerin. Dies sage ich, um meine nun folgenden kritischen Ausführungen zum Thema »Mary Daly und die Sprache« unmißverständlich in den richtigen Kontext zu stellen.

Ich habe mit vielen deutschsprachigen Leserinnen über Mary Dalys Sprache gesprochen: Etwa die Hälfte ist hingerissen, fasziniert, begeistert – die andere Hälfte dagegen genervt bis angeödet: »Mary ist ja toll, klar, aber diese ständige Wortspielerei und das Etymologisieren – gräßlich, macht das Lesen manchmal zur Qual! Wenn sie diese Marotte doch bloß lassen könnte!«

Frau spürt beim Lesen der Texte Mary Dalys ihre unbändige Lust beim spielerischen Umgang mit Wörtern; in vielen Fällen erlebt die Leserin dann, nachvollziehend, wohl eine ganz ähnliche Lust – jedenfalls die englischsprachige oder des Englischen mächtige Leserin. Die deutsche Übersetzung von *Gyn/Ökologie*, so bewundernswert sie Erika Wisselinck gelungen ist, habe ich nie zu Ende gelesen, dafür das Original mehrfach und mit großem Gewinn. Ja, ich habe mir die deutsche Übersetzung überhaupt nur deshalb partienweise »angetan«, weil der Vergleich des Originals mit der Übersetzung ein so spannendes linguistisches Thema ist und ich als Linguistik-Dozentin und Feministin auf »Stoff« angewiesen bin, Lehrstoff für Seminare beispielsweise, Themen für Seminararbeiten. Mary Daly und Erika Wisselinck bieten da so viel »Stoff« für linguistische, speziell übersetzungstheoretische, Diskussionen und Feinanalysen aller Art, daß ich bis ans Ende meiner Tage ausgesorgt haben könnte. Aber es war wohl kaum die Absicht Mary Dalys, Stoff für feministisch-linguistische Seminare zu liefern.

»Aus dem Amerikanischen übertragen von Erika Wisselinck« heißt es auf der Titelseite. Diese Formulierung ist aufschlußreich und führt mitten hinein ins Problem der Sprache dieses Buches – eines Buches, das wie ganz wenige andere gerade die Sprache problematisiert, dabei so viel Richtiges und Wichtiges trifft und doch in vielem auch völlig schiefliegt.

»*Das* Amerikanische« gibt es nicht. Gemeint ist natürlich das US-amerikanische Englisch – im Gegensatz zum britischen Englisch. Bekanntlich besteht Amerika aus Süd-, Mittel- und Nordamerika. Niemals aber wird etwa das argentinische Spanisch (oder gar eine der vielen Indianerinnen[3]-Sprachen Amerikas) *Amerikanisch* genannt – weil halt »Amerika« (wie viele ja die USA zu nennen pflegen) die mächtigere Nation, ja die mächtigste Nation überhaupt ist. Kurz und gut bzw. schlecht: *Amerikanisch* (statt *amerikanisches Englisch*) ist ein ebenso arrogant-vereinnahmendes Wort wie *man* (das engl. wie auch das deutsche *man*).

Das Englische ist heute *die* Weltsprache – nicht etwa, weil so viele diese Sprache als Muttersprache gelernt haben (wenn es danach ginge, wäre Chinesisch *die* Weltsprache), sondern weil die USA die mächtigste Nation der Welt (bzw. Erde) sind. Mary Dalys Muttersprache ist nun zufällig (amerikanisches) Englisch – diese Tatsache sichert ihr einen breiten Leserinnenkreis. Das ist für die Sache des Feminismus ein großer Vorteil – je mehr Frauen ihre Werke lesen/verstehen können, um so besser! Einen guten Teil dieses Vorteils verspielt Mary Daly allerdings durch ihren speziellen Umgang mit der Sprache. Hier eine Kostprobe:

»In this Realm, Websters see Stamina as its own reward. Here thinking is also thanking; the Wonderers weave wonders. Sensing the rhythms of a Gnomic Present, Prudes explore the States of Grace. Structurally, these are three: Be-longing, Be-friending, Be-witching. Cheered by such progress, Norns announce the founding of Gnostic Nag-Nations.« (*Pure Lust*, p. 32) Uff! Ich habe zwar neun Jahre Englisch studiert, aber wenn ich arglos in so eine Textstelle hineinstolpere, schnalle ich erstmal ab, habe Lust, *Pure Lust* in die Ecke zu pfeffern. Mal sehen, ob Erikas Version verständlicher ist:

»In diesem Bereich sehen die Webfrauen Stamina als Selbstzweck. Hier ist denken zugleich danken; die Wunderinnen weben Wunder. Den Rhythmen eines gnomischen Präsenz[4] nachspürend, untersuchen wir stolzen Prüden die Zustände der Gnade/den Status der Grazien. Strukturell sind es drei: er-sehnen, zu-neigen, ver-zaubern. Von solchem Fortschritt beflügelt, kündigen die Nornen die Gründung einer gnostischen Näx-Nation an.« (*Reine Lust*, S. 48) Nein, das kapiere ich auch nicht. Marys Texte wollen halt hingebungsvoll studiert sein (wie die Bibel) – nicht bloß mal flüchtig angelesen! Und weil das so ist, gründen Frauen voller Ehrfurcht und Elan Mary-Daly-Lese-, Studier- und Diskussionskreise, die sich allerdings meist bald wieder auflösen, weil Frauen eh zu viel zu tun und zu wenig Zeit haben.

Dunkel raunende Textstellen wie die soeben zitierten gehören zum »hymnischen, beschwörenden« Stil der Mary Daly. Ich bevorzuge – ganz entschieden – die kühle, präzise, lakonische, leidenschaftlich-kühne Analytikerin Daly! Aber die Analytikerin ist ohne die Hymnikerin nicht zu haben – leider.

Für die meisten Menschen, die Englisch verstehen, ist Englisch eine Fremdsprache – vom Lateinischen und Griechischen, die Daly häufig für ihre Argumentationen/»Beweise« heranzieht, haben nur die wenigsten eine Ahnung. Mit anderen Worten: Überall da, wo Mary Daly mit Wörtern spielt oder ihre Argumente etymologisch illustriert/begründet/fortspinnt, ist sie für die meisten ihrer potentiellen Leserinnen wenn nicht unverständlich, so doch äußerst mühsam. Ungefähr mögen wir mitkriegen, was Mary jeweils gemeint hat – aber die *volle* Bedeutung eines Wortspiels erschließt sich nur der muttersprachlichen Leserin, die volle Bedeutung einer etymologischen Argumentation nur der »klassisch-philologisch« gebildeten Leserin. Die Problematik der unübersetzbaren Wortspiele ließe sich verkraften, wenn Mary Daly mit diesem Stilmittel sparsam umginge. Gerade das tut sie aber nicht, vielmehr nimmt ihr Hang zum Wortspiel von Werk zu Werk zu. Erika Wisselinck schreibt:

»Eine Reine Lust war die Übersetzungsarbeit an diesem Buch

nicht, denn stärker noch als in GYN/ÖKOLOGIE verwendet Mary Daly hier raffinierte hintersinnige Wortspiele nicht nur in Doppel-, sondern auch in Drei- bis Vierfachbedeutung, und deren *Würze* muß im Deutschen häufig verlorengehen. Ich habe dies manchmal in Fußnoten angedeutet; dennoch *schmerzt* jede Stelle, der ich im Deutschen in dieser Beziehung nicht gerecht werden konnte, denn eine wesentliche Qualität von PURE LUST ist das Spiel mit der Sprache. Den Ausgleich mit *kraftvollen* deutschen Worten habe ich versucht.« (S. IX, m. H.)

Die Frage ist, warum tut Mary Daly (uns) das (an), was bezweckt sie damit? Und: Erreicht sie das, was sie bezweckt?

Ich sehe für ihr Vorgehen/Vergehen (?) vor allem zwei Gründe: Erstens macht Mary Daly das Spiel mit Wörtern einfach Spaß, sie tut es sozusagen aus Reiner Lust. Jede, die sich einmal auf dieser unerschöpflichen Spielwiese betätigt hat, weiß, daß das Spielen mit Wörtern wirklich eine sehr lustvolle Beschäftigung ist, besonders wenn einer dann solche »treffenden« Kostbarkeiten gelingen wie *stag-nation*, *the-rapist*, *bore-ocracy*, *Hexikon* oder *Mister-ektomy*, die im Wortschatz von Feministinnen inzwischen Klassikerinnen sein dürften.

Gelungene Wortspiele erzeugen eine Lust des plötzlichen Erkennens, indem sie auf der Lautebene Begriffe verschmelzen, die auf der Bedeutungsebene nichts (oder scheinbar nichts) miteinander zu tun haben. Wenn einer oder einem ein Wortspiel gelingt, hat sie/er zunächst mal gewonnen, die LacherInnen auf ihrer oder seiner Seite. Das gilt für feministische Wortspiele (etwa: *Maskulinguistik*, *Penopause*, *Zwangerschaft*, *Beischlafmütze*, *in Penision schicken, aus der Küche austreten* oder *Er hat sie nach Hause beglitten*) genauso wie für antifeministische (wie *Herren sind herrlich und Damen dämlich* oder *Ohne Dings kein bums*). Mit anderen Worten: Wortspiele beweisen zwar gar nichts, aber rhetorisch sind sie äußerst effektvoll, weil sie das, was jeweils als plausibel hingestellt werden soll, auch als »unmittelbar evident« erscheinen lassen: »Daß Damen dämlich oder *therapists* (Therapeuten) *rapists* (Vergewaltiger) sind, muß nicht erst bewiesen werden, mann/frau sieht es ja schon an den Wörtern selber!« Allerdings ist der Effekt von Wortspielen, gerade weil sie auf der Lautebene operieren, in der Regel nicht in andere Sprachen übertragbar. Die Sache mit den »dämlichen Damen« funktioniert nur im Deutschen und »the-rapist« nur im Englischen.

Gegen diese Art, mit Wörtern zu spielen, ist also gar nichts einzuwenden, außer daß, wenn der Spieltrieb sich sozusagen verselbständigt, die Lesbarkeit, vor allem aber die Übersetzbarkeit beeinträchtigt wird, je mehr der Text mit Wortspielen arbeitet, um so mehr. Und da liegt nun doch auch im Falle von Mary Daly ein Haken, oder zwei: Erstens sollten Verständlichkeit und Übersetzbarkeit für eine feministische Autorin schon ein Anliegen sein – das brauche ich wohl nicht weiter zu begründen. Zweitens sind Wortspiele eigentlich ein »Gewürz«, und Gewürze erreichen ihre Wirkung allemal besser, wenn sie sparsam verwendet werden: Ein Übermaß verdirbt die Speise. Aber das ist natürlich ein ganz persönliches Geschmacksurteil – manche mögen's eben gepfeffert oder gar versalzen. Ich dagegen konnte mich etwa mit Joyce oder Arno Schmidt nie anfreundinnen, weil mir schon ihre ewige Wortspielerei und der damit einhergehende Pseudo-Tiefsinn auf die Nerven ging, von allem andern zu schweigen.

Wie eben ausgeführt, läßt sich also mit bloßer Ähnlichkeit/Verwandtschaft auf der Lautebene praktisch alles »beweisen«, plausibel machen, das Feministische genauso wie das kraß Antifeministische. Je weniger das Publikum über sprachliche Zusammenhänge Bescheid weiß, um so besser gelingt der »Beweis«. Meistens denken die Leute beim Sprechen, Hören und Lesen eben nicht an Laute, sondern sind mit den Bedeutungen vollauf beschäftigt. Macht mann/frau sie dann auf (ruhig auch frei erfundene) Bedeutungszusammenhänge aufmerksam und »beweist« diese mittels des Lautzusammenhangs, sind sie »überrumpelt«, weil fasziniert.

Damit komme ich zu dem zweiten Grund für Mary Dalys ganz spezielle Art, mit Wörtern umzugehen, mit deren rein lautlicher und/oder sprachgeschichtlicher Verwandtschaft zu argumentieren und »neue«, »wahre«, »tiefliegende«, »ursprüngliche« Sinnzusammenhänge zu postulieren. Ich habe den Eindruck, daß sie von ihren jeweiligen Entdeckungen selbst so fasziniert ist, daß sie (überrumpelt?) die **grundsätzliche** Begrenztheit dieser »Beweismethode« übersieht. Es ist dies eine »Schwäche«, die ich bei vielen Nicht-Fachleuten, die einfach (und zu Recht!) vom »Wunder der Sprache« fasziniert sind, beobachtet habe. Die meisten Menschen denken über Sprache überhaupt nicht nach und würden sich zum Beispiel niemals fragen, was das Wort *Erregung* mit *Er* zu tun haben könnte. Dann gibt es nachdenkliche Frauen, die fragen sich – nicht selten angeregt durch Daly-Lektüre – solche Sachen und kommen neuerdings auf die merkwürdigsten Ideen (etwa, angeekelt: »Nein, ich sage ab sofort nur noch *sieregen* und *Sieregung*«). Und schließlich gibt es Linguistinnen, die Sprachen jahrzehntelang studieren und miteinander vergleichen und dabei auf noch merkwürdigere Ideen kommen, etwa zu dem Schluß, daß unsere Sprachen zwar tatsächlich patriarchalisch verseucht sind, aber nicht unbedingt da, wo Mary Daly (und viele andere ebenso nachdenkliche Frauen) es vermutet. Mary rackert sich (wenn auch lustvoll!) ab an einer Stelle, wo gar nix los ist. »Wir [...] fordern die ursprüngliche Kraft der Worte zurück« (S. 204), ruft sie aus und gräbt und gräbt in etymologischen Wörterbüchern (allesamt Produkte von Männern übrigens und nicht selten reine Phantasieprodukte!)

Was ich nicht weiß, macht mich nicht heiß. Das gilt für das von Mary so erbittert bekämpfte Dogma von der unbefleckten Empfängnis Mariens (von dem ich als Protestantin sowieso nur den Namen kannte, über den ich dann höchstens mal gelacht habe) genauso wie für die Etymologie. Die Etymologie (Ableitungsgeschichte) eines Wortes besagt nichts über dessen heutige (positive oder negative) Wirkung in unseren Köpfen – einfach deswegen, weil wir sie in der Regel gar nicht kennen. Das Wort *Frau* ist verwandt mit *Fronleichnam* und schloß früher einmal die Bedeutung ›Herr‹ mit ein, aber daran stört sich wohl kaum eine Frau. Das Wort *Buch* ist verwandt mit *Buche* und klingt sogar danach – dennoch denkt wohl keine/r bei Büchern zugleich an Buchen. Das Wort *passion* ›Leidenschaft‹ – ein zentraler Begriff in *Pure Lust* – kommt von lat. *pati* ›leiden‹ und ist verwandt mit *passiv* – keine schöne Verwandtschaft, und Mary verliert denn auch kein Wort darüber. Schade für Erika, denn hier wäre die Übersetzung mal ganz leicht gewesen.

Nein – es gibt keine »Urworte«, auch keine »ursprüngliche Kraft der Worte«. Es wäre auch verwunderlich, wenn die »Urworte« ausgerechnet in den früheren Sprachstufen »des Amerikanischen« zu finden sein sollten![5] Erika Wisselinck klagt in ihren Fußnoten immer wieder darüber, daß das Englische so viele romanische Elemente enthält (lateinische und französische), die für englische Ohren ganz »natürlich« und »umgangssprachlich« klingen, für unsere deutschen aber schwerfällig und abstoßend »wissenschaftlich«. Weder sie noch Mary Daly verraten, wie das

Englische zu diesen »natürlichen« romanischen Elementen gekommen ist: ausschließlich durch Männer – Invasionen **männlicher** Heerscharen (erst die Römer unter Cäsar, dann die Normannen unter Wilhelm dem Eroberer) auf die Britische Insel.

Der zentrale Punkt meiner Kritik ist: Es bringt wenig, in den »Tiefen« der Sprachgeschichte herumzuwühlen und allerlei »Interessantes« als Beweismaterial ans Licht zu zerren, denn Sprachgeschichte ist an die jeweilige Einzelsprache gebunden, und davon gibt es **Tausende**. Was für das Englische noch ganz einleuchtend klingen mag, sieht für das Deutsche (oder gar eine afrikanische oder Eskimo-Sprache!) wieder völlig anders aus – Erika Wisselinck kann ein Lied davon singen und tut es auch ausgiebig, besonders ergreifend und überzeugend bei der Übersetzung von Marys Ausführungen zu *correspond* (S. 247f.)! Die Lage der deutschen, englischen, afrikanischen und der Eskimo-Frau weist aber unter feministischem Aspekt weit mehr Gemeinsamkeiten als Unterschiede auf!

Das für Frauen an der patriarchalen Sprache so Gefährliche ist zwar auch »verborgen«, aber nicht gar so tief, und nur deshalb wirkt es auch. Teils liegt es sogar so unverschämt offen und selbstverständlich zutage, daß es den meisten gerade deswegen lange entgehen konnte und vielen bis heute entgeht, wie etwa das generische Maskulinum im Englischen und zahllosen anderen Sprachen (auf deutsch illustriert u.a. durch die Tatsache, daß 99 Arbeiterinnen und ein Arbeiter zusammen hundert Arbeiter ergeben). Oder es liegt – dies gilt vor allem für frauenfeindliche **Implikationen** von Teilen des Wortschatzes – so dicht unter der Oberfläche, daß es nachhaltig wirken kann und doch den meisten entgeht. Nehmen wir z.B. den neuerdings so beliebten Ausdruck *Gewalt in der Familie* (*domestic violence*). Hier werden die Täter (Männer) mit den Opfern (Frauen und Mädchen) in einen Topf, *Familie/domestic*, geworfen und damit ungreifbar und unangreifbar gemacht.

Gefahr liegt weniger in der Etymologie als in der Grammatik unserer Sprachen – etwas, mit dem alle tagtäglich selbstverständlich umgehen und über dessen Funktionieren fast niemand Bescheid weiß, auch LinguistInnen nur bruchstückhaft.

Mary Daly hat uns auf viele Sprachpathologien aufmerksam gemacht. Sie ist, wie gesagt, eine ungeheuer scharfsinnige Kritikerin nicht nur des Patriarchats, sondern auch seiner Sprache. Aber ihre etymologischen Wörterbücher sollte sie mal vom Schreibtisch in die Rumpelkammer verfrachten, Abteilung patriarchalische Kuriosa. Und was ihre Wortspiele betrifft, so könnten zumindest wir Nicht-Englischsprachigen auf viele davon gut verzichten. Marys Werke wären dann auch schlanker, Erika brauchte beim Übersetzen nicht solche Schmerzen zu leiden und wir nicht beim Lesen, wir brauchten keine Daly-Studier-Zirkel zu gründen, nicht so viel zu bezahlen und nicht so schwer zu schleppen.

1987

Anmerkungen

1 Unübersetzbares Wortspiel, zu deutsch etwa: »Bitte straf uns nicht länger mit deinen Wortspielen« (*pun* ›Wortspiel‹, *to punish* ›(be)strafen‹).

2 *Reine Lust: Elemental-feministische Philosophie* [= *Pure Lust: Elemental Feminist Philosophy.* Boston: Beacon Press. 1984]. Übs. Erika Wisselinck. München: Frauenoffensive. 1986. 554 Seiten.

3 Gemeint sind die sog. Indianersprachen. Da aber mehr Indianerinnen als Indianer diese Sprachen sprechen, nenne ich sie Indianerinnensprachen.

4 Ich kenne ein »gnomisches Präsens« (linguistischer Fachausdruck) und das Wort *die Präsenz*. Ist *das gnomische Präsenz* wieder mal ein raffiniertes Wortspiel, diesmal von Erika beigesteuert – oder was? Ach, ach – ich weiß nicht, was soll es bedeuten!

5 Im Vorwort zu ihrem *Wickedary* (1987) schreibt Mary Daly: »Our Wording Spirals on. [...] For such an Astral Adventure, standard english is pathetically inadequate, and even Wicked English is far from sufficient. Websters therefore invite Wild women of other tribes and tongues to weave their own Wickedaries.« Und in einer Fußnote zum Wort *Wickedaries* führt sie weiter aus: »Of course, these will not be called *Wickedaries*, but will have their own **untranslatable titles**.« [m. H.]. Das Vorwort entstand nach der Veröffentlichung dieses Aufsatzes in der Zeitschrift *Virginia*.

Wie mann aus seiner Mördergrube ein Herz macht: Strategien männlicher Imagepolitik

Vorbemerkung: Der erste Teil dieses Artikels, für den ich genau eine Nacht Zeit hatte, war eine Auftragsarbeit für die *Basler Zeitung* zum Internationalen Tag der Frau (8. März) 1987. Vorgabe war: »10-11.000 Buchstaben über [die] Gewalt gegen Frauen in der Zeitungssprache«. Wie wird in der Presse Gewalt gegen Frauen dargestellt? Und wie schaffen es die Schreiber, den Frauen dabei quasi noch ein zweites Mal Gewalt anzutun?

Ein Jahr zuvor hatte ich, auf Einladung des Vereins »Frauen helfen Frauen« in Friedrichshafen, einen Vortrag mit ähnlicher Thematik gehalten. Die Frauen hatten einige Monate lang Texte aus der Regionalpresse gesammelt, die von Gewalt gegen Frauen handelten. Diese Texte hatte ich analysiert und dabei das Drei-Phasen-Modell [s. u.] entwickelt. Ich habe den Vortrag frei gehalten, hatte mir während der langen Zugfahrt von Hannover nach Friedrichshafen nur ein paar Notizen machen können. Die Zuhörerinnen baten mich wiederholt, den Vortrag doch aufzuschreiben, und so nahm ich die Einladung der *Basler Zeitung* gerne wahr, auch um diesem Anliegen mal ansatzweise nachzukommen.

Im April 1989 veranstalteten die Frauen des Münchner Notrufs für vergewaltigte Frauen und Mädchen Aktionswochen zum Thema »Sexuelle Gewalt gegen Frauen und Mädchen«. In der gemeinsam mit der Gleichstellungsstelle München organisierten Eröffnungsveranstaltung ging es um »Die Vermarktung sexueller Gewaltdelikte in den Medien«. Wieder hatten die Frauen einige Monate lang Texte gesammelt, die von Gewalt gegen Frauen handelten – diesmal überwiegend aus der Boulevardpresse. Ich war als Referentin eingeladen und verlas meinen Text aus der *Basler Zeitung*. Neu für diesen Anlaß hinzugekommen ist die Analyse der Schlüsselrolle des Wortes *Sex* bei der Vermarktung der Gewalt gegen Frauen in den Medien (Kapitel 4).

1 Das Problem: Wie macht mann aus seiner Mördergrube ein Herz?

Bekanntlich sind sämtliche Medien noch immer fest in Männerhand: »Nur 13-14% der Redakteure bei Tageszeitung, Hörfunk und Fernsehen sind Frauen [...] in leitenden Funktionen sind sie so gut wie nicht vertreten.«[1] Seit ein paar Jahren – genauer: seit es die Häuser für geschlagene Frauen gibt – müssen sich nun diese Männermedien mit einem dornigen Problem herumschlagen: Wie berichtet mann über die Greueltaten von »ganz normalen« Männern gegen Frauen und Mädchen, ohne das eigene Nest zu beschmutzen? Denn »ganz normale Männer« – das sind ja auch die meisten Medienmänner, brave Familienväter und Ehemänner, Onkels, Großväter. Und genau diese braven normalen Männer sind es anscheinend, die nicht nur ihre Frauen schlagen, sondern auch ihre eigenen Töchter, Enkelinnen, Nichten vergewaltigen.

Alle zwei Minuten wird in der Bundesrepublik eine Frau vergewaltigt. Jede zweite Frau wurde als Kind von Männern sexuell bedroht, belästigt, »mißbraucht« oder sonstwie terrorisiert.[2] Da kommt eine riesige Menge von Tätern zusammen. Welchem Mann kann frau denn überhaupt noch vertrauen? Der sogenannte männliche Beschützer – wovor beschützt er uns denn?! Gäbe es nicht den Mann als Gefahr, brauchten wir den Mann auch nicht als Schutz.

Das weiß auch der Zeitungsmann sehr genau. Deswegen betreibt er eine gezielte Imagepolitik, schließlich sitzt er am Drükker, kann Informationen bringen oder sie unterdrücken – und wenn er sie nicht mehr unterdrücken kann, kann er sie immer noch »gestalten«.

Ich möchte, nach einem kurzen historischen Rückblick, anhand zweier Beispiele zeigen, wie diese »Gestaltung« im Dienste männlicher Image-Pflege und -Restauration heute aussieht.

2 Frühere Lösungen des Problems: Ignorieren und Leugnen

Das Wort *Frauenhaus* hat einen radikalen Bedeutungswandel erlebt. Zu Luthers Zeiten bedeutete es »Hurenhaus« (so das Grimmsche Wörterbuch), »Bordell« – heute hingegen bezeichnet es eine

Zufluchtsstätte für »geschlagene Frauen«. Im großen Duden-Wörterbuch (6 Bände, 1977) fehlt das Wort *Frauenhaus*.

Der Ausdruck *geschlagene Frauen* ist auch ganz neu. Früher gab es höchstens »geschlagene Armeen«. Die zahllosen geschlagenen Armeen der Geschichte haben mit den geschlagenen Frauen gemeinsam, daß auch sie von Männern geschlagen wurden.

Die plötzliche »Ausdifferenzierung« unseres Wortschatzes verdanken wir der Tatsache, daß es uns Frauen gelungen ist, die lange Phase der **männlichen Ignorierung** der männlichen Gewalt gegen Frauen zu überwinden.

Frauen wurden zu allen Zeiten von Männern geschlagen, aber erst seit Mitte der siebziger Jahre gibt es Zufluchtsstätten für sie. Daß es solche Schutzräume vor Männerbrutalität gibt, haben wir nicht einsichtigen »gewaltfreien« Männern zu verdanken. Frauen haben sie ins Leben gerufen gegen den passiven bis massiven Widerstand *aller* Männer, auch derjenigen, die vielleicht nie einer Frau Gewalt angetan haben.

Als das sechsbändige Dudenwörterbuch fertiggestellt wurde, waren *diese* Frauenhäuser noch kein fester Begriff wie heute – wir befanden uns damals nämlich noch in der Phase der **männlichen Leugnung**:

Noch Anfang der achtziger Jahre reagierten die meisten »Stadtväter«, wenn Frauenhaus-Initiativen finanzielle Unterstützung für die dringend benötigten Frauenhäuser forderten, mit Leugnen: Es bestünde keinerlei Bedarf. Frauen würden erstens sowieso nie von Männern geschlagen (das sei doch bloß eine Erfindung hysterischer Emanzen) und zweitens hier bei ihnen, im Städtchen xy, schon gar nicht.

3 **Verschleiern**: Verharmlosen und Verdrehen

Erst wenn sich die Tatsachen beim besten Willen nicht mehr leugnen lassen, weil Frauen einfach zu viel Beweismaterial angehäuft haben und auch nicht aufhören, die Schandtaten der Männer öffentlich anzuprangern, kommt die dritte, die Phase der Verschleierung, d.h. Verharmlosung und/oder Verdrehung der brutalen Tatsachen, in den Männermedien. In dieser Phase befinden wir uns zur Zeit. Mann kann nicht mehr umhin, den Skandal endlich zur Kenntnis zu nehmen und auch in der Presse (gelegentlich) zu kommentieren, aber in der Regel tut er es so, daß die Gewaltstrukturen gründlich verwischt werden und für das unkritische Gemüt kaum noch erkennbar sind: »Nun ja, da gibt es anscheinend tatsächlich ein Wehwehchen bei diesen Frauen. Doch, doch, es verdient gewiß auch etwas Linderung, vielleicht sind sogar Schutzmaßnahmen angebracht.« Aber Täter? Verantwortliche? Nein, die gibt es anscheinend nicht, und wo es die nicht gibt, kann mann sich getrost und genüßlich auf das Thema Opfer konzentrieren – ein Thema, auf das beispielsweise im Falle des politischen Terrors kaum mal ein Nebensatz verwendet wird. Dort stehen **die Täter**, ihre **Verfolgung** und **Festnahme** im Zentrum der Debatte; außerdem **umfassende Vorbeuge- und Vergeltungsmaßnahmen** gegen sie. Nicht so beim alltäglichen Terror des Mannes gegen die Frau.

Die drei wichtigsten sprachlichen Tricks, die der männliche Image-Schoner bei seiner täglichen Image-Pflege verwendet, sind

a) die »**Löschung des Täters** und seiner Verantwortlichkeit« mittels der Passivkonstruktion[3]. Beispiel: Schlagzeilen wie *Kinder sexuell mißbraucht*

b) die Erzeugung von **Konfusion durch »Fusion«**: Anstelle geschlechtsspezifischer Ausdrücke verwendet mann geschlechtsneutrale, wirft also die Täter mit den Opfern sprachlich in denselben Topf, so daß beide nicht mehr identifizierbar sind: Die Täter können theoretisch auch die Opfer sein und die Opfer ebensogut die Täter. Beispiel: *Gewalt in der Familie*

c) **Verharmlosung** und **Verdrehung**. Beispiel: Mit dem »lustvollen« Wort *Sex* bezeichnet mann Vergewaltigungen, mit dem für Unwissende »lachhaften« Wort *Keuschheitsgürtel* ein mittelalterliches Folterinstrument für Frauen, mit *Schmuck* oder *schwere Zierde* ein lebenslängliches Folterinstrument für Frauen, das noch heute in Gebrauch ist (s. u.).

Ich zitiere aus einem noch immer aktuellen, weil **typischen** Text, einem Paradebeispiel männlicher Imagepolitik mittels Löschung, Fusion, Verharmlosung und Verdrehung (*Frankfurter Rundschau*, 19. 9. 1985):

> **Kinder sexuell mißbraucht**
> Bonn, 18. Sept. (AP) Wie das Bundesgesundheitsministerium

> [...] bekanntgab, wurden 1984 insgesamt 10.589 Fälle von sexuellem Mißbrauch an Kindern bekannt [...]
> »Sexueller Mißbrauch von Kindern ist ein Verhalten, bei dem der Stärkere sich in besonders verwerflicher Weise über den Schwächeren, dessen Rechte und Würde hinwegsetzt«, teilte Bundesfamilienminister Heiner Geißler mit. Es ist Aufgabe des Staates und der Gesellschaft, den Schwächeren, das Kind, vor Übergriffen dieser Art möglichst zu schützen. [...]
> Die Bundesregierung stellt [...] weiter fest, daß es zum Schutz der Kinder vor sexuellem Mißbrauch neben den Mitteln des Strafrechts auch eines wirksamen Jugendschutzes bedarf [...] Ebenso wichtig sei aber auch eine Erziehung der Kinder in Elternhaus und Schule, die bei der sexuellen Aufklärung Verantwortung und Partnerschaft betont.
> [...] verstärke die Regierung die Förderung der Familie, um durch Verbesserung der Lebensbedingungen von Familien und durch Unterstützung der Eltern in ihrer Erziehungsaufgabe dazu beizutragen, daß die Kinder in der Gesellschaft weniger gefährdet seien.

Es geht um den Sexualterror des **männlichen** Geschlechts gegen das **weibliche** Geschlecht, noch abscheulicher: um den Sexualterror von **Männern** gegen **Mädchen** (hier auch »*der* Schwächere« genannt!). Das muß frau aber schon wissen – aus dem Text erfährt sie es nicht. Es kommt weder das Wort *Männer* vor noch das Wort *Mädchen*. Die männlichen Täter verschwinden entweder in der syntaktischen Versenkung der Passivkonstruktion und verwandter Konstruktionen oder in den beide Geschlechter meinenden Wörtern *Gesellschaft*, *Familie*, *Kinder*, *Eltern*. Kinder (lies: Mädchen) sind **nicht** »in der Gesellschaft« gefährdet, wie es im Schlußsatz so beschönigend heißt, sondern ausschließlich durch den männlichen Teil dieser Gesellschaft.

Verharmlosung: Der Ausdruck *sexueller Mißbrauch* impliziert, daß es auch eine angemessene Art des Gebrauchs gibt, denken wir etwa an Alkoholmißbrauch, Tablettenmißbrauch. Beim sexuellen »Kinder«mißbrauch (lies: Mädchenmißbrauch) wurde die Sache halt nur ein bißchen übertrieben. Es empfiehlt sich aber maßvoller Gebrauch, sowohl von Alkohol als auch von Mädchen??

Weiter erfahren wir, daß »sexueller Mißbrauch« von »Kindern«

»ein Verhalten« sei. Kein Verbrechen, sondern ein Verhalten – ein interessantes Forschungsfeld für die Verhaltensforschung vielleicht? Die Statistik wird ja auch nicht etwa im Bundeskriminalamt geführt, sondern im Gesundheitsministerium!

Verdrehung (u. a. mittels Fusion): Es ist bekannt, daß der sexuelle und sonstige Terror von Männern gegen Mädchen und Frauen überwiegend in der Familie stattfindet. Was empfiehlt daher der Familienminister? Die Förderung der Familie! Er empfiehlt auch eine sexuelle Aufklärung, die »Verantwortung und Partnerschaft betont«. Es ist sicher vernünftig, die angehenden Sexualterroristen an »Verantwortung und Partnerschaft« zu erinnern. Den angehenden *Opfern* ist damit allerdings kaum gedient. Sie müssen vielmehr, im eigenen Überlebensinteresse, so früh wie möglich radikales Mißtrauen und ständige Verteidigungsbereitschaft entwickeln. Es ist ja gerade der wirklichkeitsfremde Glaube an »Partnerschaft«, der Frauen und Mädchen immer wieder in die Falle lockt.

4 *Sex* – das Schlüsselwort bei der Vermarktung sexueller Gewalt gegen Frauen in den Medien

In der scharfsinnigen und bestürzenden Analyse von Texten der Boulevardpresse, die Frauen vom Münchner Notruf für vergewaltigte Frauen und Mädchen erarbeitet und am 13. April 1989 einer breiten Öffentlichkeit vorgestellt haben, kommt immer wieder das Wort *Sex* vor. Es wäre schon enorm viel gewonnen, wenn dieses Wort aus der Berichterstattung über Sexualstraftaten getilgt würde, wenn alle Zeitungsredaktionen es ächten und beschließen würden, es nicht mehr zu verwenden.

Ich zitiere noch einmal aus der Analyse der Notruf-Frauen:

> Da ist verniedlichend die Rede von *Sex-Gangstern* und *Sex-Strolchen*, wenn über Sexualverbrecher berichtet wird.
>
> Aus Vergewaltigungen werden *Sex-Überfälle* oder gar *Sex-Spiele*.

Weitere Beispiele waren Begriffe wie *Sex-Folter* oder die Verdrehung der *Kampagne gegen sexuelle Belästigung am Arbeitsplatz Uni* zu *Kampagne gegen Uni-Sex* [so im *Streiflicht* der *Süddeutschen Zeitung* am 13. 3. 1989].

Ein zentrales sprachliches Mittel bei der Vermarktung bzw. dem »Schmackhaftmachen« sexueller Gewaltdelikte ist die Verharmlosung. Die perfideste Art der Verharmlosung ist die Verdrehung ins Gegenteil, wenn also, um noch einmal das Extrembeispiel zu nennen, eine *Vergewaltigung* als *Vergewohltätigung* verkauft wird. Die Nazis haben seinerzeit zwar behauptet, daß es in Ordnung sei, jüdische Menschen zu foltern und zu ermorden, aber sie sind m. W. nicht bis zu dem Zynismus entartet, die Folter täte den Opfern gut und werde von ihnen insgeheim ersehnt.

Normalerweise bedarf es bei der täglichen männlichen Imagepflege in den Medien noch einer gewissen Findigkeit, einer minimalen geistigen Aktivität bei der Verdrehung der Tatsachen. Mit dem Wort *Sex* aber ist eine Denkschablone gegeben, bei der der Imagepfleger nicht einmal mehr nachdenken muß und doch den gewünschten Effekt erzielt. Aus *Vergewaltiger* mach *Sextäter* [die weitere Verharmlosung zu *Sexstrolch* tut ein übriges, ist aber nicht der wesentliche Punkt], aus *sexuelle Belästigung an der Uni* mach *Uni-Sex* – was wird mit dieser Umbenennung erreicht? Was passiert in den Köpfen der Leserinnen und Leser, wenn ihnen ein *Sexualverbrecher* als *Sex-Verbrecher* präsentiert wird? Warum zum Beispiel heißt es in der seriösen juristischen Sprache *Sexualstrafrecht* usw. und nicht *Sex-Strafrecht/Sex-Straftat/Sex-Täter*?

Sehen wir uns das Wort *Sex* und seine Verwandten einmal genauer an. Die Wörter *sexual-*, *sexuell* und *Sexualität* sind neutral, wertfrei. Je nachdem können sie positiv oder negativ besetzt werden wie in *sexuelle Lust* oder *Sexualverbrechen*. Die Wörter besagen zunächst nichts über die Lust, die mit sexuellen Handlungen verbunden sein kann – auch für Frauen.

Anders das Wort *Sex*. Es sieht aus wie eine Kurzform der Wörter *sexual-*, *sexuell*, *Sexualität*, in Wirklichkeit ist es aber, wie auch die englische Aussprache verrät, eine Kurzform für *sexual intercourse*, zu deutsch *Geschlechtsverkehr*, also für eine Unterabteilung des Gesamtbereichs Sexualität. Das Wort kam mit den englischen und den US-Besatzungssoldaten herüber, es ist schick und klingt poppig, peppig, locker und flockig. *Sex* bedeutet also nicht »Geschlechtsverkehr«, sondern »freudiger, lustvoller Verkehr«. Everbody wants sex, and everybody wants to be sexy – nicht wahr?! Sex is good and keeps you healthy and happy and – sexy.

Mit anderen Worten: Das Wort *Sex* ist **die** Kurzformel für die männliche Sicht des Geschlechtsverkehrs, sei dieser Verkehr nun der Frau aufgezwungen oder nicht. Geschlechtsverkehr aus männlicher Sicht ist per se »lustvoll« – ohne ein gewisses Maß an Lust, sie sei so krankhaft wie auch immer, ist der Geschlechtsverkehr dem Manne bekanntlich nicht möglich. Für die Frau hingegen ist der Geschlechtsverkehr oft komplett lustlos, ja qualvoll, erniedrigend, ekelhaft – und der Mann, die Göttin mag wissen, wie er das macht, der Mann erlebt solches dann immer noch als »Sex«, d. h. als lustvoll.

Ich möchte die Sache noch mal mit einer Analogie klarmachen. Das Wort *Geruch* z. B. ist weitgehend neutral. Neben diesem neutralen Wort gibt es ein Wort für gute Gerüche, nämlich *Duft*, und ein Wort für schlechte, nämlich *Gestank*.

Aus gutem Grund kennt die Parfümwerbung nur **Duft**noten, mögen die angepriesenen Produkte auch noch so riechen oder gar stinken.

Aus demselben Grund bevorzugt die Männerpresse für die zum Himmel stinkenden Verbrechen der Männer gegen Frauen und Mädchen Wörter, die das »lüsterne« Wort *Sex* enthalten. Daß die Männerpresse im übrigen ihrer kranken Auffassung von der »geilen« Natur des Geschehens mit irgendwelchen locker neben den »Sexbericht« plazierten »Sexfotos« noch einmal Nachdruck verleiht, ist da nur folgerichtig.

Das Wort *Sex* hat also in seriöser Berichterstattung über sexuelle Gewalt gegen Frauen nichts zu suchen, denn es ist – in **diesem** Zusammenhang – **die** Lüge und Verdrehung schlechthin. Oder anders gesagt: Ein Text über Sexualverbrechen, in dem das Wort *Sex* ohne Distanzierungsmittel, z. B. Anführungsstriche, verwendet wird, braucht nicht weiter gelesen oder gar analysiert zu werden. Er disqualifiziert sich bereits durch dies eine Wort – gründlich und endgültig.

5 Im Osten auch nichts Neues

Zum Schluß noch ein Beispiel zum Üben: Streichen Sie in dem folgenden Text[4] von Christian Wyss aus der *Coop-Zeitung* Nr. 6 vom 5. Febr. 1987 die Wörter, Satzteile und Sätze, in denen er Löschung, Fusion, Verharmlosung und Verdrehung praktiziert.

[Tip für die richtige Lösung: Wenn Sie alles korrekt wegstreichen, ist der Text am Ende verschwunden.]

Messingringe gegen Tigerbisse?
BEI DEN PADAUNG-FRAUEN IN BURMA. Bis zu zehn Kilogramm Messing schmiedeten die Padaung früher ihren Frauen um Hals, Beine und Arme. Heute leben noch ungefähr 1000 »Giraffenfrauen« mit diesem Schmuck. [...] Eine Legende besagt, daß die Padaung ihre Frauen mit Messingringen unattraktiv machen wollten, um sie so vor gefürchteten Sklavenhändlern retten zu können. In einer andern Überlieferung schützen die Ringe vor Tigerbissen. Inzwischen wird dieser Stammesbrauch, der Eleganz, Reichtum und Rang symbolisiert, nicht mehr angewendet.
Close trägt ihren Schmuck mit Würde und Stolz. Damit hat sie aus der Not eine Tugend gemacht. Ihr Hals ragt rund 30 Zentimeter aus ihren Schultern. Was wie ein verlängerter Hals aussieht, ist in Wirklichkeit das Resultat der nach unten gedrückten Schlüsselbeine und Rippen.
Heute leben noch ungefähr 1000 Padaung-Frauen mit dieser schweren Zierde. 1922 zählte man noch 8516.

Meine Frage: Gibt es denn keine Tiger**in**, die die Padaung-Männer mal ordentlich beißt? Oder wenigstens diesen furchtbaren Reporter?

1987-89

Anmerkungen

1 Schmerl 1985:2.
2 Vgl. Kavemann & Lohstöter 1984 und Brownmiller 1976. Die neuesten Zahlen aus den USA sind zu finden in Warshaw 1988.
3 Auf dieses unlautere Motiv für den Gebrauch der Passivkonstruktion hat zuerst Julia P. Stanley hingewiesen (heute nennt sie sich Julia Penelope). Vgl. Stanley 1975.
4 Dank an Swantje Koch-Kanz, die mich auf diese Monstrosität aufmerksam machte.

Frauen, Sprache und Aids

Wohin mit dem Ding?

(*Emma*-Schlagzeile, April 1987)

Vorbemerkung

Die erste Fassung dieses Artikels habe ich im August 1987 unter großem Zeitdruck für Melitta Walters Sammelband *Ach, wär's doch nur ein böser Traum: Frauen und Aids* (Freiburg: Kore Verlag) geschrieben. Es gab damals wegen Schlamperei der Post keine Gelegenheit zum Korrekturlesen; deshalb enthält jene Fassung einige sinnentstellende Fehler: Oft ist nicht zu erkennen, ob ich etwas selbst sage oder andere zitiere.

Diese Neufassung finde ich besser; nicht nur sind Zitate als solche erkennbar, ich hatte auch etwas mehr Zeit.

1 Abgrenzung des Themas

Das Thema dieses Aufsatzes liegt im Schnittpunkt der drei Großthemen »Frauen und Aids«, »Frauen und Sprache« und »Sprache und Aids«. Über »Frauen und Aids« orientiert frau sich am besten in Melitta Walters Buch. Die beiden anderen Problemkreise sollen zur Einführung kurz umrissen werden.

1.1 Frauen und Sprache

Die Literatur zu diesem international beforschten Thema, das mindestens so alt wie die Neue Frauenbewegung, also fast 20 Jahre, ist unübersehbar geworden – im doppelten Sinn des Wortes. Für den deutschen Sprachraum gibt es zur feministischen Linguistik drei Taschenbücher mit ausführlichen Bibliographien (Trömel-Plötz 1982, 1984 und Pusch 1984a). »Die feministische Linguistik fundiert und dokumentiert die sprachkritische, sprachschöpferische und sprachpolitische Arbeit der Frauen.«[1] Die Hauptkritik richtet sich gegen die Gleichsetzung von »Mensch« und »Mann« (vgl. engl. *man*, frz. *homme*, span. *hombre*, ital. *uomo* usw.) und gegen die Verheerungen, die diese Gleichsetzung in unserem Denken und Fühlen anrichtet. Der eigentümliche patriarchale Brauch, mit maskulinen Personenbezeichnungen wie etwa *Partner* je nach Belieben einmal nur Männer, dann aber wieder Frauen und Männer zu bezeichnen, führt gerade in der Aidsdiskussion zu hochgradiger Konfusion. Versuchen Sie einmal, das folgende Rätsel zu lösen: Sind mit den Wörtern *Bundesbürger* und *Partner* im folgenden Text Männer gemeint oder Männer und Frauen oder gar nur Frauen?

> 82 Prozent der *Bundesbürger* [wissen], daß die Ansteckung mit dem Virus auch beim heterosexuellen Verkehr droht. [...] 83 Prozent der *Bundesbürger* [...] würden selbst dann kein Kondom benutzen, wenn sie sich mit dem Virus angesteckt hätten, und nur zwei von drei Infizierten würden in dieser Situation ihrem *Partner* reinen Wein einschenken.[2]

Hier muß sich doch die aufmerksame Leserin fragen: »Wie kann das angehen – können denn 83 Prozent der Bundesbürger überhaupt ein Kondom benutzen?« Oder nehmen wir folgende Erkenntnis:

> Sex an sich überträgt ja kein Aids, dazu bedarf es eines Infizierten.[3]

Überträgt eine Infizierte kein Aids? Oder sollen mit dem Maskulinum wieder beide Geschlechter gemeint sein? Aids ist rätselhaft genug, das Wissen darüber entsteht und verbreitet sich langsam genug – wäre es da nicht besser, wenigstens die so unterschiedlich betroffenen Geschlechter präzise zu benennen, genau auseinanderzuhalten?!

1.2 Aids und Sprache

1.2.1 Neue Krankheit – neue Sprache

Aids ist nicht nur eine tückische und tödliche Krankheit, sondern auch eine höchst ungewöhnliche und komplizierte. Wegen ihrer extremen Gefährlichkeit ist es notwendig, die Bevölkerung gründlich über alle Aspekte dieser Krankheit zu informieren, aber wegen ihrer »Exotik« und Kompliziertheit ist diese lebenswichtige Aufgabe äußerst schwierig. Immerhin: Wir werden inzwischen mit Informationen über Aids geradezu bombardiert. Information geht nicht ohne Sprache, und so lernen wir denn täglich mühsam neue Wörter und neue Bedeutungen für alte. Aids ist zwar *anstekkend* – aber nicht so wie Grippe. Das haben die meisten aber noch immer nicht begriffen, weshalb sie mit Panik reagieren und Aidskranke am liebsten einsperren lassen würden. Bis vor kurzem wußte ich auch nicht, daß *Aidskranke* nicht dasselbe sind wie *Aidsinfizierte*, und verstand die Zahlenakrobatik kaum: Mal war die Rede von 800 Aidskranken, dann wieder von 100.000 Aidsinfizierten. Weil ich den neuen Sprachgebrauch noch nicht verstand und die öffentlichen Erklärungen nach meinem alten Schema interpretierte, in dem *infiziert* so ziemlich dasselbe bedeutet wie *krank*, fragte ich mich verwirrt: »Lügen die Statistiken wie gewöhnlich und widersprechen einander haarsträubend – oder was ist los? Wer soll denn da noch durchfinden?«

1.2.2 Neues Reden über Sexualität

Die Medien melden: Aids hat nicht nur unser Vokabular, sondern auch unsere Kommunikationsgewohnheiten verändert:

> So offen und öffentlich haben Frauen, Männer und Medien in dieser Republik noch nie zuvor über Sexualität geredet. Seit den ersten Wochen des Jahres wird mit überrumpelnder Deutlichkeit Ungehörtes hörbar, wird Verschwiegenes ausgesprochen, sonst Verborgenes enthüllt. [...]
> In einem Ausmaß, das noch vor wenigen Monaten unvorstellbar schien, sind die intimen Zonen und Säfte des menschlichen Körpers zum Gegenstand detailgetreuer Diskurse vor breitestem Publikum geworden. Die Varianten und Kaprizen der Geschlechtslust beanspruchen höchstes politisches Interesse.[4]
>
> Die heiklen Fragen richten sich nur an Homosexuelle: Ob sie »häufig«, »selten« oder nie anal, oral oder mit der Faust verkehren. Ob sie auf »Natursekt« (Urin) oder »Götz von Berlichingen« (Anilingus) stehen. *Tabus gibt es nicht.* (Über die geplante Süssmuth-Umfrage zum »Liebesleben der Deutschen«. m. H.)[5]

Durch Aids wird endlich auch über andere Sexualpraktiken und über Zärtlichkeit gesprochen (in breiten Kreisen). Außerdem ist endlich der Zwang da, überhaupt über Sexualität zu sprechen und Aufklärung zu betreiben. In meiner eigenen Erziehung wurde nie über Sexualität gesprochen, und auch heute fällt es mir noch sehr schwer, über Sexualität zu sprechen. (Journalistin, 28, Großstadt)[6]

[...] man wird den Leuten niemals genug Geschichten von dieser Epidemie erzählen können – das Thema ist unterschwellig pornographisch, zugleich entsetzlich und erotisch. Es liegt ein bestimmter Reiz darin, einen legitimen Grund und sogar die Verpflichtung zu haben, in aller Öffentlichkeit Dinge zu diskutieren, die brave Leute noch nie diskutiert haben.[7]

Da anscheinend *beide* Geschlechter inzwischen häufiger und offener über Sexualität reden als je zuvor, kann ich es hier mit der Feststellung des Tatbestands bewenden lassen. Aber offenbar verstehen viele Frauen unter Sexualität etwas anderes als Männer (Stichwort *Natursekt* vs. *Zärtlichkeit*, s. o.) – und das gehört unbedingt zum Thema.

2 Was ist frauenspezifisch am Thema »Sprache und Aids«?

Über Aids haben sich öffentlich bis jetzt überwiegend Männer geäußert, zum einen, weil alle Medien und die gesamte Forschung sowieso fest in Männerhand sind, zum andern, weil Aids zunächst als Männerleiden galt, als eine Krankheit, die vor allem männliche Homosexuelle heimsucht. Erst in diesem Jahr (1987) melden sich auch Frauen vermehrt zu Wort.

Im folgenden werde ich untersuchen, welche Aspekte der Aids*diskussion* für Frauen relevant sind. Am wichtigsten scheinen mir zwei Fragenkomplexe:

Erstens: Unterscheidet sich die Art und Weise, wie Frauen über Aids reden, von der Art, wie Männer darüber reden? Und wenn ja, wie und warum?

Zweitens: Wie beeinflußt das allgemeine Verständnis zentraler Begriffe der Aidsdiskussion wie »Sexualität«, »Trieb«, »Treue«, »Aufklärung«, »Ansteckung«, »Diskriminierung«
a) das Denken und Handeln von Frauen und
b) das von GesundheitspolitikerInnen auf Frauen bezogene Handeln?

3 Reden Frauen über Aids anders als Männer?

Über die Frage »Zwangstests für alle, Meldepflicht für Infizierte – ja oder nein?« streiten öffentlich eine Frau und ein Mann, Bundesgesundheitsministerin Süssmuth und Staatssekretär Gauweiler. Süssmuth setzt auf Aufklärung und lehnt staatlichen Zwang ab; Gauweiler hält Aufklärung nicht für ausreichend und will staatliche Maßnahmen durchsetzen.

Süssmuth und Gauweiler vertreten nicht nur entgegengesetzte Standpunkte, sondern sie benutzen auch ein sehr unterschiedliches Vokabular. Gehört das zum Thema? Ja und nein – es argumentieren auch viele Frauen ähnlich wie Gauweiler und viele Männer ähnlich wie Süssmuth –, aber insgesamt habe ich doch den Eindruck, daß mehr Männer wie Gauweiler reden und mehr Frauen wie Süssmuth. Auch die in *Ach, wär's doch nur ein böser Traum* abgedruckten Stellungnahmen von Frauen zeigen in ihrer Betonung der Verantwortung und Fürsorge für die Kranken deutlich, daß – wie die US-amerikanische Psychologin Carol Gilligan herausgefunden hat – Frauen ethische Probleme anders angehen als Männer. Sie verlassen sich »nicht auf die männliche Gerechtigkeitsmathematik [...], wenn sie vor moralischen Konflikten stehen. Anstatt Rechtsansprüche gegeneinander abzuwägen, wollen sie vor allem vermeiden, andere zu verletzen oder Bindungen zu zerstören.«[8]

Besonders, was Feministinnen zum Thema Aids zu sagen haben (»Wohin mit dem Ding?«), klingt völlig anders als das, was Männern dazu einfällt.

Nachdem sie, wie die meisten Frauen, lange abwartend geschwiegen haben, konzentrierten sie sich zunächst auf den Aspekt »Entmachtung des Phallus« (Heide Soltau, Februar 1987)[9]:

> Der Phallus kann in Zukunft nicht mehr frei zirkulieren, er darf nur noch verpackt in Aktion treten [...] [Der Mann,] der seine Macht wesentlich über sein Geschlecht bezog, kann in Zukunft diesen Teil seines Körpers nur noch hinter Gummi präsentieren. Eine Kränkung und eine Bedrohung für jeden Mann.[10]

Letzter Stand der feministischen Aufklärung (August 1987): Die Kampagne Rita Süssmuths wird um einen zentralen Aspekt ergänzt, der der Gesundheitsministerin bisher entgangen zu sein scheint. Der alles beherrschenden Kondom-Propaganda (»Ich liebe mit«) hält *Emma* in einer ironischen »Anzeigen-Aktion« entgegen: »Ich liebe ohne« – gemeint ist: ohne Mann.

Keine Anzeige.
Ich liebe ohne.
Männer sind kein Schicksal. Denn gegen Männer können wir uns schützen. Auch ohne Kondome.
Immer mehr Frauen und Frauen benutzen sie nicht. Um ganz sicher zu sein, haben sie für immer die Seite gewechselt. Denn nur diese Konsequenz schaltet das Risiko, sich mit Aids zu infizieren, hundertprozentig aus.
Angela M. F. Räderscheidt, 34 Jahre, Künstlerin: »Vor allem wir kreativen Frauen mittleren Alters sollten uns vor Männern schützen, wo immer sich die Gelegenheit bietet. Der genußvolle Umgang mit Frauen gehört zu meinem Alltag wie das Reiten auf dem Besen.«
Eine von vielen Frauen, die sich der Verantwortung – sich selbst gegenüber und Frauen, die sie liebt – bewußt ist, ist die Künstlerin Angela Räderscheidt. **Dies ist eine Gemeinschaftsaktion der Zeitschrift Emma und der Bundesgesundheitsministerin.**
[Unter der Abbildung eines Kondoms:] Kondome. **Nicht** die einzige Lebensversicherung gegen Aids.[11]

4 Die zentralen Begriffe der Aidsdiskussion: Ihre unterschiedliche Bedeutung für Frauen und Männer

Es heißt immer, daß Aids alle anginge. Sicher. Aber ebenso sicher geht Aids Frauen in ganz anderer Weise an als Männer. Und diese Tatsache wird fast nie berücksichtigt. Deshalb ja eben dieses (= Melitta Walters) Buch. Es sollte – eigentlich – auch klar sein, daß Sexualität für Frauen etwas ganz anderes bedeutet als für Männer, aber gegen diese Erkenntnis hat das Patriarchat massive Barrieren errichtet.

Daß Sexualität und Aids und daher auch Aufklärung über beides Frauen in anderer Weise betrifft als Männer, liegt in der Natur der »Sache«: Männer können keine Kinder bekommen und sind deshalb von den *Folgen* der (Hetero-)Sexualität viel weniger betroffen als Frauen. Aids wird überwiegend durch Sperma übertragen – und Frauen produzieren kein Sperma; sie »empfangen« es höchstens und mit ihm möglicherweise die tödliche Krankheit.

Daß dies aber den meisten nicht klar ist, liegt an der Art des traditionellen Redens und Denkens über Sexualität. Der öffentliche Diskurs wurde und wird beherrscht von Männern. Ihre einseitige, voreingenommene und egoistische Auffassung von Sexualität gilt allgemein als *die* Sexualität schlechthin.

Damit bin ich bei meinem Hauptanliegen angekommen. Das in den vorigen Kapiteln Gesagte war sozusagen nur das »Vorspiel«, eine Art Aufräumen und Den-Weg-zum-Thema-Freimachen. Jetzt geht es zur Sache und bleibt dabei bis zum Schluß. Sache ist ungefähr folgendes:

> Männer und Frauen sprechen verschiedene Sprachen, glauben aber dabei, daß es dieselbe sei, das heißt, sie benutzen ähnliche Worte zur Darstellung disparater Erfahrungen, des Selbst und der sozialen Beziehungen. Da diese Sprachen ein überlappendes moralisches Vokabular miteinander gemein haben, verführen sie zu systematischer Fehlübersetzung und schaffen Mißverständnisse, welche die Kommunikation behindern und das Potential für Kooperation und Zuwendungen in Beziehungen einschränken.[12]

Diese Ausführungen der Psychologin Gilligan klingen versöhnlich und fair. Als Linguistin kann ich ihr nur teilweise zustimmen. Es stimmt, daß Frauen und Männer »ähnliche Worte zur Darstellung disparater Erfahrungen benutzen«, ich würde sogar sagen, sie benutzen überwiegend dieselben. Was Gilligan entgeht, ist, daß diese Wörter mit männlicher Erfahrung und männlichem Wunschdenken »gesättigt« und daher zum Ausdruck weiblicher Erfahrungen und Bedürfnisse **ungeeignet** sind. Das wissen aber die meisten Frauen nicht, denn diese bittere Erkenntnis setzt gründliche feministische Analyse und Mut zu bitteren Erkenntnissen und zum Widerstand voraus. Ganz allgemein gilt folgendes Gesetz:

> Unterdrückung ist erst dann vollendet gelungen, wenn die Unterdrückten dasselbe glauben und wollen wie ihre Herren und die Interessen der Herren mit ihren eigenen verwechseln. Solange dies nicht erreicht ist, können die Herren ihre Herrschaft nicht richtig genießen, weil sie gegen den Widerstand der Unterdrückten kämpfen oder mindestens arbeiten müssen.

Bezogen auf Frauen, Männer, Sexualität und Sprache: **Wer durchgesetzt hat, daß** *seine* **Version von Sexualität als** *die* **Sexualität gilt, hat gewonnen.**

Klassische Beispiele sind die Ausdrücke *Penetration*, *Vorspiel* und *Sexuelle Befreiung*.

Mit *Penetration* wird »der Akt« als rein männliche Aktivität gekennzeichnet. Er könnte genausogut *Umschließung*[13] oder *Einverleibung* genannt werden - Betonung der weiblichen Aktivität zuungunsten der männlichen.

Das, was für viele, wenn nicht die meisten Frauen am sogenannten Geschlechtsakt das Wichtigste und Schönste ist, gilt im gängigen (von Männern geprägten) Sprachgebrauch als »Vorspiel« zum »Hauptakt«, eben dem Geschlechts-Akt: »Zu den Aktivitäten des Vorspiels gehört die Stimulation der Klitoris. Für Männer mag dies durchaus ›Vorspiel‹ sein, für Frauen hingegen könnte es mit Sicherheit eine Tätigkeit um ihrer selbst willen (*an end in itself*) sein.«[14] Aids wäre tatsächlich für die Gesundheit von Frauen kaum ein Problem, wenn der sogenannte Geschlechtsakt allgemein als **Nachspiel** gälte, als derjenige Teil der heterosexuellen Aktivität, der ruhig auch weggelassen werden kann. Für eine derartige Umwertung aller Werte bräuchte es allerdings eine völlig andere Kultur. Oder anders ausgedrückt: Nicht nur die sexuellen Bräuche wären anders, wenn das »Vorspiel« zum Hauptakt avanciert und der »Hauptakt« zum Nachspiel herabgesunken wäre. Unsere Gesellschaftsordnung wäre eine völlig andere.

Und schließlich: die derzeit vielbeschworene und bereits nostalgisch verklärte »sexuelle Befreiung«. *Befreiung* – was für ein schönes Wort! Wer möchte nicht gern frei sein?! Und wie denken Frauen darüber? Die Schriftstellerin Caroline Muhr schreibt im Jahre 1974, lange vor Aids:

> Und was da in der Mitte zwischen seinen Beinen baumelte, hatte beachtliche Ausmaße. Es sah aus wie eine etwa fünfzehn Zentimeter lange, kräftige Fleischwurst. [...] Ich sah mir noch an, wie der nackte Mann zur Lockerung seine Arme und Beine und seinen Kopf schüttelte. [...] Das Ding zwischen seinen Beinen schüttelte mit, sah harmlos aus wie ein Weichtier. Nach der Geburt von vier Kindern findet man dieses Weichtier allerdings nicht mehr harmlos. Man weiß, was es einem außer den kurzen

Vergnügungen bescheren kann. Deshalb kommt mir auch der ganze Sexrummel, ich muß das an dieser Stelle mal sagen, wie eine Farce vor, die auf unsere Kosten veranstaltet wird. Natürlich auf unsere Kosten. So ist das ja immer gewesen. Im leichtfertigen Tanz um die Lust tut man so, als hätte das alles nichts mit Blut und Schmerzen, mit Angst und Demütigungen zu tun. Allerdings bleiben die männlichen Initiatoren dieses Tanzes ungeschoren. Es geht ihnen höchstens an die Brieftasche oder die Freiheit, aber niemals an den eigenen kostbaren Leib. Deshalb tanzen sie, was das Zeug hält, und die Frauen tun das, was sie schon immer getan haben: Sie gehorchen, sie machen nach, sie tanzen mit. Sie liefern sich einem Arsenal von Verzweiflungswaffen aus, Pillen, Spiralen, chirurgischen Messern, und lassen sich obendrein noch weismachen, es ginge um ihre sexuelle Befreiung. Eine sexuelle Befreiung gibt es erst für unser Geschlecht, wenn wir unsere Lust nicht mehr von der Lust des anderen Geschlechts dirigieren lassen, wenn wir die volle Verfügungsgewalt über unseren eigenen Körper haben, wenn es nicht mehr vorkommen kann, daß wir unerwünschte Kinder zur Welt bringen oder abtreiben und Pillen schlucken müssen, deren Ungefährlichkeit etwa jedes halbe Jahr von Fachleuten angezweifelt wird.[15]

5 Die Begriffe »Aufklärung« und »Diskriminierung«

5.1 Und so was nennt sich Aufklärung

> Wenn die Bundesregierung als Mittel der Wahl gegen die Seuche jetzt den Weg der Aufklärung beschließt, muß sie zuallererst wirklich für Klarheit sorgen: Welches Verhalten kann ansteckend sein, und welches Verhalten ist risikolos. Mit jeder Doppelzüngigkeit, mit jeder moralingefärbten Zurückhaltung in der Sprache macht sie sich mitschuldig an einer weiteren Ausbreitung der Infektion.[16]

> Die wichtigste Meldung ist doch die Information, wie ich verhindere, daß jemand erkrankt oder sich infiziert. (Süssmuth)[17]

Viele Feministinnen waren bisher der Ansicht, daß das Patriarchat Sexualität mit Heterosexualität gleichsetzt.[18] Diese Auffassung muß angesichts der Aidsdiskussion revidiert werden, die sogar Sätze wie die folgenden hervorbringt:

> [...] das Virus [...] wird durch den Geschlechtsverkehr übertragen, auch durch den zwischen Mann und Frau.[19]

Der Satz klingt fast so, als sei Geschlechtsverkehr zwischen Mann und Frau nicht die »normale«, sondern eine besondere Art des Geschlechtsverkehrs. Nein, in den aufgeklärten Zeiten von Aids versteht man unter Sexualität offenbar etwas mehr als Heterosexualität. Ergänzend hinzugekommen sind, notgedrungen, Bi- und männliche Homosexualität. »Sexualität« meint heute also diejenige Sexualität, die einen Penis involviert, kurz: penile[20] oder Sperma-Sexualität. »Sperma-Sexualität« ist übrigens ein Begriff, den ich für die Zwecke dieser Analyse erstmal prägen mußte. Er faßt alle Arten von Sexualität, die hochgradig aids-gefährdend sind, zusammen; insbesondere legt er den Gedanken nahe, daß es noch andere Arten von Sexualität gibt, zum Beispiel lesbische oder solche, in denen auf das Nachspiel bzw. die Einverleibung des Penis verzichtet wird. Es ist bezeichnend, daß es diesen Begriff bisher nicht gab. Auf Sperma-Sexualität und nur auf diese bezieht sich die »Aufklärung« – sonst wären Sätze wie die folgenden sinnlos:

> An Aids zu sterben ist entsetzlich – Kondome sind unersetzlich.

> Die Botschaft jedenfalls, daß man auch selber diesem Tod nur entgehen kann, wenn man sich – zumal bei wechselnden Sexualpartnern und speziell beim Analverkehr – mit dem Kondom schützt, dürfte inzwischen jeden erreicht haben.[21]

Sicher sollen wir glauben, daß trotz all dieser Maskulina auch »Frauen mitgemeint sind«, wie uns immer versichert wird. Machen wir also dies angebliche Gemeintsein mal explizit:

> Die Botschaft jedenfalls, daß frau auch selber diesem Tod nur entgehen kann, wenn sie sich – zumal bei wechselnden Sexualpartnerinnen und speziell beim Analverkehr – mit dem Kondom schützt, dürfte inzwischen jede erreicht haben.[22]

Was kommt heraus? Kompletter Nonsens. Nicht Kondome sind beim »Sex« unersetzlich, sondern diejenigen, die sie überziehen können: Männer. Das ist die **eigentliche** Aussage, Botschaft solcher Sätze und damit der gesamten sogenannten »Aufklärung«. Für »die Sexualität« braucht es mindestens einen Mann, braucht es »Penetration« – sonst ist es keine.

Es wird also **keineswegs aufgeklärt**, obwohl alle von Aufklärung reden. Es wird nur den Männern mitgeteilt, wie sie weiterpenetrieren können (mit Kondom), und den Frauen, wie sie sich weiter penetrieren lassen sollen (mit Kondom). Dabei weiß jede Frau, schon durch die Pillenpropaganda, daß Kondome nicht sicher sind. Nicht mitgeteilt wird den Frauen, daß sie beim Nachspiel dankend abwinken könnten oder sich von Männern ab- und Frauen zuwenden könnten – geschweige denn sollten. Die einzige Zeitschrift, die wirklich aufklärt, ist *Emma*.

5.2 Diskriminierende Aufklärung und die Folgen

Diskriminieren (von lat. *discernere* »unterscheiden«) heißt zunächst: unterschiedlich behandeln; im engeren Sinne dann »durch unterschiedliche Behandlung benachteiligen«. Dinge, Themen, Personen, die gleich behandelt werden müßten, werden unterschiedlich behandelt. Die Aids-Aufklärung wie schon die gängige Sexualaufklärung ist diskriminierend, weil sie Sexualität mit Sperma- bzw. mit Heterosexualität gleichsetzt. Weibliche und männliche Homosexualität wie auch Bisexualität werden in der Sexualaufklärung »anders behandelt« als Heterosexualität, nämlich in der Regel gar nicht; sie werden ausgeklammert. Homosexuelle Paare, weibliche und männliche, werden vom Gesetz anders behandelt als heterosexuelle. Zum Beispiel können Schwule und Lesben nicht heiraten und dadurch massenhaft Steuern sparen wie Heterosexuelle. Ein Schwuler, der seinen Lebensgefährten nach einem Unfall am Sterbebett besuchen möchte, wird vom Krankenhauspersonal nicht zugelassen, da er »nicht mit dem Verletzten verwandt« ist. Wohl aber dürfen die Eltern oder Geschwister ihm Lebewohl sagen, die ihm schon vor Jahrzehnten wegen seines Schwulseins Hausverbot erteilt haben.

Die Diskriminierung rächt sich jetzt vielfältig: Wer sich mit der »Schwulenseuche« infiziert hat, wird, sofern männlich, unweigerlich als »schwul« verdächtigt. Um diesem gesellschaftlich noch immer und heute wieder mehr denn je vernichtenden Schicksal zu entgehen, meiden viele den Aids-Test und gefährden damit u. U. sich selbst und vor allem andere. Wenn Aids eine »anständige« Krankheit wäre wie Tuberkulose, gäbe es keine derartigen Probleme. Die Diskussion um die gesundheitspolitisch im Grunde vernünftige Meldepflicht für Aids-Infizierte geht von der Folge der Diskriminierung als unabänderlichem Faktum aus. Bisher scheint niemand auch nur die Idee zu erwägen, daß sich auch dagegen etwas tun läßt mittels des vielbeschworenen einzigen Heilmittels »Aufklärung« sowie »flankierender« gesetzgeberischer Maßnahmen. Da die »biedere Heterowelt« derzeit ohnehin bis in die Knochen geschockt ist darüber, »was es alles gibt im Reich der Sinne«, ließe sich doch dieser günstige »Lähmungszustand« nutzen zu einem weiteren, diesmal sinnvollen »Schock«: sofortige gesetzliche Gleichstellung heterosexueller und homosexueller Paare, mit allen Konsequenzen. Also entweder Abschaffung der Ehe oder Einführung der Ehe für schwule und lesbische Paare.

Schwule, die als Männer mit ihrer Diskriminierung anders und offensiver umgehen als Lesben, sind im Schnitt »promisker« als der Rest der Bevölkerung. Da ohnehin alles darauf angelegt ist, ihre Partnerschaften zu zerstören, versuchen viele ihr Problem dadurch zu lösen, daß »treue« Partnerschaften von vornherein nicht angestrebt werden, sondern statt dessen flüchtige und anonyme. Es ist, aus schwuler Sicht, reiner Zynismus, nunmehr offiziell »Treue« als Heilmittel gegen Aids zu empfehlen. Angesprochen fühlen müßte sich ja in erster Linie die am meisten gefährdete Gruppe, eben die Schwulen – und die können mit dieser Empfehlung wenig anfangen, solange ihre Bindungen derart geächtet werden. Also werden sie weiter flüchtige Beziehungen pflegen, sich dadurch immer mehr dezimieren und vorher über die »bisexuellen Bindeglieder«[23] die »Mehrheitsherde der Heterosexuellen«[24] anstecken.

Es wird immer lautstark gejammert über das beklagenswerte Los der Jugend, die doch erst noch »sexuelle Erfahrungen sammeln« müsse, dies nun aber gar nicht mehr unbeschwert tun könne. Mit »sexuellen Erfahrungen« sind selbstverständlich ausschließlich heterosexuelle Erfahrungen gemeint. Eine nichtdiskriminierende Sexual- wie auch Aidsaufklärung könnte da leicht abhelfen, vor allem, was den weiblichen Teil der »bedauernswerten Jugend« betrifft. Angemessen angesichts der großen Gefahr der

Sperma-Sexualität wäre breite Propaganda **für** weibliche Homosexualität und **gegen** das koitale Nachspiel beim heterosexuellen Verkehr. Aber schon nichtdiskriminierende, also fair und gleichbehandelnde Aufklärung wäre ein wichtiger Schritt in die ethisch seit Urzeiten und gesundheitspolitisch spätestens seit Aids gebotene Richtung.

Was haben nun diese Überlegungen mit Sprache zu tun?

Ich habe oben anhand des Beispiels *ansteckende Krankheit* angedeutet, wie unsere mit bestimmten Wörtern traditionell verbundenen Vorstellungen unser Handeln in einer Richtung beeinflussen können, die der Sache absolut schadet. Der »Prototyp«[25] einer ansteckenden Krankheit ist sicher die Grippe, und nach diesem Modell werden jetzt auch die ansteckende Krankheit Aids und die Aidskranken und -infizierten beurteilt und behandelt. Die Folgen für die noch Gesunden sind nicht abzusehen – wahrscheinlich sind sie tödlich. Weil bei positivem Ausfall des Tests nicht Hilfe und Solidarität zu erwarten sind, sondern der gesellschaftliche Tod lange vor dem physischen, wird der Test unterlassen - was das für die noch Gesunden bedeutet, ist bekannt.

Der Prototyp des Menschen ist der Mann, das läßt sich linguistisch leicht nachweisen.[26] In dieser Tatsache liegt das Elend unserer Kultur begründet und damit auch das Elend der Sexualität. Die prototypische Sexualität ist die männliche – ihr wird die weibliche maßgerecht angepaßt und hat schon allerlei Moden mitgemacht. Was weibliche Sexualität wirklich ist oder sein könnte, wissen wir nicht – es ist bisher nicht zur Sprache gekommen und daher auch nicht in unser Bewußtsein gedrungen. Im vorigen Jahrhundert hatte die Frau gefälligst allem Sexuellen abhold zu sein, in diesem Jahrhundert ist das Gegenteil angesagt, soll sie »befreit« sein, frei und allzeit bereit für ihn natürlich, zuerst in den »wilden zwanziger Jahren« und ganz besonders seit der männlichen Erfindung der Pille. Nachzulesen in Jeffreys' (1985) aufrüttelnder Geschichte der Sexualität aus feministischer Sicht. Frau muß verwundert feststellen, daß alles schon mal dagewesen ist. Vor hundert Jahren sollten die Prostituierten schon einmal einem Zwangstest unterzogen werden – damals ging es um die Syphilis. Die Feministinnen protestierten scharf, vor allem gegen den Mythos des »unkontrollierbaren männlichen Geschlechtstriebs«. Sie plädierten für **Umerziehung des männlichen Geschlechts**, die alsdann die Prostitution überflüssig machen würde.

Tödlich für viele Frauen und Mädchen ist diese in unserer Männersprache verankerte Vorstellung von Sexualität=Penetration, und das durchaus nicht erst seit Aids, sondern seit Jahrtausenden: Tod im Kindbett, durch zahllose Schwangerschaften, durch Abtreibungen, Vergewaltigung, Lustmord, Tod als Spätfolge der Pille.[27] Mann hat ein »Naturrecht« auf die Befriedigung seines »Triebs«; die Folgen trägt sie. Hier ein aktuelles Beispiel für diese Denkweise – geschrieben von einer Frau:

> Sorgen allerdings bereiten den Fachleuten die halbwüchsigen Virusträger, fast ausschließlich Jungen, da die von den Müttern weitergegebene Erbkrankheit in der Regel nur bei Söhnen in Erscheinung tritt. Sie stehen am Anfang ihrer sexuellen Entwicklung und hungern wie gleichaltrige Jungen auch nach Erfahrungen: »Eine totale Tragik«, so Belohradsky, »ich habe da keine Lösung.«
>
> Die infizierten Teenager sollten sich, wenn alles knutscht, beim Küssen zurückhalten und nur ein Bussi geben. Aber so ein gehauchter Kuß gilt eben nicht viel, so hörte Kurme, der immer wieder mit seinen Jungen die Details durchsprach. Sie sollten aus Fairneß ihre kleinen Freundinnen aufklären, bevor sie mit ihnen schliefen, aber wenn sie das taten, voller Überschwang und »aus lauter Liebe«, wie manche meinten, dann war mit der Liebe nicht mehr viel los, und die Mädchen liefen ihnen panisch davon.[28]

»Totale Tragik«, sagt der Mann einfühlsam über seine armen Geschlechtsgenossen – und die Frau protestiert **nicht**. Sie selbst ist ja der Meinung, daß diese halbwüchsigen aidsinfizierten Jungen »nach Erfahrungen hungern«. Die Metaphorik ist aufschlußreich: Wer wird denn so unmenschlich sein, einem »Hungernden« das Recht auf »Nahrung« abzusprechen! Die Journalistin, offenbar unfähig (gemacht) zur Einfühlung in ihr eigenes Geschlecht wie die meisten Frauen, protestiert nicht einmal gegen den mörderischen Rat des anderen einfühlsamen Mannes, »sie sollten aus Fairneß ihre kleinen Freundinnen aufklären, bevor sie mit ihnen schliefen«.

Obwohl dies deprimierende Beispiel dagegen zu sprechen scheint – durch Aids hat sich bereits viel geändert. Erstmals haben Frauen über Sexualität und Sexualpraktiken »ein Wörtchen mitzureden«, weil der Aidstod, anders als früher der mögliche Tod im

Kindbett, beim besten Willen vom Mann nicht mehr als »naturgewollt« verbrämt werden kann. Außerdem fällt Aids zeitlich zusammen mit einer starken internationalen feministischen Bewegung, die ihren Teil der Aufklärung leistet und leisten wird[29] – so wie die Gesundheitspolitik ihren Teil zur Abänderung des Konzepts »ansteckend« leistet.

6 Die Begriffe »Trieb« und »Treue«

> Und schon die bloße Vorstellung nimmt einem den Atem, wie die Krankheit Aids die beiden stärksten Lebensmächte im Menschen, den Selbsterhaltungswillen und den Sexualtrieb, feindlich gegeneinanderstellt, aufeinander losläßt.[30]
>
> Wer treu lebt, ist nicht gefährdet. (Süssmuth)[31]

Gibt es das überhaupt, den »Sexualtrieb«, und wenn ja – ist er wirklich eine der »beiden stärksten Lebensmächte im Menschen«? Oder ist er bloß eine praktische Erfindung der Männer, um ihre sexuellen Wünsche als quasi biologisch fundierte Ansprüche durchzusetzen, ihre Sexualverbrechen zu verharmlosen und ihre Doppelmoral zu rechtfertigen? Treue wurde jahrhundertelang nur dem weiblichen Geschlecht abverlangt – der Mann hatte da ja seinen Trieb, der ihn immer mal wieder unbezwinglich überkam. Deshalb mußte er vor der Ehe »Erfahrungen sammeln«, sich Mätressen, Konkubinen oder gleich mehrere Ehefrauen halten und überdies regelmäßig »Freudenmädchen« im »Freudenhaus« aufsuchen – welche Freude für die »Mädchen«. Von Frauen habe ich das Wort *Sexualtrieb* noch nie gehört außer in bezug auf Männer. Auf uns wirkt sich das Treiben des »Triebs« eher wie folgt aus:

> Du wurdest doch früher gleich derart in die Enge *getrieben*, daß du gar nicht darauf kamst, dich zu fragen, will ich überhaupt? (24jährige, unverheiratete Sekretärin)[32]

Die Triebrhetorik und -metaphorik, ein raffiniert geknüpftes, weitverzweigtes Begriffsnetz, ist sicher die für Frauen gefährlichste Unterabteilung innerhalb des gesamten von Männern geschaffenen Sexualitätsdiskurses. Wir haben oben am Beispiel der *Spiegel*-Autorin Barth gesehen, wie eine Frau dieser Metaphorik »aufsitzt«, indem sie sexuellen »Appetit« von Knaben (!) mit Hunger gleichsetzt und die Mädchen – per Implikation – mit »Nahrung«. Der Nahrung kann es ja egal sein, wenn sie »vertilgt« wird. Und genauso viele Gedanken wie auf fühllose Nahrung verschwendet Barth denn auch auf die potentiellen Todesopfer des knäbischen »Hungers«.

Es würde zu weit führen, hier die mindestens ein Jahrhundert alte Geschichte des Kampfes der Frauenbewegung gegen den Mythos vom männlichen Sexualtrieb aufzurollen – ich empfehle Interessentinnen dringend die Lektüre von Jeffreys (1985). Daß dieser Trieb bloß ein Mythos ist, werden Männer natürlich nicht zugeben; es knüpfen sich daran zu viele Privilegien. Und so sind denn auch ihre Texte über Aids »durchseucht« mit Triebmetaphorik und allem, was dazugehört:

> [...] das Ungetüm des erregten Triebs, das alle guten Vorsätze (Kondombenutzung eingeschlossen) zunichte macht.[33]

> Leisten die Deutschen, die Westeuropäer, die Amerikaner Triebverzicht, um eine menschenmordende Epidemie zu bannen – oder gibt es, unabhängig von Aids, auch andere Ursachen und Bedürfnisse, die das Sexualverhalten in Richtung auf eine »neue Prüderie« hin verändern?[34]

> Werden so die Frauen, eben erst halbwegs befreit, wieder zu Hüterinnen einer strengen Geschlechtsmoral?[35]

Die Frau, deren »Trieb« noch nicht so »befreit« ist, wie der Mann es neuerdings gerne hätte, gilt als »prüde« und »frigide«. Die Begriffe »frigide« und »impotent« werden gemeinhin als Gegensatzpaar behandelt – dabei wird übersehen, daß der impotente Mann zwar will, aber nicht kann, während die »frigide« Frau in der Regel gar nicht will.[36] Für den Begriff »frigide« gibt es kein männliches Pendant. Ein Mann, der keinen Geschlechtsverkehr will, gilt nicht als psychisch defekt, sondern er übt seinen freien Willen aus. Diejenige Frau hinwiederum, die »zu oft will«, gilt als »nymphoman« und ebenfalls therapiebedürftig. Für diesen Begriff gibt es natürlich erst recht kein männliches Gegenstück in unserer Männersprache.

Die Frauen haben seit Aids mehr denn je allen Grund, zu »Hüterinnen einer strengen Geschlechtsmoral« zu werden, eben weil es bei den Männern, angeblich wegen ihres »Triebs«, so sehr mit der Treue hapert. Süssmuths Behauptung »Wer treu lebt, ist nicht gefährdet«[37] stimmt ja leider nicht. Die Frau kann so treu sein, wie sie will – wenn der Partner es nicht ist, lebt sie vielleicht ungefährlicher, wenn sie ihm untreu wird und sich was Treues sucht. Übrigens stimmt auch der Slogan »Aids bekommt man nicht – Aids holt man sich« nur sehr bedingt, was teils wiederum an den triebgeplagten Männern liegt: In der Bundesrepublik vergewaltigt alle zwei Minuten einer von ihnen eine Frau, die er dabei vielleicht infiziert – schließlich gibt es kaum einen »verletzungsträchtigeren Sexualverkehr«[38].

Der Begriff »Treue« ist durch die Aidsdiskussion arg heruntergekommen – früher bedeutete Treue »sexuellen Versuchungen widerstehen, und zwar aus Liebe zur Partnerin oder zum Partner, aus Rücksichtnahme, um sie/ihn nicht zu verletzen«. Die häufigsten tatsächlichen Motive für sexuelle Treue waren schon immer »niedrigerer« Art; bei Frauen waren es meist ökonomische und/oder Prestigegründe, die für Männer wegen der Doppelmoral und ihrer ökonomischen Unabhängigkeit ja entfielen, weshalb Männer denn auch in aller Regel nicht treu waren. Trotzdem – das »romantische, edle« Konzept von Treue hat sich bis vor kurzem halten können, wahrscheinlich, weil weibliche Realität bisher kaum »zur Sprache gekommen« ist. »Treue« aus hygienischen Gründen, quasi als Desinfektionsmaßnahme – diese Bedeutung gibt es erst seit Aids.

7 Ruhe sanft!

Die respektlose Entsorgungs-Frage der *Emma*, »Wohin mit dem Ding?«, ist noch ziemlich zahm. Zwar suggeriert sie einerseits tapfer die Entbehrlichkeit –, ja Lästigkeit des »Dings«[39], andererseits setzt sie aber noch immer voraus, daß es *irgendwohin* müsse, und will nur wissen: Wohin denn genau? Aber wir leben nicht nur im Zeitalter massenhafter Vergewaltigungen von Frauen und Mädchen bis hin zu weiblichen Säuglingen, sondern im Zeitalter von Aids. Die Frage sollte also lauten: Muß »das Ding« überhaupt irgendwohin? Würden wir vielleicht über einen Körperteil wie die Nase fragen: »Wohin mit dem Ding?« Wieso kann das Ding, statt in anderen Körpern tödliche Schäden anzurichten, nicht einfach da bleiben, wo es ist?

1987-89

Anmerkungen

1 Pusch 1984a, Klappentext.
2 Spiegel 11/1987, S. 245.
3 Bittorf 1987: I, S. 244.
4 Bittorf 1987: I, S. 238.
5 Spiegel 30/1987, S. 28.
6 Das Zitat stammt aus einer Umfrage von Melitta Walter zum Thema ›Frauen und Aids‹.
7 Katie Leishman im *Atlantic Monthly*, zitiert in Bittorf 1987: I, 243.
8 Gilligan 1984, Klappentext.
9 *taz*, 21. 2. 1987, S. 10.
10 Ebd.
11 *Emma* 8/1987, S. 32f.
12 Gilligan 1984: 211.
13 Spender 1980: 178; engl. *enclosure*.
14 Ebd.; Übersetzung von mir.
15 Muhr 1974: 57.
16 Spiegel 7/1987, S. 56.
17 Ebd., S. 37.
18 Vgl. z. B. Daly 1981, Raymond 1986, Jeffreys 1985.
19 Bittorf 1987: I, S. 238.
20 Vgl. Frye 1983.
21 Spiegel 7/1987, S. 53.
22 Spiegel 7/1987, S. 53.
23 Spiegel 30/1987, S. 28.
24 Bittorf 1987: I, S. 241.
25 Ich stütze mich hier und im folgenden auf Lakoff 1987.
26 Vgl. Pusch 1984a.
27 Dies sind nur die »gängigsten« weiblichen Todesursachen im Patriarchat. Zu den weiteren, teils noch grauenvolleren, die vor allem in der sog. Dritten Welt verbreitet sind, vgl. vor allem Daly 1981 sowie Benard und Schlaffer 1984.
28 Barth 1987: 68f.
29 Vgl. u.a. Barz, Leistner und Wild 1987, Daly 1981, Frye 1983, Jef-

freys 1985, Offenbach 1983, Raymond 1986, Schwarzer 1987 und zur Nieden 1987.

30 Bittorf 1987: I, S. 238.

31 Spiegel 7/1987, S. 42.

32 Zitiert in Bittorf 1987: I, S. 249.

33 Bittorf 1987: I, S. 247.

34 Ebd., S. 238.

35 Ebd., S. 249.

36 Diese scharfsinnige Beobachtung stammt von Jeffreys (1985: 172).

37 Spiegel 7/1987, S. 42.

38 Diesen mir bislang unbekannten Ausdruck übernehme ich von Gauweiler (Spiegel 3/1987, S. 162).

39 Vgl. analoge Sätze wie »Wohin mit dem Müll?«.

Das Schmettern des Schweizer Gockels: Über Niklaus Meienberg

Das Ganze ist das Wahre.

G. W. F. Hegel[1]

Der Stil *ist* die Person.

N. Meienberg[2]

[Ein] Journalismus, der in seinem Stil das zerstört, was er erreichen will, nämlich Aufklärung.

N. Meienberg[3]

Boston, 20. November 1987

Etwa tausend Seiten Meienberg habe ich hier in den letzten zwei Wochen gelesen, statt mir diese aufregende Stadt anzusehen. Wie läßt sich solche Zeitverschwendung rechtfertigen? Eigentlich lese ich seit Jahren möglichst keine Manneswerke mehr, möchte wenigstens die reifere Hälfte meines Lebens dem Studium der Werke von Frauen widmen, nachdem ich die erste Hälfte mit Männerkram vertun mußte – und nun auch noch Meienberg satt! Wie konnte es dazu kommen?

Es kam so: Im August fragte mich Barbara Lukesch, eine der beiden HerausgeberInnen dieses Buches[4], ob ich bei ihrem Unternehmen mitmachen würde. Ich gestand ihr, ich wäre bestimmt nicht die Richtige, hätte ich doch von Meienberg noch nie was gehört, geschweige denn gelesen. Darauf sie: Meienberg sei ein sehr bekannter Journalist, sehr kontrovers, von vielen gehaßt, von noch mehr Leuten bewundert, bei etlichen Zeitungen rausgeflogen wegen seiner radikalen Texte, kurz, ein Schweizer PHÄNOMEN! Ob ich das Phänomen, aus feministisch-linguistischer Sicht, nicht mal genauer untersuchen wolle. Da sie mir ein gutes Honorar anbot und versprach, mir die wichtigsten Bücher von ihm zu schicken, habe ich schließlich zugesagt.

Postwendend kamen dann auch vier Bücher, und zwar folgende:

- *Das Schmettern des gallischen Hahns: Reportagen aus Frankreich* (1987, eine Sammlung von Artikeln aus der Zeit Ende der sechziger, Anfang der siebziger Jahre) [im folgenden zitiert als ›Frkr.‹]
- *Reportagen aus der Schweiz* (1975) [im folgenden: ›Schwz.‹]
- *Vorspiegelung wahrer Tatsachen* (1983) [= ›Tats.‹]
- *Der wissenschaftliche Spazierstock* (1985) [= ›Spaz.‹]

[Alle Bücher sind im Limmat Verlag, Zürich, erschienen.]

Diese vier also habe ich gelesen und mir dabei Notizen gemacht. Ich habe auch alle Stellen am Rand markiert, die von Frauen handeln – aber da gab es nicht viel zu markieren, denn Meienberg zeichnet sich eben dadurch aus, daß Frauen bei ihm kaum vorkommen. In letzter Zeit, seit er für die *Wochenzeitung* schreibt, hat sich das ein wenig gebessert, aber die beiden ersten Bände mit den globalen Titeln »Reportagen aus Frankreich / der Schweiz« – Länder, in denen meines Wissens auch die Mehrheit der Bevölkerung aus Frauen besteht – befassen sich nahezu ausschließlich mit der männlichen Minderheit und sind schon deshalb unbrauchbar: Thema verfehlt. Würde ich mir etwa ein Buch namens *Die Schweiz* kaufen, in dem die Hälfte dieses Landes vergessen wurde, sagen wir mal, die deutsche Schweiz?! Ich käme wohl auch kaum in die Verlegenheit, denn ein so kurioses Buch würde gar nicht erst gedruckt. Meienberg aber wird gedruckt, nicht nur in Zeitungen; die Artikel werden auch noch in Büchern wiederaufbereitet. Es scheint also der Mehrheit seiner LeserInnen nicht aufzufallen, daß bei ihm die Mehrheit fehlt. Es ist ja auch nichts Besonderes: Die meisten Zeitungsartikel und Bücher sind so, schließlich leben wir im Patriarchat. Weshalb also gerade Meienberg seine Männerfixiertheit zum Vorwurf machen?

Wir sind allzumal Sünder, heißt es, aber wenn der Herr Pfarrer sündigt oder der Papst, wird das nicht so leicht vergeben. Die meisten von uns können nicht Klavier spielen, aber wenn ich 30 Franken für einen Klavierabend bezahlt habe, erwarte ich schon, daß die Frau am Flügel auch spielen kann. Und von einem selbsternannten Anwalt der Unterdrückten, wie Meienberg einer ist, erwarte ich auch eine gewisse Sensibilität für Unterdrückung in all ihren Formen. Die wahrhaft Unterdrückten dieser Erde sind bekanntlich die Frauen. Laut offizieller Statistik der UN aus dem Jahre 1980 leisten wir weltweit zwei Drittel der Arbeit, bekommen dafür ein Zehntel des Lohns und besitzen genau ein Prozent des Weltvermögens. Die restlichen 99 Prozent des Vermögens sind im Besitz von Männern.

Daß Meienberg die Ausbeutung der Frau durch den Mann ignoriert, ist peinlich genug – vollends unerträglich aber wird der Widerspruch zwischen ethischem Anspruch und journalistischer Praxis, wenn Meienberg diese eigentlich Unterdrückten auch noch diffamiert.

Die adretten Huren sind alle rassistisch

Hier ein paar besonders widerliche Kostproben – das Elend der Prostituierten aus der Sicht eines Benutzers:

> Je weiter unten in der Gesellschaft sich einer *[sic]* befindet, desto rassistischer pflegt er *[sic]* zu sein. Die Huren von der Rue Saint-Denis in Paris zum Beispiel, die sich noch mit dem letzten Clochard ins Bett legen, verweigern den Verkehr mit den Algeriern: weil diese sexuell so ausgehungert sind, daß sie immer so furchtbar lange bleiben möchten. Und außerdem verlangen sie oft Analverkehr, was eine ehrliche französische Hure nicht gewohnt ist. Halt ein sozio-kultureller Unterschied. (Frkr. 95)

Die französischen »Huren« lehnen unbezahlte Überstunden ab sowie Gefahren und Schmerzen des »ungewohnten« Analverkehrs. Das nennt Meienberg »rassistisch« – er mag diesen Ausdruck:

> Die Familie [der Kabylen-Männer] ist meist in Algerien geblieben. Ihre Sexualnot ist dementsprechend. Keine Rede davon, daß sie eine französische Freundin haben können. Unmöglich auch, mit den adretten Huren der Rue St-Denis zu schlafen, denn die sind alle rassistisch. Also gehen sie ins Araberbordell [...] (zwanzig Francs), und das ist kein ungetrübter Genuß. Man muß sie sehen, wie sie Schlange stehen vor dem traurigen Puff. (Frkr. 23 f.)

Keine Rede davon, wie die in Algerien zurückgelassenen Frauen der armen Kabylen mit *ihrer* »Sexualnot« oder mit der Untreue ihrer Gatten zurechtkommen mögen. Frauen in islamischen Ländern haben bekanntlich gar nichts zu melden, also meldet denn auch Reporter Meienberg uns nichts über diese exotische Spezies, außer: »Wenn eine Frau in festen Händen ist (verheiratet oder in regulärem Konkubinat lebend), wird sie am Kinn mit einem blauen Streifen tätowiert.« (Frkr. 23) Keine Rede auch davon, wie es um die »Huren« in dem »traurigen Puff« bestellt ist. Was ist wohl schlimmer – Schlange zu stehen *vor* einem Puff, oder aber *in* so einem Puff eingesperrt zu sein und die Schlange [!] von »sexuell ausgehungerten« Kabylen, die »immer so furchtbar lange bleiben wollen«, mit Analverkehr bedienen zu müssen, für zwanzig Francs (die vermutlich an den Bordellbesitzer oder Zuhälter abzuliefern sind)? Nein, Meienbergs Einfühlung für diese von seinesgleichen Erniedrigten und Ausgebeuteten reicht nur zu einem zynischen »Vergelt's Gott«:

> Hier stoßen wir sofort auf Martine, die triefäugige Hur, welche an der Hinterfront des Crédit Lyonnais auf den Strich geht. Sie ist abgetakelt und mußte ihren Preis auf 30 Francs senken, Hotel inbegriffen, um im Geschäft bleiben zu können. Martine stöckelt regelmäßig hinüber bis zur Rue Pavée, streicht dem alten Gemäuer entlang, wo unter der Monarchie das Hurengefängnis war [...]. Sie trägt einen Hut aus den frühen dreißiger Jahren. Tu viens, chéri? Der Patron der Bucheron-Bar sagt von der hochbetagten Martine: Spare in der Zeit, so hast du in der Not. Vielleicht kommt an einem Herbstabend der König von Sizilien, Arm in Arm mit Mackie Messer, und belohnt seine treue Untertanin Martine, welche seit 1927 in Wind und Regen ausharrt. Gott macht's ihr einmal wett. (Frkr. 17)

Würde Meienberg über einen seiner verehrten Citroën-Arbeiter nach 45 Jahren »Ausharren«/Ausbeutung auch sagen: »Gott mach's ihm einmal wett«?

»Seine Sprache schafft eine neue Stufe der Beteiligung«, soll die *Süddeutsche Zeitung* über Meienberg herausgefunden haben. Nun ja – auch die *Süddeutsche* wird von Männern gemacht. Die »neue Stufe der Beteiligung« besteht bei dieser Probe seines Schaffens vielleicht darin, mit welchem Kennerblick die Billigstware Martine (30 Francs, Hotel inbegriffen) begutachtet und dem männlichen Verbraucher vorgeführt wird – wahrlich, auch sie verspricht keinen ungetrübten Genuß: Triefäugig stöckelt, nein: streicht, die hochbetagte Abgetakelte dem Gemäuer entlang – brr! So was könnte höchstens den notorischen Frauenschänder & Mörder Mackie Messer noch reizen, der war bekanntlich nicht wählerisch und wird's ihr schon lohnen und ihr zu einem »standesgemäßen« Abgang verhelfen. Aber der verwöhntere männliche Geschmack hat's nicht leicht – wegen dieser unverschämten Preise:

> So wie hier soll es bald in anderen Quartieren aussehen. Teure Kinos (14 Francs), teure Cafés (Express 2.60), teure Pelzmantelhuren in den Nebenstraßen (300 Francs). (Frkr. 208)

> Damals kam man abends geil wie ein Bock aus dem Büro zu den andern Büromännern in die Straßen und wollte noch etwas erleben auf die Nacht, die Reklamen geilten uns wahnsinnig auf, aber die Frauen auf den Reklamen würde man niemals haben. [...] Einen 40-Dollar-a-week-boy from Switzerland wollten die prächtigen, blitzgebissigen, deodorierten girlies mit den wattierten brassières (abgekürzt bra) nicht haben. [...] Und auch die meisten andern Büromänner kamen mir vereinsamt vor, aber immer geil und traurig wie arme Seelen die Straßen auf und ab zappelnd. Am Times Square billige Huren, aber schon zu teuer, und Trefzger hatte gesagt, dort gibt es Tripper im Fall. (Tats. 201)

Ob der bedauernswerte geile 40-Dollar-a-week-boy from Switzerland wohl mit den »billigen, aber schon zu teuren« Tripper-Huren vom Times Square hätte tauschen wollen? Oder mit den »prächtigen, blitzgebissigen, deodorierten girlies mit den wattierten brassières (abgekürzt bra)«?

Eine Lust, ihn zu zitieren, diesen »Sprachmächtigen« [Laure Wyss], schreibt er doch »so, wie Brueghel malt« [François Gross, *La Liberté*]. Geil, echt! Ein paar fremdländische Sprachbrocken (von wegen dem Kolorit), eine zielsicher ausgewählte Einzelheit, seien es nun die Triefaugen oder das blitzende Gebiß, verdichtet zu einem Adjektiv – und schon steht die Frau, ob triefäugige *Tu viens, chéri?* oder blitzgebissiges *girlie*, unvergeßlich prägnant vor unserem geistigen Auge. Und erst diese kühne Metaphorik: wie er das Niedrigste mit dem Erhabensten detailfreudig kopuliert...

> ... und die Macht hielt dieses Straßendasein nicht aus und hat sich, weil niemand anders sie packte, wieder ihrem de Gaulle ins Bettchen gelegt, ihre Beinchen dem alten Steinbeißer und Halodri geöffnet, weil der mit der verhutzelten Hur etwas anzufangen wußte. (Frkr. 49)

... und so dem Erhabenen gekonnt einen überbrät!

Schnauz, Lächeln, Ehefrau: alles ist noch da.

Wie sich das Niedrigste dabei fühlt, wenn es zur Verhohnepipelung der Herrschenden gleich mit in die Pfanne gehauen wird, ist nicht so wichtig; die verhutzelte Hur opfert sich bestimmt gern dem guten Zweck, genau wie die andern unschuldigen Opfer dieser Meienbergschen Häme-Technik, zum Beispiel die Sekretärinnen oder Ehefrauen der Männer, die er jeweilen auf dem Kieker hat:

> [...] der Fürst blieb im Zustand von 1938 erhalten wie tiefgefroren, Schnauz, Lächeln, Ehefrau: alles ist noch da. (Tats. 90)

> Zwar verfügt er nicht wie Küher über eine Sekretärin, auch nicht über Briefpapier mit Briefkopf [...] (Spaz. 237)

> Man sieht also, daß die Pariser Korrespondenten in ihrer jetzigen Form abgeschafft werden können. Am besten beruft man sie in die Heimat zurück, welche sie mental nie verlassen haben. Dort reserviert man ihnen auf den entsprechenden Redaktionen einen gemütlichen Raum, darin ein Fernsehgerät mit Spezialantenne, ein gutes Radio und ein Abonnement auf alle Pariser Zeitungen, mit Express-Luftpost-Zustellung. Also präzis dieselbe Umwelt wie in Paris. Außerdem eine Sekretärin, deren Parfum ihnen Pariser Atmosphäre garantiert. (Frkr. 14)

Die Frau als Teil der körperlichen oder sonstigen Ausstattung des Mannes, auf derselben Stufe wie der Schnauz des Fürsten, das Briefpapier des Chefs. Ich möchte Herren-Ausstatter M. eine Variante vorschlagen, nur so, zur Belebung des Stils: »Außerdem einen Clochard, dessen pittoresk zerlumpte Kleidung samt Fusel-Ausdünstung ihnen Pariser Atmosphäre garantiert.«

Witwe Göhner. Dieser ungemein bekannte Bauunternehmer

Die folgende Lesefrucht zeigt nicht nur den Herren-Ausstatter und Sprachkünstler in Aktion; sie diene hier auch als Übergang zu einer ganzen Flut von Belegen für eine weitere Eigentümlichkeit der Meienbergschen Welt-Anschauung, die ihm jedwede gemischtgeschlechtliche Gruppe von Menschen zu einem wohlgeordneten System mit männlichem Zentrum nebst weiblichen Satelliten geraten läßt:

> Von Tütsch und seinem Gespons wurde man zuerst in den Salon gebeten [...] (Tats. 137)

> Auf der Terrasse des Restaurants [...] sitzt ein straffer, strammer, klammer Herr samt Frau und Töchterlein beim Abendessen. (Spaz. 227)

> Etwas seltener, vielleicht alle sechs Wochen, kommen die Straßensänger, ein blinder Mann mit Frau und Kind, und singen Lieder, wie sie auf keiner Schallplatte zu haben sind. (Frkr. 20)

> [...] ist dem Chronisten in Erinnerung geblieben, daß ein älterer Herr und seine Dame die Treppe zur Bar hinunterstürzten und übereinanderkollerten [...] (Spaz. 92)

Einer Chronist*in* wäre vielleicht in Erinnerung geblieben, daß *eine Frau und ihr ältlicher Begleiter* übereinanderkollerten ...; im folgenden Beispiel hätte sie wohl eher eine *Frau Eisenring nebst Gemahl* wahrgenommen:

> Herrn Eisenring und seine teuer geschmückte Frau zieht es wieder zur Musik [...] (Spaz. 92)

Meienberg erbost sich in dem Artikel übrigens besonders über die »teuer geschmückten« Frauen. Das ändert allerdings nichts an seiner eingeschliffenen Wahrnehmungsweise.

> [Im Feinschmeckerlokal:] Auch Aznavour kommt, Goldenberg ist ein Geheimtip unter Feinschmeckern. Auch Joseph Kessel kommt, de l'Académie française. Und natürlich Serge Gainsbourg mit der trottelhaften Jane Birkin. [...] Nach der Mahlzeit [...] hat man keine Wahl, man muß noch auf einen Sprung ins türkische Schwitzbad. [...] Wie ungemein verbrüdernd wirkt das! Leider bleibt auch hier noch ein kleiner Unterschied, ist doch ein Beschnittener von einem Unbeschnittenen sofort zu unterscheiden. (Frkr. 31 f.)

Nach der Mahlzeit, gerade noch rechtzeitig vor der »ungemeinen Verbrüderung«, hat sich die »trottelhafte Jane Birkin« anscheinend in Luft aufgelöst.

> Unvergeßliche Menschen wohnen dort, wie jener Jacob Fleischli, cand. phil. und Tristanforscher, der sich regelmäßig am Freitagnachmittag von seinen Büchern fortstiehlt und im Schlachthof als Pferdemetzger arbeitet, mit seiner blutbespritzten Schürze. Oder jener Jean-Maurice de Kalbermatten, dessen Schwester eine Nebenbeschäftigung als Leichenwäscherin gefunden hat, obwohl sie hauptamtlich Sekundarlehrerin ist. (Schwz. 127f.)

Frau reibt sich verwundert die Augen: Hab ich richtig gelesen? Was ist so bemerkenswert an Jean-Maurice de Kalbermatten? Daß seine Schwester (die namenlos bleibt) Sekundarlehrerin und zugleich Leichenwäscherin ist? Ist er nun der »unvergeßliche Mensch« oder sie??

> [...] er war dann halbseitig gelähmt, und seine Frau wurde auch trübsinnig, nachdem ihr alter Wohnsitz vom Luftschutz hinweggedonnert worden war. Der Sohn des Arbeiters R. ist überzeugt, daß die Eltern noch purlimunter wären, wenn man sie nicht entwurzelt hätte. (Spaz. 227)

Warum schreibt M. nicht einfach: *Der Sohn ist überzeugt?* Ob er wirklich der Sohn des Arbeiters R. ist, müßte erst noch recherchiert werden; mit Sicherheit ist er aber der Sohn von Frau R.

> Studenten, die ihre Kolleginnen in den Mädchen-Pavillons nicht besuchen dürfen, [erleben] die tatsächliche Repression höchst leiblich. Das ist dann immer ein guter Ausgangspunkt für Agitation auf einem verwandten Gebiet. (Frkr. 39)

Übrigens: Die Studentinnen durften ihre Kollegen in den Knaben-Pavillons auch nicht besuchen... Aber möglicherweise erlebten sie das gar nicht als Repression...

> Unweit dieser Latifundien, seeaufwärts, liegt das sehenswerte Grundstück der Witwe Göhner. Dieser ungemein bekannte Bauunternehmer hatte bekanntlich weite Strecken der Schweiz mit Neubauten bedeckt. (Spaz. 137)

No comment.

Unter Brüdern

> [...] als ob nicht [...] bestimmte Kategorien auch im Kopf jedes [...] Journalisten vorhanden wären, die ihm gestatten, einen Teil der Wirklichkeit aufzunehmen und den andern auszuschließen.
>
> *N. Meienberg*[5]

Daß auch Frauen arbeiten, und zwar doppelt soviel wie Männer (s.o.), diese Tatsache ist dem »Vorspiegler wahrer Tatsachen« noch nicht recht ins Gehirn gedrungen. Ihm ordnet sich die Welt noch immer in »Arbeiter«, »Journalisten«, »Künstler« usw. (männlich) – und deren Frauen.

> Daraus kann man sehen, wie gut es Bundesrat Honegger mit den Arbeitern meint, er gönnt ihnen eine Zweitwohnung beim Arbeitsplatz und eine Villa, wie sich selbst, für Frau und Kinder. (Tats. 25)

Aus dem Pamphlet »Wer will unter die Journalisten? Eine Berufsberatung 1972« (Tats. 11-15) entnehmen wir, daß dieser Beruf Männern vorbehalten ist. Meienberg über den prototypischen Journalisten: »Da er jetzt neben Frau und Kind auch noch eine recht teure Freundin hat, zieht er den Schwanz wieder ein und schreibt in seiner kühnen Art über Filme [...]« (Tats. 14)

Auch alle Kabylen, »jeder Zuschauer« und »andere Leute« sind männlichen Geschlechts:

> Nur zehn Prozent der Kabylen respektieren noch den Fastenmonat Ramadan: Einen Monat lang essen sie vom Morgengrauen bis 18 Uhr nichts, trinken nichts, rauchen nichts, rühren keine Frau an. (Frkr. 24)

[Frauen gehören anscheinend zu den Nahrungsmitteln.]

> Während Walter alle Liebes-Szenen entsinnlicht, trägt Koerfer mit dem großen Verruchtheitspinsel auf. So eine geile Madame, die auf dem Kaminsims mit einer kostbaren Metallplastik masturbiert: so eine Plastik und so eine Frau hätte jeder Zuschauer auch gern zu Hause. (Spaz. 79)

> Rudolf Friedrich, [...] ausgemergelter Rüstungseiferer, der den einheimischen Kriegsmaschinen jene Art von Zärtlichkeit entgegenbringt, die andere Leute für ihre Frau entwickeln [...] (Tats. 150)

Sehr oft gerät Meienberg die Frau auch völlig aus dem Blickfeld. Das Elternhaus heißt bei ihm *Vaterhaus* (Schwz. 13 u. 16). Der Artikel »Das enorme Fest der Kommunisten« (Frkr. 112-116) handelt ausschließlich von Männern, obwohl so ein Fest ganz ohne Frauen doch sicher als öde empfunden würde, sogar unter Brüdern.

M. über die Beziehungen zwischen Stadtverwaltung und »Künstlern«: »[...] man kann sich doch unter Brüdern auf halbem Weg entgegenkommen, oder?« (Spaz. 96)

M. über das Klavierspielen: »Hermann Burger [...] macht dann zierliche Variationen darüber, wie der Klavieretüdenfabrikant Diabelli, unter welchem jeder gute Bürgersohn gelitten hat.« (Tats. 155)

M. über die Abstammung des Menschen: »[der Ort] Perlen, wo alle Arbeiter von luzernischen, bäuerlich geprägten Arbeitern abstammten, deren Väter und manchmal auch Großväter schon in der Papierfabrik gearbeitet hatten.« (Spaz. 226).

Wenn das *so* ist mit der Abstammung, kann es natürlich auch unter den Toten keine Frauen gegeben haben: »Wer hinab zu den Vätern will, zahlt 0.50 Francs und steht zähneklappernd vor dem Tor zur Unterwelt... [...] Bei näherem Augenschein erweist es sich, daß alle diese Epochen im Knochenbau der vorliegenden Skelette keine charakteristischen Spuren hinterlassen haben. Mann ist Mann, hier unten.« (Frkr. 210f.)

Brüder sind es allzumal, und wenn die Brüder ihrerseits auch nur Brüder wahrnehmen (bisweilen mit weiblichem Zubehör), protestiert Bruder Meienberg nicht. Kein Mucks.

> Herr Näf... »Irgendwo muß der einfache Mann das Gefühl haben, etwas Eigenes zu besitzen, muß er seine privaten Blumen und seinen Garten haben. [...] Wenn man also dem einfachen Mann etwas bieten will, den Arbeitern und Angestellten, dann ist die Kolonie von Wagenhausen die beste Lösung. [...] Die Leute streben nach Gleichheit und Brüderlichkeit [...]« (Schwz. 32f.)

Ein Auto könne sich der Arbeiter hier unten, wenn er keine Frau als Zweitverdienerin habe, nicht leisten. (Tats. 46)

Ein anderer interner Fachausdruck [beim STERN] heißt: WITWEN SCHÜTTELN. Damit ist jene Taktik gemeint, welche den Angehörigen von Katastrophenopfern [...] Fotos und Personalien der Opfer entlockt. (Spaz. 106) [Schön wär's ja, wenn Frauen von Katastrophen grundsätzlich verschont blieben, wie der STERN anzunehmen scheint. Sie bleiben aber nicht verschont – sie wurden nur wieder mal vergessen.]

»Wir waren Anarchisten, de père en fils. Meine Eltern haben sich im Massengrab verscharren lassen, nur in ein Leichentuch gehüllt, aus Protest gegen die bürgerlichen Särge.« (Frkr. 204) [Offenbar war die Mutter auch Anarchistin: de père en fils]

»Wenigstens vier Mal gab er in der Konferenz den Lehrern [...] den Rat, doch mal [...] mit den Noten etwas herunterzugehen, ›damit die Kerle da mal merken, wer hier bestimmt‹.« (Schwz. 87) [Es handelt sich *nicht* um eine Knabenschule. »Die Kerle da«, das sind Schülerinnen und Schüler, vgl. die beiden nächsten Beispiele.]

»[...] ob wir nicht die Geschichte der Staatengründung Israels etwas ausführlicher behandeln wollen? Schon, aber nicht aus einem arabischen Buch, sagt ein Mädchen. Ich kaufe dementsprechend [...] ein jüdisches Buch, ›Israel – Väter und Söhne‹, von Amos Elon [...]« (Schwz. 63) [Offenbar ein ähnliches Buch wie die von Meienberg. Das Mädchen wird viel daraus gelernt haben.]

Die beiden letzten Beispiele entstammen dem 45-Seiten-Artikel »Stille Tage in Chur«: Meienberg berichtet über sein segensreiches aufklärerisches Wirken an der popeligen Kantonsschule. Die Schülerinnen und Schüler heißen bei ihm immer *Schüler*, bis auf ein einziges Mal – dort nämlich, wo Junglehrer Meienberg mal wieder aufgegeilt wird:

Mit manchen Schülerinnen und Schülern hätte ich gern fraternisiert, unter menschlichen Verhältnissen hätte diese oder jene eine Freundin werden können, da saßen ganz eindrückliche Mädchen auf den Schulstühlen; aber das wäre Unzucht mit Abhängigen gewesen [...] Da ich versuchte, die Schülerinnen (und Schüler) nicht abhängig zu machen [...] (Schwz. 84)

Als Päderast möchte M. *nicht* verkannt werden – da wählt er denn doch lieber die genauere, wenn auch »umständlichere« Form *Schülerinnen und Schüler* bzw. die noch genauere *Schülerinnen (und Schüler)*. Aber was (hier wird er wieder so vage) mag er wohl mit »ganz eindrückliche Mädchen« meinen? Vielleicht »die dort in der zweiten Bank links, ihr Fleisch immer in knapp sitzenden Blue jeans verpackt« (S. 61)? Oder vielleicht »die hübsch Zuversichtliche mit den braunen Haaren« (ebd.)? Unter »Fraternisieren« [*sic*] und Freundschaft mit Schüler*innen* versteht er jedenfalls eindeutig, automatisch und ausschließlich »Unzucht« oder auch »Vögeln«, wie er es anderwärts gern nennt.

Die Zustimmung des Schweigens oder Meienberg macht keinen Mucks

> Kategorien sind Wünschelruten: Man geht mit ihnen übers Feld, field research, und wenn da etwas begraben liegt, schlagen sie aus.
>
> *N. Meienberg*[6]

Meienberg weilt mit dem rechtslastigen Appenzeller Politiker Broger in dessen Berghütte und notiert mißbilligend: »Gegen Abend hörten wir die Nachrichten ... ›Ein Freund Sacharows soll in Rußland auf seinen geistigen Gesundheitszustand untersucht werden‹, sagte der Sprecher. Gemeinheit, sagte Broger. ›Portugiesische Polizei geht mit Hunden und Schlagstöcken gegen Demonstranten vor, zwanzig Verletzte‹, fuhr der Sprecher fort. Broger machte keinen Mucks.« (Schwz. 104f.).

Meienberg wirft dem *Tagesanzeiger* vor, durch die *Zustimmung des Schweigens* zum Advokat der großen Einschließung geworden zu sein: »[...] oder habt ihr eigentlich je die Abschaffung der Käfighaltung von Menschen gefordert?« (Tats. 232)

Wer im Glashaus sitzt, soll nicht mit Steinen werfen. Was die extremste Form der Unterdrückung – die Unterdrückung der Frau durch den Mann – betrifft, so betreibt und unterstützt Meienberg sie entweder selbst, wie wir gesehen haben, oder er wird durch zustimmendes Schweigen zu ihrem Advokaten.

In der Kantonsschule, Chur. Meienberg: »Der Schüler Z., ein

Frühzünder und heller Kopf, mit vierzehn schon ein rechter Mann, erzählt, daß sein Vater als Fremdarbeiter von Italien eingewandert ist und jahrelang in der Schweiz keine Bürgerrechte genoß, woraus er folgert, daß sein Vater nicht zur Gesamtheit der Bürger gehörte, woraus man wieder folgern könne, daß die Gesetze in Chur nicht recht sind.« (Schwz. 57) Kein Mucks darüber, daß *alle* Frauen, auch die einheimischen, bis kurz zuvor *nicht einmal das Wahlrecht hatten*. In vier Büchern, auf tausend Seiten, nur eine einzige Bemerkung Meienbergs (und was für eine!) zum Skandal des bis 1971 fehlenden Frauenstimmrechts in der Schweiz: »[...] dieser Hitler, der dank dem Frauenstimmrecht an die Macht gekommen ist, wie der Vater immer mit einem triumphierenden Lächeln zur Mutter sagte, wenn die Rede aufs Frauenstimmrecht kam oder auf Hitler.« (Schwz. 17)

Kantonsschule, Chur. Meienberg fragt die Schülerinnen und Schüler, warum sie eigentlich Geschichte studieren. Bei *allen* Antworten hakt er kritisch nach, nur bei der letzten, gegeben von einer tschechischen Emigrantentochter, macht er keinen Mucks:

»Damit wir wissen, wie es die Väter hatten.« (Schwz. 54f.)

Ebenda: »Wenn der Rektor protestantisch ist, muß der Vizerektor katholisch sein und umgekehrt, im Sinne einer Wahrung des Proporzes.« (Schwz. 46) Der fehlende Geschlechterproporz kommt Meienberg nicht in den Sinn. Die Kategorie »Gerechtigkeit für die Frau« fehlt einfach in seinem Denken.

Meienberg berichtet bewundernd über einen achtwöchigen Streik in der Bretagne, über die Solidarität zwischen den »Arbeitern« und Bauern. Erst auf der elften Seite des 20seitigen Artikels erfahren wir, daß die »Arbeiter« zu 65 Prozent Arbeiter*innen* sind. Eine der Arbeiterinnen klärt ihn auf: »wir Frauen sind wirklich die willigsten und billigsten Arbeitstiere, dreifach ausgebeutet, als Prolos, als Bretonen, als Frauen.« (Frkr. 193) Meienberg notiert's – und vergißt's. Die Mitteilung verfestigt sich nicht zu einer Kategorie seines Denkens oder Fragens. Er stolpert weiter ohne diese Wünschelrute übers Feld; da liegt zwar jede Menge zum Himmel stinkender Unrat begraben, aber bei Meienberg schlägt nichts aus. Oder vielleicht doch?

[Auf der Uhr] war ein Lustgarten eingraviert, in der Mitte des

> Gartens ein Brunnen mit Frauenstatue, die Wasser aus ihren Brüsten spritzte, zwei Sprutz Liebfrauenmilch ins Becken, dem sich höfisch gekleidete Männer näherten, die ihren Frauen unter die Röcke griffen [...] Wohin sie griffen, habe ich erst in der Pubertät begriffen, vorher war es für mich einfach ein golden schimmerndes Zifferblatt, aber in der Pubertät stand ich oft vor dieser Uhr und spürte meinen Schwengel wachsen. (Schwz. 14f.)

Schon der junge Meienberg geilt sich auf am Anblick sexuell belästigter Frauen. Das mag für Jünglinge normal sein. Aufschlußreich ist aber, daß M. es nicht schamhaft verschweigt, sondern – stolz? – mitteilt.

Meienberg zitiert, ohne Protest, die Meinung des Antiquitäten-Sammlers Adolf Engel über Stradivari-Geigen: »Es ist wie mit den Frauen, man muß sie regelmäßig benutzen, sonst sterben sie ab.« (Schwz. 118)

Meienberg zitiert die Meinung des Dr. Berger über seinen Kollegen Dr. Kopp, der seine Sekretärin mit einem Rohrstock züchtigte: »Wenn es wenigstens noch eine kommune Vergewaltigung im Büro gewesen wäre, das hätte man verkraften können, aber so etwas Abartiges [...]« (Spaz. 250). M.s »zustimmendes Schweigen« signalisiert, daß auch er eine Vergewaltigung passender gefunden hätte; schließlich ist das Vergewaltigen im Büro doch »kommun«, ganz normal...

Meienberg über »sonstige« Gewalt gegen Frauen: »Der Vater von Ranucci war verstört aus dem Indochina-Krieg zurückgekommen. Seither war er gewalttätig, konnte nicht mehr zwischen Krieg und Frieden unterscheiden. [...] hat den Übergang nicht geschafft, blieb auch zu Hause kriegerisch und prügelte seine Frau: schwere Verletzungen für die Frau, ein Jahr Gefängnis für den Mann.« (Tats. 86) M.s Entlastung Ranuccis überzeugt kaum, ist eher als Komplizitität, bestenfalls als analytisch dürftig zu werten. Bekanntlich brauchen die wenigsten Männer, die ihre Frauen prügeln, dazu eine »kriegerische« Vergangenheit. Daraus folgt, daß nicht der Indochina- oder sonst ein Krieg das Modell für den »alltäglichen« Krieg des Mannes gegen die Frau ist. Es ist vielmehr genau umgekehrt.

Ranuccis Sohn erreicht eine noch höhere Stufe der Brutalität, die ultimative sozusagen: Er bringt ein achtjähriges Mädchen um.

Dazu Meienberg: »Weshalb, weiß man nicht, er hat vermutlich durchgedreht. Seine Aggressionen kamen im falschen Moment an die Oberfläche und haben getötet. Es war nicht Krieg.« (Tats. 87) Nicht er hat getötet, es waren nur seine Aggressionen, und »es war nicht Krieg«. Wenn alle Frauen, die »durchdrehen« (Grund dazu haben wir weiß Göttin genug), kleine Buben umbringen würden – vielleicht würde Meienberg *dann* mit dem Nachdenken anfangen.

Zurück zur Welt der Arbeit, Meienbergs Fachgebiet. Er zitiert aus einem Artikel im *Vorwärts*: »Was die Lohnhöhe betrifft, so setzen heute noch viele Gesamtarbeitsverträge den Mindestlohn auf Francs 2.- für Männer und Francs 1.45 für Frauen fest. Wenn aber eine mehrköpfige Familie von 400 oder 500 Franken im Monat leben soll, dann darf man sich nicht wundern, wenn die Radikalisierung Wurzeln faßt.« (Schwz. 180) Grund für die Radikalisierung wäre demnach nur der zu niedrige Lohn, nicht die Ungerechtigkeit gegenüber den Frauen? So scheint es auch Meienberg zu sehen.

»Die Männer verdienten [...] zwischen 80 Rappen und 1 Franken, die Frauen 45 bis 55 Rappen.« (Schwz. 180) Die Männer verdienten also ziemlich genau doppelt soviel wie die Frauen. Diese Milchmädchenrechnung ist M. vielleicht zu schlicht? Ein Kommentar zu doof? Will er die Tatsachen für sich sprechen lassen, dem Leser [das Maskulinum ist intendiert] die fällige Entrüstung nicht vorbuchstabieren? Aber er ist doch sonst nicht so zurückhaltend!

»Die Firma H. A. Opitz, chem.-techn. Produkte, für die er mit Bodenwichse und Kölnisch Wasser hausierte (heute ein Frauenberuf) [...]« (Schwz. 203) Es ist leider zu vermuten, daß M. das nur anführt, um zu zeigen, was für ein bedauernswerter Bursche der von Schweizer Behörden ermordete Ernst S. war: Er mußte die niedrigsten Arbeiten übernehmen ... (nämlich solche, die heute nur noch Frauen zuzumuten sind).

»Immer am frühen Nachmittag, wenn die französischen Hausfrauen sich ans Abwaschen machen, können sie ihre Hantierungen von der Stimme der Großen Schwester [...] begleiten lassen.« (Frkr. 52) Hier ist – neben der objektiven, sich jeden Kommentars enthaltenden Berichterstattung – wieder der Meienbergsche Stil zu bewundern, die zierliche Wortwahl. Das Abwaschen ist keine Arbeit (wird ja auch nicht bezahlt!) – es handelt sich um »Hantierungen«.

Genug von der Arbeit! Was treiben die Kapitalisten, während die Arbeiter schuften und die Hausfrauen herumhantieren?

»Zwar gibt es noch den ›Cercle de la Grande Société‹ an der Reichengasse, welcher nur Patrizier und Aristokraten aufnimmt, wo die de Weck, de Diesbach und von der Weyd Bridge spielen und ihre Töchter verkuppeln.« (Schwz. 127f.) Kein Mucks über das Los der Töchter. Er hat nun mal was gegen »höhere Töchter«, wie er sie gern nennt. Damit sind wir beim nächsten Kapitel angekommen.

Voll unerlöster Männlichkeit[7] oder Die Leiden des jungen Meienberg

Erster Teil: Diese prüden Geschöpfe[8]

Wie kommt es nur, daß der sensible Beobachter Meienberg – doch, diese schöne Eigenschaft soll durchaus nicht bestritten werden, nur beschränkt sie sich leider auf männliche Belange – gegenüber dem Leid von Frauen dermaßen mit Blindheit geschlagen ist? Die aufmerksame Leserin wird den Verdacht nicht los, die Ursache dieser Störung könne eine diffuse narzißtische Wut auf zwei Frauen seiner Kindheit und Jugend sein, die sein zartes männliches Ego gekränkt haben. Die erste Frau wäre Mutter Meienberg (mehr über sie im zweiten Teil dieses Kapitels), die zweite Cécile, die sanfte und kluge Tochter aus reichem Hause. Die Wut auf die Übermacht der Mutter und die Unerreichbarkeit Céciles könnte sich irgendwann verselbständigt und auf das gesamte weibliche Geschlecht (*und* die Reichen und Mächtigen schlechthin) ausgedehnt haben. Hier zunächst die Leidensgeschichte Meienbergs, von ihm selbst erzählt (ja, er findet ergreifende Worte – für eigenes und sonstiges Männerleid):

> [Ich] hätte auch den Lateinunterricht längst quittiert, wäre er nicht in dieser Schule die einzige Möglichkeit gewesen, Cécile E. aus der Nähe zu betrachten, nachdem für alle übrigen Fächer eine strikte Geschlechtertrennung herrschte; in welche Cécile ich mich sehr verliebte. Vielleicht war es nicht nur die Person,

> sondern auch ihre hervorragenden Leistungen auf dem Lateinsektor, welche die Liebe erzeugten, die unerreichbaren Sechser und Fünf-bis-Sechser, zu welchen ich bewundernd aufschauen konnte, denn ihre Leistungen waren monumental. Es war eine ausweglos-tragische Situation. Ging ich weiter ins Latein, so wurde ich regelmäßig im Angesicht der still verehrten Cécile E., welcher meine Liebe nicht bekannt war, gedemütigt. Gab ich das Latein auf, so wurde mir der Anblick des sanften Mädchens entzogen. [...] Blieb nur die Möglichkeit des stillen Verschmachtens während des Unterrichts, und nach dem Latein konnte man ihr durch den St. Galler Herbstnebel nachschleichen, sah die geliebten Konturen von weitem... [...] Der Abstand zwischen ihrem Vater und meinem war so groß wie die Kluft zwischen meinen Lateinkenntnissen und den ihrigen. Ach die ferne unerreichbare Cécile dort am Rosenberg, wo Geld, Latein [...] und höhere Töchter den Abhang besetzt halten! Eine ungeheure Gier und Hemmungslosigkeit wären nötig gewesen, um diese Schranke zu überspringen, ein großer ungezügelter Appetit. (Schwz. 21 f.)

Die »ausweglos-tragische Situation« hätte wohl ein *happy ending* finden können, wenn Meienberg schlichtere und praktischere Konfliktlösungen als ausgerechnet »ungeheure Gier und Hemmungslosigkeit« und »großer ungezügelter Appetit« eingefallen wären. [Merke: Frauen sind keine Nahrungsmittel!] Zum Beispiel etwas mehr Einsatz für das Lateinische, mehr Interesse für Céciles *Interessen* also als für ihre »geliebten Konturen«. Aber – so ist er nun mal, der geile Klein-Niklaus. Die Mädchen reduzieren sich ihm leicht zu Mädchenbrüsten (und weiß der Sprachmächtige auch die Figur des *pars pro toto* gefällig zu verwenden):

> [...] einst zur schwülen Sommerszeit, als die Mädchenbrüste besonders lustig an der Kath. Sekundarschule vorbeiwippten [...] (Schwz. 23 f.)

Bei »der Byrgit« begeht er denselben Fehler – und scheint es bis heute nicht gemerkt zu haben:

> Ich habe damals nicht viel gehabt von der Byrgit mit ihren Zitterbrüstchen, ihren steifen Wärzchen und flaumig-schwäbischen Schenkeln, wir wurden getrennt untergebracht im ersten

und im dritten Stock, der Vater wollte den Lustgarten nur auf Zifferblättern dulden. (Schwz. 18)

M. hätte vielleicht mehr von »der Byrgit« haben können, wenn er sich für etwas mehr als ihre Zitterbrüstchen, steifen Wärzchen und flaumig-schwäbischen Schenkel [wieso nicht: Schenkelchen?] interessiert hätte. [Frage am Rande: Was in aller Welt sind »flaumig-schwäbische Schenkel«?] [Noch ein Exkurs, anstelle des Kapitels »Sprachkünstler Meienberg und die weibliche Brust«, das ich den Leserinnen ersparen möchte:

Herr Näf hat das jährliche Kleinkaliberschießen für die Bewohner der Kolonie organisiert. Die Frauen machen begeistert mit, an vielen Brüsten sieht man ein Schützenabzeichen baumeln. (Schwz. 41)

M. verzichtet auf einen so langweiligen Satz wie *viele tragen ein Schützenabzeichen*. Seine Sprache ist anschaulich, saftig, deftig, besonders immer dann, wenn es um die weibliche Brust geht. Er pubertiert noch immer.]

Verblieben ist Meienberg aus seinen tragischen Pubertätserfahrungen anscheinend eine unreflektierte pubertäre Voreingenommenheit gegen »unerreichbare Frauen« (vgl. oben die wegen ihrer vernünftigen Verweigerung »rassistisch« geschimpften »Huren«), »höhere Töchter« sowie (deren) Väter:

Diese siebte Gymnasialklasse zum Beispiel, immer brav und ruhig, fleißig und keimfrei, die Saftigen wurden in den untern Klassen ausgejätet. Die Mädchen aus der Churer herrschenden Klasse, man geht aufs Gymnasium, weil es sich gehört, die dort in der zweiten Bank links, ihr Fleisch immer in knapp sitzenden Blue jeans verpackt, und insofern adrett, wird zum achtzehnten Geburtstag ein Pferd geschenkt bekommen, oder die kindergesichtige rechts hinten, hat zum letzten Geburtstag ein Maiensäß erhalten, oder die hübsch Zuversichtliche mit den braunen Haaren, ihr Blick geht an mir vorbei durchs Fenster in die Bergwälder, die wird eine Weltreise machen dürfen, vom Vater bezahlt, wenn sie die Matura besteht. Kein Zweifel, sie werden die Matura bestehen, und ihre Advokatenväter, Ärzteväter, Ingenieurväter, Chefärzteväter, Verwaltungsväter, Treuhandväter, Immobilienväter, Verwaltungsratsväter, Parteiväter werden sie beglückwünschen. [...] an ihren langen Schulohren rinnen die

> Gedanken von Ho Chi Minh und General Giap außen herunter. (Schwz. 61 f.)

Meienberg wirft seinen Schülerinnen tatsächlich ihre Väter vor, praktiziert eine Art Sippenhaft. Die Bravheit der Mädchen, ein deutliches Anzeichen für die frühe Zerstörung ihres Selbst, hätte ihn alarmieren sollen – statt dessen findet er nur höhnische Worte. Die späteren sexistischen Äußerungen seines Schülers (»diese prüden Geschöpfe«, S. 89) sind nicht verwunderlich bei einem Lehrer, der (wie einst im Mai bzw. zur schwülen Sommerszeit die Mitschülerinnen) seine Schülerinnen nach Äußerlichkeiten taxiert wie ein Viehhändler. Sind diese doch höhere Töchter wie Cécile und, verdammt, *noch immer* unerreichbar [Unzuchtparagraph!]. Fuchs M. und die sauren Trauben?? Die Leserin möge das selbst entscheiden anhand weiterer M.scher Säuerlichkeiten über »diese seltsame Fauna von höheren Töchtern«:

> Nur nichts Neues! Immer bei den bekannten Melodien bleiben! Die Ohrwürmer hätscheln! Ein Schlagerfestival für Höhere Töchter wird man das nennen dürfen, oder ein Wunschkonzert der konservativen Stände. (Spaz. 90)

> Hingegen zieht eine Anzahl von Instituten mit internationaler Besetzung und religiöser Direktion immer noch diese seltsame Fauna von höheren Töchtern nach Freiburg, welche von ihrer Familie in eine gutkatholische Umgebung geschickt werden. (Schwz. 127)

Zweiter Teil: Die mordsmäßige Autorität der Mutter[9]

Meienbergs Mutter ist eine der ganz wenigen Frauen, die bei ihm überhaupt »Gestalt annehmen«, sogar mehr als der Vater. Immerhin widmet er ihr *eine* von den tausend Seiten, die ich gelesen habe – somit ist sie als zentrale weibliche Figur im Meienbergschen Schaffen einzuordnen. Auf Cécile entfiel auch etwa eine Seite. Von den insgesamt 94 Artikeln in den vier Büchern sind Frauen ganze zwei gewidmet: Es gibt eine Satire über die französische Astrologin Madame Soleil und einen freundlichen Artikel über Frau Arnold, Putzfrau, die mit der *Titanic* nach Amerika reiste und ihre Herrschaft überlebte. Sonstige »Frauen bei Meienberg« (alle auf weniger als einer Seite abgehandelt, auch wenn sie öfter erwähnt werden): Laure Wyss [seine ehemalige Kollegin vom *Tagesanzeiger*]; »Verena von Winterthur« [seine Freundin]; Ulla Hahn; Elisabeth Kopp; die Tochter der Kopps; Dominique Grange, kommunistische Protestsängerin; die reichen Witwen (Spaz. 137-139); die Frau in der bretonischen Streikfabrik, Saint-Brieuc. Das wär's dann schon. In den Sektionen »Köpfe« und »Häupter« [Bd. Tats.] nur Männer. Daß Frauen im Patriarchat nur selten »Häupter« (zum Beispiel gekrönte oder Staatsoberhäupter) werden, ist klar – daß sie aber auch keine Köpfe haben, überrascht denn doch. Es darf mit Fug geschlossen werden, daß Meienbergs ohnehin begrenztes Interesse für Frauen vor ihren Köpfen abrupt haltmacht. Warum?

Die Mutter, so teilt der Sohn ehrlicherweise mit, war anscheinend nicht nur das Haupt, sondern auch der Kopf der Familie Meienberg. Ihr verdankt er letztlich sein gesellschaftskritisches Engagement:

> Die Mutter [...] hatte die Botschaft von der Gleichheit aller Menschen – Gleichheit vor Gott, aber Gleichheit alleweil – wirklich kapiert und praktiziert, und in ihrem Gefolge hatten die sechs Kinder fast keine andere Wahl, als diese auch zu glauben, und, von der Gleichheit ausgehend, wurde auch Gerechtigkeit angestrebt. Man hörte zum Beispiel, daß es wichtigere Dinge im Leben gab als Geld. [...] Dadurch hat sie mindestens einen ihrer Söhne, welcher auch nach der Kindheit glaubte, es komme im Leben auf die Macht der Argumente, nicht auf die Argumente der Macht an, in permanente Schwierigkeiten gestürzt. (Spaz. 12)

Dies ist die einzige Stelle, an der Meienberg über die Vorgeschichte seines Engagements Auskunft gibt. Die Quelle des Meienbergschen Kampfes für die Gerechtigkeit ist also weiblich. Unfaßbar eigentlich, *bei solchem Ursprung der Energie*, wie halbherzig dieser Kampf geführt wird, wie einäugig, ja blind für das Wesentliche.

Ich habe keine Erklärung für diesen Widerspruch, aber möglicherweise gibt Meienberg sie, indirekt, selbst: Demut habe die Mutter gefordert, nicht nur christliche Demut vor Gott, sondern auch Demut vor ihr. Und ihre »mordsmäßige Autorität« (Spaz. 13) hätte auch stärkere Männer als den Vater umgeworfen. Wir dürfen folgern: den Sohn erst recht. Vielleicht soll sie, sollen wir ihm nun alle, dafür büßen?

»Du sollst die Mädchen nicht ›Bräten‹ nennen« oder Meienberg kann brauchen, was er von Frauen gelernt hat??

Chervet, Werner: Das Leben geht schnell vorbei, und von den Mädchen muß man die Schönsten nehmen; ein guter Braten kommt nicht alle Jahre wieder. – Witwe Chervet: Du sollst die Mädchen nicht »Bräten« nennen.[10]

Wie wir soeben (und auch im Fall der bretonischen Arbeiterin) gesehen haben, berichtet Meienberg hin und wieder (eher: *sehr* selten) getreulich, was Frauen ihm beigebracht haben. Konditioniert durch seine schier unverwüstliche Frauenfeindlichkeit, ist frau angesichts solcher Mini-Oasen fast versucht, diese Unterbrechungen lobenswert (weil so erholsam) zu finden: Er hätte die frauenfreundlichen Eingebungen schließlich auch verschweigen können, oder?

Vorsicht! Die Freude über die paar »feministischen Entgleisungen« Meienbergs entspringt allein dem Gefühl »Es ist so schön, wenn der Schmerz nachläßt«! Dennoch – um der Vollständigkeit des Bildes willen soll hier auch dieser überraschende, nachgerade abartige Aspekt des Meienbergschen Œuvres vorgeführt werden. »Meienberg als Feminist« also, bitte sehr:

> Eine junge Frau versucht, mutig und hartnäckig, vor etwa 5000 jungen Leuten ihr Mißbehagen in der männerbeherrschten Kirche zu formulieren (»Nous sommes TOUTES des frères«). Sie nimmt IHM [dem Papst] gegenüber Aufstellung und klagt die Männerherrschaft an, den Ausschluß der Frauen vom Priesteramt, und wird sofort niedergedröhnt von schreienden Frauen und Männern (Buben und Mädchen) [...] (Spaz. 119)

> Vor zehntausend Frauen und Männern wird ER [der Papst] sagen: ›Liebe Freunde‹. (Spaz. 120)[11]

> Die Frauen werden, in kußmäßiger Hinsicht, [vom Papst] wie Kinder behandelt, ein väterlicher Schmatzer auf die Stirn, ein schnelles Übers-Haar-Streicheln. (Spaz. 114)

> Solche Geißelungen gelten wohl in Militärkreisen als Kavaliersdelikt (etwa wie Scheibenschießen auf Frauen) [...] (Spaz. 250)

»›Jetzt wollen wir noch die Frauen besichtigen‹, sagt Direktor Küher, und wir kommen in den Sortiersaal. [...] Hier erfährt man von einer Italienerin, daß der niedrigste Lohn in der Fabrik nicht bei 2500 Franken, sondern bei 1800 Franken liegt: ein Frauenlohn.« [So nachzulesen in *Der wiss. Spazierstock*, S. 230. Auf der nächsten Seite hat M. die niedrigst entlohnten Frauen bereits wieder vergessen. Dort heißt es: »Wer in der Fabrik arbeitet, hat nichts zu bestimmen, so wenig wie der Soldat im Militär. Er wird militärisch geführt [...] Die Arbeiter leben an der konkreten Maschine [dort arbeiten anscheinend tatsächlich nur Männer, aber genau erfährt es die Leserin nicht], die Offiziere entscheiden abstrakt im Büro.«]

PS: Das Staunen des Journalisten am Ende der Recherche: über die Frauen, die sich solche Züchtigungen gefallen ließen. Über die Journalisten, welche sie nicht erwähnenswert finden. Oder ist das allgemein gebräuchlich? Hat Kopp nur körperlich sichtbar gemacht, was in vielen andern Büros als psychische Mißhandlung praktiziert wird? Kann das Büroleben ohne sadistische Praktiken überhaupt funktionieren? (Spaz. 253)

»Dort habe ich einige Monate gearbeitet als Sekretärin, d. h. die Arbeit gemacht, welche in den allermeisten Fällen auch in dieser Stadt den Frauen vorbehalten ist. [...] Dadurch habe ich die täglichen Demütigungen kennengelernt, welche Männer sonst nicht kennenlernen.« (Tats. 196) [Meienberg verrät aber nicht, *wer* die Frauen demütigt und warum. Kurz zuvor heißt es, ohne Kommentar: »In der subway rubschten die Männer ihre Schwänze gegen die Frauen und manchmal gegen die Männer.«]

»Uebersax. Wie er leibt und lebt und Faxen macht. Der harte Knaller, der permanent ›Miezen‹ sagt statt ›Frauen‹ (jedenfalls wenn er mit Männern redet).« (Spaz. 126) [Wichtig die Beobachtung »wenn er mit Männern redet«. Genauso verhält sich auch M.: Er rechnet in der Regel nur mit männlichen Menschen/Lesern – und schreibt auch so.]

»Niemand, auch keine von den engagierten Frauen, fühlt sich betupft oder gar mitverantwortlich, wenn wieder eine nackte Zwetschge auf's Titelblatt kommt (welche immer kommen, wenn die Auflage ein bißchen sinkt.« (Spaz. 106) [Stilkünstler

Meienberg registriert angewidert den Sexismus des *Stern*, benutzt dabei aber selbst einen extrem sexistischen Ausdruck.]

»... auch mit Frauen-Soldaten gestatte sie sich kein Fraternisieren bzw. keine Schwesterlichkeit.« (Tats. 187) [Das Sprachsensibelchen hat, endlich (vielleicht von den Frauen bei der *WoZ*?), gelernt, daß *Fraternisieren* für den vertrauten Umgang mit/unter Frauen nicht ganz der passende Ausdruck ist (in der Kantonsschule Chur wollte er doch noch mit den Schülerinnen »fraternisieren«). *Frauen-Soldaten*, ein unverständlicher Ausdruck, den M. häufiger benutzt, ist eine Fehlübersetzung von *women soldiers*. Merke: *Women doctors* sind nicht *Frauenärzte*, sondern *Ärztinnen*.]

Unförmige Leiber verschupfter Weiber oder Es lohnt sich nicht!

> Also, solange einer mit Sprache zu tun hat, wollen wir seine Erzeugnisse auch noch ein bißchen nach sprachlichen Kriterien beurteilen dürfen [...]
>
> *N. Meienberg*[12]

Es gäbe noch viel zu mäkeln, aber nun soll es allmählich genug sein! Einer der wichtigsten feministischen Grundsätze lautet schließlich: »Frau, spare deine Energien für die *wichtigen* Aufgaben.« Und so muß ich mich denn auch fragen: Wozu die ganze Gründlichkeit im Fall Meienberg? Ist es nicht müßig, (s)eine chauvinistische Wahrnehmungs- und Denkstruktur so pingelig nachzuweisen? Ist der Fall nicht schon nach dem »Huren«-Kapitel sonnenklar gewesen?

Meine Rechtfertigung ist zum einen das Honorar (s.o.) – ein eminent feministisches Argument. Zum andern schien es mir sinnvoll, einen so kapitalen Bock bzw. Gockel einmal *exemplarisch zu sezieren*, ihn beim Wort zu nehmen, seine hohen ethischen und sprachästhetischen Prinzipien auf ihn selbst anzuwenden und deren Hohlheit/Beschränktheit nachzuweisen. Sozusagen als Sensibilisierungstraining für den Umgang mit patriarchalischen Produkten anderer Herkunft, denn sie sind alle mehr oder weniger nach demselben Muster gestrickt. Meienberg ist – wegen seiner Selbstherrlichkeit und -gerechtigkeit – nur ein besonders ärgerlicher bzw. peinlicher Fall, ansonsten aber nicht etwa ungewöhnlich.

Es folgen nun die Reste des zähen Gockel-Menüs, die letzten Tranchen, die ich doch noch öffentlich als ungenießbar deklarieren möchte, nachdem ich sehr viel Unbekömmliches bereits stillschweigend habe unter den Tisch fallen lassen.

> Eine Bank mit Vetteln, Rücken an Rücken sitzen die jeden Tag auf dieser Bank, verhutzelt und mit langen Zehennägeln, kommen aus dem Quartier zur Bank gehumpelt, geschlichen, auf dürren Beinchen gehinkt, sobald die Sonne scheint, kriechen wieder in ihre Unterschlüpfe, wenn es Nacht wird. [...] Wenn die Ampel auf Rot steht, hört man ihr Keifen und Schnattern, irgendeinen arabischen Dialekt. Wenn der Verkehr bei Grün wieder flüssig wird, sieht man nur noch ihre zahnlosen Mäuler auf- und zuschnappen. Manchmal kratzen sie ihre unförmigen Leiber, manchmal bekämpfen sie einander, streiten um den besten Platz, fahren einander an die Gurgel. [...] Ein Teil der verschupften Weiber schaut auf den Verkehr, der andere Teil auf den Bretterverschlag [...] vor ihrer Nase [...] (Frkr. 16)

Es ist nicht die Schuld der »Vetteln«, »verschupften Weiber«, daß Meienberg kein Arabisch kann und ihre Sprache ihm wie »Schnattern« klingt. Es ist wohl auch kaum ihre Schuld, daß M. von ihren Gesprächen bei tosendem Verkehr nichts mehr hören kann. M. führt diese alten Frauen, die in äußerster Armut leben, als eine Art Tiere vor – nur kann er sich nicht recht für die Gattung entscheiden, deshalb erscheinen sie mal wie Gänse, mal wie eine Horde Affen; sie »schnattern«, »kriechen in ihre Unterschlüpfe«, ihre »Mäuler« (beim Menschen wird dieser Körperteil gewöhnlich *Mund* genannt) »schnappen auf und zu«. Unter »unförmige Leiber« stelle ich mir Riesenleiber vor; andererseits sollen aber die Frauen »verhutzelt« (= zusammengeschrumpelt) sein und haben dürre Beinchen. Die ganze Beschreibung ist extrem inkonsistent und hat offenbar nur den Zweck, einen diffusen allgemeinen Ekel wiederzugeben und zu erzeugen, sozusagen ein angenehmes Gruseln: »Wie gut, daß wir (Männer) nicht sind wie diese da.« – Aufschlußreich auch die Formulierung »eine Bank mit Vetteln«. Wo M. kein *männliches* Zentrum findet, dem die alten Frauen (pardon: die Vetteln) zuzuordnen wären, nimmt er halt ein hölzernes. – Noch ein paar Vetteln gefällig?

> [Im Bauchtanz] haben es Baasinos Frauen zu Spitzenleistungen gebracht. [Die Musiker] befeuern das wogende Gewackel mit ihren Rhythmen. Auch die ungestalten Frauen dürfen. Man sieht sogar die sechzigjährige Fatima, meine geschätzte Putzfrau, ihren Hintern von den zwei Barstühlen herunterwuchten, welche dieser als Unterlage braucht, und ebendiesen Hintern in den harten Rhythmus versetzen. Auch eine kleine Dicke mit großer Leibesfülle und Krampfadern ist dabei, der Tanz verklärt ihre Häßlichkeit. (Frkr. 22f.)

Nichts, leider, verklärt die Häßlichkeit der Meienbergschen Gesinnung, dieser üblen Mischung aus Sexismus, Rassismus, *ageism* (Diskriminierung aufgrund des Alters) und *looksism*[13] (Diskriminierung aufgrund des Aussehens). Frauen dürfen bekanntlich nicht altern, denn dann sind sie als Sexobjekte ja untauglich, und einen andern Daseinszweck haben wir ja nicht. Dick dürfen Frauen auch nicht sein – in der »Kultur« der westlichen Industrienationen hat frau sich raumsparend zu stylen. In arabischen Ländern »dürfen« sie es – Meienberg notiert es mit offensichtlichem Befremden. Nur junge, schöne, schlanke Frauen [die bei Meienberg stets *Mädchen* heißen] verdienen den männlichen Minnedienst, nach dem jede Frau sich sehnt. Meienberg als Kenner des weiblichen »Unterbewußtseins«:

> Die jungen Mädchen [...] sind fasziniert, angezogen und abgestoßen von den Möglichkeiten einer Umkleidekabine: Entblößen, Spritze, Ohnmacht. Ohne eigene Schuld – weil ihnen ja Gewalt angetan wird – könnten sie die obszönsten Dinge erleben. Genuß ohne Reue und ohne Gewissensbisse. Träumerische Fahrten aus provinzieller Enge in den geheimnisvollen Orient. In ihrem Unterbewußtsein führen die Gänge der Einbildungskraft unmittelbar von den harmlos-suggestiven Kleiderläden zur Erfüllung unausgesprochener Wünsche. (Frkr. 72)

Meienberg weiter zum Thema Vergewaltigung:

> [...] vielen ehrbaren Mädchen graust es hier auch ohne Huren. Suzanne sagt: Es ist so dunkel im Quartier, und Ellen meint: Es riecht, als ob man stirbt, und Judith sagt: Hier wird vergewal-

tigt! Doch die sanften Araber und die jüdischen Metzger mit ihrem koscheren Fleisch denken gar nicht daran. (Frkr. 17)

Wenn ich eine Stelle im Meienbergschen Gesamtwerk auszuwählen hätte, die ich am widerlichsten finde, so wäre es diese. Grobschlächtiger Sexismus, wie M. ihn gegen »Huren« und »Vetteln« absondert, ist zwar ärgerlich, aber wenigstens leicht erkennbar, wie ein übelriechendes Gift, das wir schon wegen des Gestanks nicht schlucken würden. Der Sexismus *dieser* Passage dagegen ist sozusagen geruchlos, wenn nicht gar wohlriechend. Uns wird erst übel, *nachdem* wir das Gift geschluckt haben. Versichert uns Meienberg nicht in freundlich-beruhigendem Ton, daß den »Mädchen« in dem dunklen Quartier keinerlei Gefahr droht? Wunderbar! Wieso ist mir aber trotzdem so mulmig zumute? Liegt es vielleicht an der scheinbar völlig unmotivierten Erwähnung des koscheren Fleischs? Irgendwas *muß* er doch damit meinen!

Und ob er damit etwas meint! Der Schlüssel zu dem, was M. *eigentlich* meint, liegt in der zynischen Formulierung *[sie] denken gar nicht daran*. Mit *Ich denke gar nicht daran!* weist man nämlich eine *unzumutbare Aufforderung* zurück. Die Angst der »Mädchen« (waren es wirklich »Mädchen«, oder waren es Frauen?) verdreht er mit diesem Trick zu einem *Wunsch nach Vergewaltigung*. Diesem Herzenswunsch werden aber die Männer des Quartiers nicht nachkommen, keine Sorge – er ist nämlich *unzumutbar*. Weil nämlich das Fleisch der Mädchen nicht koscher ist. Woraus wir zu guter Letzt noch schließen dürfen, daß Meienberg die »Mädchen« mit Schlachtvieh gleichsetzt. Guten Appetit, die Herren!

Nichts von alldem hat er wörtlich gesagt, natürlich. Explizite Kruditäten sind ja auch gar nicht mehr amüsant und elegant. Aber der gewitzte Leser wird den mit leichter Hand hingetupften Andeutungen schon folgen können und seinen kultivierten Spaß an dem feingesponnenen, schillernden Textgewebe haben. Die Lese*rin* ist Meienberg ja eh egal.

Und damit genug. Nein, er lohnt sich wirklich nicht. Wenn eine Zeit hat und Reportagen lesen möchte – ich empfehle die einschlägigen Bücher von Cheryl Benard und Edit Schlaffer, besonders *Die Grenzen des Geschlechts: Anleitungen zum Sturz des Internationalen Patriarchats* (1984; rororo sachbuch 7775).

1987

1 Dieses Motto wählte Meienberg für seinen Artikel über den Rennfahrer Jo Siffert, *Reportagen aus der Schweiz*, S. 123.

2 *Der wissenschaftliche Spazierstock*, S. 191.

3 Ebd., S. 202.

4 Es handelt sich um den Sammelband *Biederland und der Brandstifter: Niklaus Meienberg als Anlaß*, hrsg. von Martin Durrer und Barbara Lukesch, Zürich 1988, Limmat Verlag.

5 *Der wissenschaftliche Spazierstock*, S. 195.

6 *Das Schmettern des gallischen Hahns*, S. 138.

7 *Reportagen aus der Schweiz*, S. 23.

8 Ebd., S. 89 [aus dem Brief eines Schülers der Kantonsschule Chur an Lehrer Meienberg].

9 *Der wissenschaftliche Spazierstock*, S. 13.

10 *Reportagen aus der Schweiz*, S. 153.

11 Die Selbstgerechtigkeit dieser Kritik ist atemberaubend. Meienberg, der Frauen ständig unterschlägt, wirft ebendieses dem Papst vor! Anbei – wiederum nur der Vollständigkeit halber – jene Spurenelemente sprachlicher Gerechtigkeit (sog. Splitting), die ich im Meienbergschen (Spät-)Werk ausmachen konnte:

- Die Saisonarbeiter, [...] damals noch *Schweizer und Schweizerinnen* [...] (Schwz. 186)
- [...] die Winterhilfe für bedürftige *Rentnerinnen und Rentner* [...] (Spaz. 90)
- [...] mit seinen *Gymnasiasten und Gymnasiastinnen* [...] (Spaz. 133)
- [...] ganze Bataillone von *Joycianer/innen* [...] (Tats. 103)
- Bei Burger, Laederach, Leutenegger und vielen andern wird man den Eindruck nie los: da ist *eine(r)* hingesessen im Bewußtsein, Literatur zu machen [...] (Tats. 155)
- Nie wäre *einer oder eine* aufgestanden und hätte Silberling seine sieben Wahrheiten ins Gesicht gesagt [...] (Spaz. 30)
- Und eben dazu brauche man einen Loft, [...] wo die Produktion [...] auf den Boden der Wirklichkeit gestellt werden könne, nachdem sie den *Schöpfern und Schöpferinnen* entschlüpft ist bzw. entwürgt worden ist; [...] wo jetzt *ein Schriftsteller* seine Buchstaben ordne, seien früher Wadenbinden [...] verfertigt worden; wo jetzt *eine Malerin* ihre Pinsel in ihre Töpfchen tunke, seien noch bis 1960 Kaffeebohnen [...] geröstet worden, wo jetzt *eine Silberschmiedin* ihre wildesten, aber zugleich zartesten und meditativsten Schmuckstücklein behämmere, sei vor nicht geraumer Zeit eine Sackfabrik der allergröbsten Art beheimatet gewesen, wo jetzt *eine zürcherische Ballettratte* ihre *Ballettschwänzlein & -röcklein* dressiere, seien [...] noch vor kurzem [...]

Textilien produziert worden. (Tats. 195 f.) [Frauen werden hier zwar nicht wie üblich vergessen, aber nur, um der Lächerlichkeit preisgegeben zu werden.]

• Durch die drei verglasten Gänge schritten die Nerzträgerinnen, Smokingträger, Lackbeschuhten, die Edelsteinbehängten, Geschmeideverzierten, die Boa- und Stolageschmückten, Capeverhüllten, Pelzvermummten, Aufgeschminkten, Paillettenglitzernden, Perlenkettendekorierten, nämlich die *Aktionäre und Aktionärinnen* der Oper, nachdem sie aus Taxis oder glitzernden, zum Teil auch gepanzerten, Limousinen gestiegen waren, in die geschlossene Vorstellung und erklommen gierig die Treppe zum Foyer, wo sofort ein Gegacker ohnegleichen anhub. (Spaz. 90) [Splitting hier nur deswegen, weil er vor allem die Frauen beschimpft, vgl. die Nerzträgerinnen, Edelsteinbehängten, Geschmeideverzierten, die Boa- und Stolageschmückten, Pelzvermummten, Aufgeschminkten, Paillettenglitzernden, Perlenkettendekorierten – und vor allem das »Gegacker«!]

• Michel [...] hat seine untergebenen *Laborantinnen und Laboranten* zuerst gefragt, wie sie ihren Arbeitsplatz am liebsten haben möchten [...] (Spaz. 239) [Splitting wahrscheinlich, weil überwiegend Laborantinnen da waren – ein »Frauenberuf«. Es ließ sich sozusagen nicht vermeiden.]

• [Sie, eine US-amerikan. Offizierin] gehe dann wieder mit ihren *Schützlingen und Schützlinginnen* für drei Tage ins Feld [...] (Tats. 186) [Splitting rein thematisch bedingt.]

• Der einzelne *Soldat resp. Soldatin* sehe alles immer nur aus einem engen Blickwinkel [...] (Tats. 178) [dito].

12 *Vorspiegelung wahrer Tatsachen*, S. 135.

13 Diesen überaus nützlichen Begriff (wie sind wir bloß bisher ohne ihn ausgekommen?!) verdanke ich Julia Penelope 1987.

Ist dies schon Wahnsinn, hat es doch Methode[1]

Vortrag für die Veranstaltung »Zur Krise der politischen Kultur« am 17. März 1988 in der Akademie der Männer-Künste[2], Berlin, anläßlich der Verfassungsklage von 35 Filmarbeiterinnen gegen die Regierung der Bundesrepublik Deutschland

Am vergangenen Sonntag [12./13. März 1988] hab ich mir nachts das Tennis-Match zwischen Steffi Graf und Gabriela Sabatini angesehen. Danach verlas Hans Joachim Kulenkampff Nachtgedanken, diesmal von Emerson. Zum Programmschluß gab es, wie üblich, das Deutschlandlied, dazu wurde »Westfälisches Handwerk« gezeigt. Es waren fast ausschließlich Männer am Werk. Eine einfühlsame optische Realisierung des »Liedes der Deutschen«, denn die Deutschen sind anscheinend alles Männer:

Einigkeit und Recht und Freiheit
Für das deutsche **Vater**land!
Danach laßt uns **alle** streben
Brüderlich mit Herz und Hand!
Einigkeit und Recht und Freiheit
Sind des Glückes Unterpfand –
Blüh im Glanze dieses Glückes,
Blühe, deutsches **Vater**land.

Die erste Strophe dieses Vaterlandsliedes darf bekanntlich nicht mehr gesungen werden:

Deutschland, Deutschland über alles,
Über alles in der Welt,
Wenn es stets zu Schutz und Trutze
Brüderlich zusammenhält,
Von der Maas bis an die Memel,
Von der Etsch bis an den Belt –
Deutschland, Deutschland über alles,
Über alles in der Welt.

Das größenwahnsinnige »Deutschland, Deutschland über alles / Über alles in der Welt« weckt fatale Erinnerungen; das »Von der Maas bis an die Memel, / Von der Etsch bis an den Belt« könnte unsere Nachbarinnen und Nachbarn bös vergrätzen.

Die erste Strophe des Deutschlandlieds ist »chauvinistisch« im traditionellen wie auch im modernen Sinn des Wortes. Ich zitiere aus dem Großen [sechsbändigen] Duden-Wörterbuch der deutschen Sprache von 1976:

Chauvinismus:
übersteigerter Patriotismus, Nationalismus [oft militaristischer Prägung], woraus Nichtachtung anderer Nationalitäten resultiert;
männlicher Chauvinismus:
übertriebenes männliches Selbstwertgefühl und Bevorzugung der Angehörigen des männlichen Geschlechts; Lehnübersetzung von engl.-amerik. *male chauvinism*.

Diese Veranstaltung trägt den Titel »Zur Krise der politischen Kultur«. Der herr-schende Begriff von »politischer Kultur« verträgt sich nicht mehr mit der ersten Strophe des Deutschlandlieds, da ist mann sensibel, besser: aus Schaden klug geworden. Nationalchauvinismus ist nicht mehr so ganz *in*. Völlig unsensibel ist mann jedoch anscheinend für den **männlichen** Chauvinismus, der das »Lied der Deutschen« prägt von der ersten bis zur letzten Strophe.

Die erste Strophe ist geächtet, die letzte wird uns seit der Wende allnächtlich um die Ohren gehauen – was ist mit der zweiten Strophe? Niemand spricht von ihr, niemand singt sie uns aus der Glotze vor – dabei birgt sie doch den Schlüssel für das Ganze. Ich zitiere:

Deutsche Frauen, deutsche Treue,
Deutscher Wein und deutscher Sang
Sollen in der Welt behalten
Ihren alten schönen Klang,
Uns zu edler Tat begeistern
Unser ganzes Leben lang –
Deutsche Frauen, deutsche Treue,
Deutscher Wein und deutscher Sang!

»Lied **der** Deutschen« heißt das Deutschlandlied ursprünglich. Die zweite Strophe macht unmißverständlich klar, **wer** das eigentlich ist, »**die** Deutschen«, **wem** es sozusagen in die schon immer so sangesfreudige Kehle geschrieben wurde: dem deutschen Mann. Denn es ist nicht anzunehmen, daß Hoffmann von Fallersleben (1798 - 1874) das Lied für nationalchauvinistische deutsche Lesben geschrieben hat, die sich nur von **deutschen** Frauen zu edler Tat begeistern lassen sollen.

Klar, die politische Kultur dieses Landes steckt seit Jahrhunderten in einer tiefen Krise, in knietiefem Matscho sozusagen – nur: Die Träger dieser sogenannten Kultur merken es überhaupt nicht.

Es ist bisher auch nur wenigen Frauen aufgefallen, daß unsere Parlamente allesamt verfassungswidrig bestückt sind. In diesen sogenannten Volksvertretungen ist nämlich die Mehrheit des Volkes, die Frauen, so gut wie nicht vertreten. Wie lautete doch der kühne Spruch der US-amerikanischen Revolution: *No taxation without representation!* ›Keine Steuern ohne Vertretung [im englischen Parlament]‹. Ein sehr beherzigenswerter Gedanke für alle deutschen Frauen! Keine Steuern mehr zahlen und das so Ersparte – unter anderen – großherzig den armen deutschen Filmemacherinnen zukommen lassen, damit aus unserer Herrenkultur endlich mal eine Kultur wird.

Bekanntlich haben wir Frauen es allein einer Frau, Elisabeth Selbert, zu verdanken, daß der Artikel 3 Abs. 2 des Grundgesetzes überhaupt dort hineingekommen ist. Im übrigen sind wir an diese ganzen von Männern erlassenen Gesetze eigentlich nicht gebunden. Mit »eigentlich« meine ich: rechtsethisch und rechtsphilosophisch betrachtet. Rechts-ethisch gilt der Grundsatz, daß eine Gemeinschaft sich an genau die Gesetze gebunden fühlt, die sie sich selbst erlassen hat. Deshalb befolgen wir hier nicht die Gesetze der DDR, der Sowjet-Union oder Saudi-Arabiens.

Übrigens richten sich natürlich auch die Zehn Gebote nur an einen Bruchteil der Bevölkerung, denn es steht geschrieben: Du sollst nicht begehren deines Nächsten Weib.

All dies –

- unsere Nationalhymne ist von A bis Z eine Hymne für einen Männergesangverein
- unsere Volksvertretungen sind Mannsvolksvertretungen
- die Zehn Gebote gelten nicht für Hetero-Frauen [auch nicht für Kinder und schwule Männer, übrigens]

– und vieles andere dergleichen ist den meisten nicht bewußt, auch den meisten Frauen nicht. Wir leben buchstäblich in einem Irrenhaus – aber die meisten finden, es sei kein Irrenhaus. Sie sind in dem Irrenhaus namens Patriarchat aufgewachsen und haben nie etwas anderes kennengelernt.

Ich möchte die Bezeichnung »Irrenhaus« etwas erläutern. Wir glauben doch alle, wir lebten in einer Demokratie. Demokratie heißt »Herrschaft des Volkes«. Wer aber herrscht, ist klar. Es ist nicht das Volk, sondern das Mannsvolk.

Außerdem glauben wir alle, daß Frauen und Männer im wesentlichen gleich begabt sind. Heimlich mögen Männer sich weiter einbilden, sie seien viel klüger, aber laut wagt das heute kaum noch einer zu sagen, wenn er nicht durch ebendiese Behauptung das Gegenteil beweisen möchte.

Die Begabungen eines Volkes sind – da sind wir uns doch einig – dessen größtes Kapital. Unser Volk nun wie auch alle anderen Völker lassen die Hälfte dieses Kapitals brachliegen. Das ist schlimm und grotesk genug – was aber vollends unbegreiflich ist, ist die Tatsache, daß die meisten Männer und auch die meisten Frauen diesen Skandal nicht wahrnehmen. Die Männer beteuern, hier würden keine Frauen unterdrückt, und die Frauen versichern jedem, der es hören will, sie würden nicht unterdrückt, sie nicht, und das ganze Emanzengerede sei doch reine Hysterie. Nicht die Gesellschaft ist verrückt, sondern eben die Emanzen.

Frauen leisten weltweit zwei Drittel der Arbeit. Dafür bekommen sie ein Zehntel des Lohns. Und wir besitzen genau ein Prozent des Weltvermögens.

Das ist keine Erfindung hysterischer Emanzen, sondern die offizielle Feststellung der UN zum Jahrzehnt der Frau, aus dem Jahre 1980.

Es ist dies zwar ein Faktum, aber es ist nicht sehr bekannt. Bekannt ist statt dessen, daß wir in einem demokratischen Rechtsstaat leben. In diesen beiden Wörtern, *demokratischer Rechtsstaat*, kommt das Wort *Mann* nicht vor. Das Wort *Mann* kommt übrigens auch im Deutschlandlied nicht vor, sondern: das Wort *Frau.* Eine kluge Frau, ich glaube, es war Sophie Behr, hat dazu einmal bemerkt: In einem Italienführer würden wir auch nicht nach dem Stichwort *Italien* suchen, nicht wahr? Der Italienführer *handelt* eben von Italien, das genügt. Aber etwa italienische Kolonien, ehemalige, die könnten in einem Italienführer wohl aufgeführt sein. Und nach demselben Muster finden wir im Deutschlandlied denn auch die deutschen Frauen, *besungen* vom deutschen Mann. Der Mann singt es, die Frau wird besungen. Der

Mann macht die Filme und das Fernsehen und den Rest der sogenannten Kultur; die Frau ist ein Gegenstand unter anderen in seinem Kulturbeutel.

Ich wollte aber der beunruhigenden Frage nachgehen, wieso die meisten das alles normal statt irrsinnig finden, gerecht statt ungerecht. Dafür gibt es zwei einfache Erklärungen:

1) Unterdrückung ist erst dann vollendet gelungen, wenn die Unterdrückten dasselbe glauben und wollen wie ihre Herren **und die Interessen der Herren mit ihren eigenen verwechseln**. Solange dies nicht erreicht ist, können die Herren ihre Herrschaft nicht richtig genießen, weil sie gegen den Widerstand der Unterdrückten kämpfen oder mindestens arbeiten müssen. Bezogen auf Frauen, Männer und sämtliche Aspekte der Kultur:
   Wer durchgesetzt hat, daß *seine* Version von Kultur als *die* Kultur gilt, hat gewonnen.

2) Eine rebellische Sklavin ist keine »gute« Sklavin. Sie macht ihrem Besitzer Ärger und ihren Mitsklavinnen angst.

Vor einigen Jahren sollte hier an der Freien Männer-Universität Berlin ein Frauen-Lehrstuhl errichtet werden, ein Lehrstuhl für Frauenforschung. Der Wissenschaftssenator, Kewenig, lehnte ab. Er fand die Idee damals nachgerade schwachsinnig. Er begründete seine Ablehnung mit dem Satz: Wir brauchen keinen Frauen-Lehrstuhl – schließlich gibt es ja auch keine Männer-Lehrstühle. Es war ihm bis dahin nicht aufgegangen, daß *alle* Lehrstühle an der Freien Männer-Universität Berlin wie auch an der TMU (Technische Männer-Universität) Männer-Lehrstühle sind. Nur: Sie heißen nicht so. Es ist genau wie mit dem Geld: Man spricht nicht davon, man hat es eben. Vom männlichen Geschlecht spricht man nicht – man hat es eben. Diejenigen, die es nicht haben, das männliche Geschlecht oder das Geld, haben eben Pech gehabt.

Helke Sander, Initiatorin dieser Veranstaltung, schreibt in ihrem Thesenpapier:

> Es soll der Frage nachgegangen werden, wieso diese selbstverständliche Tradierung männlicher Dominanz nicht Männern selbst als Mangel bewußt wird [ich füge hinzu, sicher mit Helkes Einverständnis: Es wird auch Frauen nicht als Mangel be-

wußt, in der Regel]. Es wird der Skandal erörtert, der darin liegt, daß Männer ständig den Teil für das Ganze ausgeben und sich deshalb anmaßen, für Menschen allgemein zu sprechen und doch nur sich meinen.

Gott ist Mensch geworden, aber nicht Frau. Das wäre auch wirklich zu lächerlich gewesen. Und dieser menschgewordene Gott, Jesus, hat dann **stellvertretend** die Sünden der **Menschheit** auf sich genommen. Hätte er die Menschheit auch richtig vertreten können, wenn er eine Frau oder schwarz oder gar beides gewesen wäre?

- Die Affen sind »unsere haarigen Vettern«, niemals »unsere haarigen Cousinen«.
- Ein Hund, egal ob Männchen oder Weibchen, macht Männchen, wenn er sich »wie ein Mensch« aufrichtet.
- Wenn kleine Kinder oder auch Erwachsene menschenähnliche Figuren aufs Papier kritzeln, heißt es, wir malen »Strichmännchen«.
- Die menschenähnlichen Wesen, die auf dem Mars vermutet werden oder wurden, heißen »Marsmännchen«.

Immer und immer und immer wieder dasselbe: Der **typische Mensch**, derjenige, der die Gattung als solche vertreten kann, ist der Mann. Wie ist das nur möglich, wo wir doch alle genau wissen, daß die Gattung Mensch aus zwei Geschlechtern besteht und daß das weibliche Geschlecht zahlenmäßig überwiegt, biologisch das ursprüngliche und überdies das lebensfähigere ist?

Eine theoretische Erklärung für dies eigenartige Phänomen, diesen »Wahnsinn mit Methode«, wurde erst in den letzten Jahren gefunden, und zwar – es überrascht kaum – von einer Frau, der US-amerikanischen Psychologin Eleanor Rosch[3]. Ihre Forschungsergebnisse, bekannt unter dem Namen »Prototypentheorie«, revolutionierten die seit Jahrtausenden, von Aristoteles bis Wittgenstein, gültigen Theorien über die menschliche Begriffsbildung, ja über das menschliche Denken überhaupt.

Wurde in der klassischen Logik bisher angenommen, daß, grob gesprochen, die Mitglieder einer Klasse dieser Klasse alle gleichberechtigt angehören, so konnte Eleanor Rosch nachweisen, daß dieses Strukturmodell vielleicht logisch sein mag, aber empirisch unangemessen ist. Die Menschen denken ganz anders!

Unter den Mitgliedern jeder Kategorie gibt es nämlich solche und solche. »Gute«, »typische« Beispiele für die Kategorie als Ganzes – und schlechte. Nehmen wir z. B. die Kategorie Vogel. Gute Beispiele sind etwa der Spatz und der Adler, nicht so gute Beispiele sind etwa die Eule, das Huhn, die Ente, der Pinguin und der Vogel Strauß. Ente und Pinguin sind in unserem Denken eher so etwas wie »eine Art Vogel«; sie werden fast nie genannt, wenn bei einem Test jemand spontan einen Vogel nennen soll.

Oder nehmen wir die Klasse der Stühle. Der typische Stuhl ist der Küchen- oder Eßzimmerstuhl. Nicht typisch sind dagegen Zahnarztstühle, Schaukelstühle, Rohrstühle, Drehstühle. Ganz untypisch ist der elektrische Stuhl und erst recht der gynäkologische. Der gynäkologische Stuhl ist höchstens »eine Art Stuhl«, die Frau höchstens »eine Art Mensch«, im männlichen Denken sowieso – leider aber auch in unserm eigenen.

Offenbar hat Prototypizität etwas mit Häufigkeit des Vorkommens, mit Präsenz und über die Präsenz mit Vertrautheit zu tun. Im Patriarchat sind Männer **omnipräsent** – wir brauchen ja nur mal das Fernsehen einzuschalten, dann bekommen wir mehr Männer zu sehen als jemals »im wirklichen Leben«. In der Sprache, jenem Medium, das allen anderen Medien zugrunde liegt, haben Männer es mittels einer ehernen Grammatikregel dahin gebracht, daß jede noch so riesige Frauenmenge symbolisch zu einer Männermenge wird, sowie ein einziger Mann hinzukommt. 99 Schauspielerinnen und ein Schauspieler sind auf deutsch zusammen 100 Schauspieler. 100 Schauspieler (darunter können, wie gesagt, ruhig bis zu 99 Frauen sein) – 100 Schauspieler und ein Regisseur dagegen sind zusammen hundert Schauspieler und ein Regisseur. Auch sind zwei Italiener und zwei Franzosen niemals zusammen vier Franzosen, und wenn sie sich noch so lieben!

Wenn man Personen auffordert, »ganz spontan« einen Vornamen zu nennen, werden ganz spontan fast nur männliche Vornamen genannt.

Es gibt weißen und braunen Zucker, außerdem Streuzucker, Würfelzucker und Kandiszucker. Niemand wird behaupten, die eine Sorte Zucker sei per se besser als die andere. Wenn ich aber ins Geschäft gehe und »ganz neutral« ein Pfund Zucker verlange, bekomme ich weißen Streuzucker, den prototypischen Zucker. Wenn mal keiner da ist, werde ich gefragt: »Darf es auch Würfelzucker/brauner Zucker sein?«

Es gibt koffeinhaltigen und koffeinfreien Kaffee. Niemand wird behaupten, die eine Sorte Kaffee sei per se besser als die andere. Aber wenn ich »neutral« ein Pfund Kaffee verlange, bekomme ich koffeinhaltigen Kaffee, eben den normalen oder typischen Kaffee. Na, Kaffee eben bekomme ich. Wenn ich mich »pluralistisch« ausdrücke und »zwei verschiedene Sorten Kaffee« verlange – bekomme ich zwei verschiedene Sorten des »typischen«, koffeinhaltigen Kaffees.

Und wenn öffentliche Entscheidungspositionen besetzt werden sollen, ganz neutral und gerecht mit Menschen, die in der Filmbranche tätig sind – dann bekommen es die typischen Menschen, die Männer. Pluralismus ist auch garantiert: Die Sitze gehen an verschiedene Sorten von Männern, an Männer aus verschiedenen Berufssparten sowie konfessionellen und politischen Lagern. Nur wenn zufällig kein Mann zur Hand ist, darf es, wie beim Würfelzucker, vielleicht auch mal eine Frau sein.

Deshalb ist es, wo immer Gerechtigkeit verwirklicht werden soll, grundfalsch, sich »ganz neutral« auszudrücken. Denn die neutralen Bezeichnungen begünstigen unweigerlich die Prototypen. Im Patriarchat sind das die Männer. Die Typen eben.

1988

Anmerkungen

1 Shakespeare, *Hamlet*.
2 Diesen zutreffenden Terminus kreierte Helke Sander.
3 Vgl. die Bibliographie.

Lobe den Herrn – in *Spiegel*, *Zeit* und *Stern*

1 Einleitung

Dieser Text wurde bestellt vom Deutschen Journalistinnenbund anläßlich der Jahrestagung im Juni 1989. Erwünscht war eine Analyse der Sprache der Journalistinnen und Journalisten aus feministisch-linguistischer Sicht. Mein erstes Problem war das der Eingrenzung. Ich orientierte mich am bewährten Stichproben-Verfahren der Stiftung Warentest und erstand Ende April 1989 an meinem Kiosk folgende sieben Zeitschriften:

> *Der Spiegel* Nr. 18, *Die Zeit* Nr. 18 samt *Zeit-Magazin*, *Der Stern* Nr. 18 samt *stern-tv-magazin*, *Frau im Spiegel* Nr. 18, *Bild der Frau* Nr. 17, *Brigitte* Nr. 9, *Journal für die Frau* Nr. 9.

Da das *gesamte* Sprachmaterial in diesen sieben Zeitschriften immer noch viel zu umfangreich für eine vernünftige Analyse war, mußte ich weiter auswählen. Artikel über Schlankheitsdiäten, Handarbeiten, Kochrezepte usw. konnten nicht berücksichtigt werden, da sie nur in den sog. klassischen Frauenzeitschriften, eventuell noch in Funk- und Familienzeitschriften, vorkommen, nicht aber in *Spiegel*, *Zeit* und *Stern*. Umgekehrt fehlen Artikel über Politik und Wirtschaft in den Frauenzeitschriften weitgehend. Eine Artikelkategorie, die beide Zeitschriftentypen aufweisen, ist aber das »Persönlichkeits-Porträt«. Unter dem Aspekt der Geschlechtsdifferenz haben wir es dabei mit drei Parametern zu tun:

1) der Rahmen: Frauen- oder Männerzeitschrift
2) das Geschlecht der Person, über die geschrieben wird
3) das Geschlecht der Person, die den Artikel geschrieben hat.

Es ergeben sich mithin $2^3 = 8$ Fragen folgender Art:

> Wie schreiben Männer über Männer in Männerzeitschriften?
> Wie schreiben Frauen über Männer in Männerzeitschriften?
> Wie schreiben Männer über Frauen in Frauenzeitschriften?
> Wie schreiben Frauen über Frauen in Frauenzeitschriften?
> usw.

Folgende Porträts habe ich für die Analyse ausgewählt:

Spiegel: Hemingway (Gunar Ortlepp), Kennedy (?), Thatcher (?), Richard Burton (Peter Stolle)
Stern: James Brown (Michael Goldberg), Amadeus August (Thomas Olivier)
Zeit: Wittgenstein (Reinhard Merkel), Kurt Schumacher (?), Thomas Bernhard (Rolf Michaelis)
Journal für die Frau: Paula Modersohn-Becker (Monali Hierl), Sophie Freud Löwenstein (Walter Unger), Amadeus August (Andrea Riepe)
Brigitte: Tania Blixen (Verena C. Harksen), Katharina Franck (Jochen Siems)
Frau im Spiegel: Paganini (Gisela Weber-Heydemann), Eva Pflug (Mic), Caroline von Monaco (?)
Bild der Frau: Dustin Hoffman (Dagmar Rathke-Schmidt), Christian Wolff (Gabriela Schäffling), Thatcher (?)

Das Burton- und das Bernhard-Porträt stammen aus früheren Ausgaben des *Spiegel* bzw. der *Zeit*: Ich habe sie – wie auch den *Spiegel*-Artikel über Vollzugsbeamtinnen im Männer-Zuchthaus San Quentin und den *Stern*-Titel-Aufreißer »Literatur obszön: Frauen beschreiben ihre Lust« – wegen ihrer besonderen Eignung für unsere Thematik mit einbezogen.

Neben den Artikeln über die Promis gab es auch solche über »einfache Menschen«, interessanterweise überwiegend in den Frauenzeitschriften, vor allem in *Bild der Frau*. Dort figurieren die männlichen Promis unter der Rubrik »Menschen« und die Frauen wie du und ich unter »Schicksale«, wobei mit »Schicksale« Schicksalsschläge gemeint sind. Auch die *Frau im Spiegel* hat zwei Artikel über einfache Frauen, die vom Schicksal medienreif geschlagen worden sind.

Artikel über einzelne, durch ein Schicksal geadelte einfache Männer habe ich nicht gefunden.

2 Das Prinzip »Lobe den Herrn«

2.1 *Die Archetypen: Don Juan und Faust*

Im Laufe meiner emsigen, wenngleich zunehmend widerwilligen Lektüre bin ich immer wieder auf Stories gestoßen, die nach Art der alten Heldensagen angelegt waren. Gepflegt wird nicht so sehr der strahlende, sondern der tragische Held. Heldenhaft und strahlend ist in der Regel seine Leistung, düster ist sein Ende. Archetyp des *Spiegel*- und *Stern*-Helden ist Don Juan, der Wüstling, mit dem es zwar ein böses Ende nahm, der aber sein ruchloses Leben tapfer und in vollen Zügen genossen hat.

Archetyp des *Zeit*-Helden ist dagegen Faust, der mit dem faustischen Ringen um die letzten Wahrheiten. Oder Jesus Christus – auf jeden Fall eine nicht erst am Ende, sondern von allem Anfang an tragische Gestalt. Dem *Zeit*-Helden haftet etwas Masochistisches an, Lebensgenuß ist ihm fremd, während der *Spiegel*- und *Stern*-Held gerade am Übermaß des Genusses tragisch eingeht.

2.2 *Typische Heldensagen in ›Spiegel‹ und ›Stern‹*

Das *Stern*-Buch *Hemingway und die Frauen* von Viktor Schuller wird wie folgt angepriesen: »Das hat's vor ihm noch nie gegeben: Ein Schriftsteller populär wie ein Filmstar. Ernest Hemingways extravagantes und gefährliches Leben kann sich durchaus mit dem eines Leinwand-*Helden* messen. Frauen*held* und Abenteurer, Whiskysäufer und Großwildjäger – und dann auch noch Schriftsteller und Dichter?«[1] (m. H.)

Wir lernen: Hemingway wußte sein Leben zu genießen und produzierte dennoch Weltliteratur. Schauen wir uns denselben Helden aus der Sicht des *Spiegel* an:

> [...] kein Schriftsteller dieses Jahrhunderts hat seine Zeitgenossen dermaßen fasziniert [die Frage sei erlaubt: etwa auch die Zeitgenossinnen?], keiner auch hat je sich so bravourös in Szene gesetzt wie »Old Hem«, der Champion an der Schreibmaschine, der hartgesottene, verwegene, fröhlich über die Stränge schlagende Krieger, Boxer, Stierkampf-Aficionado, Hochseefischer und Großwildjäger von den grünen Hügeln Afrikas.
> Als er aber in aller Welt so berühmt war, wie ein Autor nur

berühmt sein konnte, wurde er ein trauriger alter Mann, zerrüttet von Alkohol und schweren Depressionen, von Vernichtungsängsten und Todessehnsüchten heimgesucht, und eines Morgens im Juli 1961, da gerade die Sonne aufging hinter den kahlen Bergen von Sun Valley, Idaho, schlich er sich aus dem Schlafzimmer, tappte hinab in den Keller zu den Waffen, lud eine der doppelläufigen Jagdflinten und schoß sich im Windfang das Gehirn aus dem Schädel.

> Fast drei Jahrzehnte sind vergangen, seit ihm die letzte Stunde schlug, doch unvergessen, überlebensgroß, ragt er noch immer empor vor den Augen der Nachwelt, ein tragischer Held des amerikanischen Traums, dessen Legende sich bis in die Gegenwart hinein fortspinnt [...][2]

Der üblicherweiser eher nüchterne *Spiegel* verliert sich bei diesem Heldengesang in Lyrismen und Schwärmerei...

Ein anderer genialer Wüstling war Richard Burton, den uns der *Spiegel* wie folgt präsentiert:

> Er war schon damals ein verrufenes Subjekt, jähzornig und aggressiv, ein Kerl von wahrhaft animalischer Sexualenergie und einer der gewaltigsten Trunkenbolde in der Geschichte der organischen Natur. Dem Kollegen Stewart Granger hatte er mühelos dessen zierliche Gefährtin Jean Simmons ausgespannt; in seiner Studio-Garderobe waren Scharen nackter Frauen gesichtet worden [...]
>
> Im Vereinigten Königreich war der Wüstling auch schon einschlägig bekannt, aber vor allem als genialischer Shakespeare-Schauspieler. Der Junge »hat den Teufel im Leib«, so ächzten die Londoner Theatermacher, wenn Burton – stark betrunken – auf die Probe wankte und abends, immer noch bezecht, hinreißend den Othello, Hamlet oder Caliban spielte, mit leidenschaftlicher, intelligenter Stimme und suggestiver Bühnenpräsenz.[3]

Was dem *Spiegel* sein Burton, ist dem *Stern* sein James Brown: Ihm wird zunächst bescheinigt, daß wir so ziemlich jede wirkliche Neuerung in der populären Musik der letzten 20-30 Jahre seinem Genie zu verdanken haben, und dann geht es los:

> Meistens ließ Brown seine Gewaltausbrüche an Frauen aus. Seine Freundin Tammi Terrell [...] »prügelte er blutig«. Auch die damalige Mrs. Brown, Deirdre, wurde geschlagen.

> Sein Opfer in den letzten Jahren war Ehefrau Adrienne. Für Sheriff [...] Heath [...] gehören Einsätze gegen den ausgerasteten Soul-König seit zweieinhalb Jahren zur Routine. Adrienne oder ihre Mutter baten 1984 einmal um Hilfe, 1985 dreimal, 1987 einmal, vergangenes Jahr sechsmal.
> [...] In einer Zeit, da Rockstars Rebellion und chaotisches Leben nur noch auf der Bühne vorführen und sich privat der Vermarktung ihrer Person und der Anlage ihres Vermögens widmen, ist James Brown ein Anachronismus. Er hat sich die Wut des Jungen aus dem Slum von Augusta erhalten.
> [...] Er hat eine feine Antenne für jede versteckte Demütigung [das ist keine Ironie!!].[4]

Diesen Supermännern gelingt das Unmögliche: »Frauenheld und Abenteurer, Whiskysäufer und Großwildjäger – und dann auch noch Schriftsteller und Dichter!« – »stark betrunken, aber hinreißend als Schauspieler«. Und, wie mann weiß: weltberühmt waren sie auch noch. Waren sie es nicht vielleicht gerade deswegen, weil sie so emsig gesoffen und herumgehurt haben? Genau dies scheinen die Texte zu suggerieren: Die außergewöhnliche Leistung ist das Ergebnis des Exzesses, nicht des Alltagstrotts, wie wir ihn kennen, Hinz und Kunz und Lieschen Müller. Eines Exzesses, wohlgemerkt, vor allem im Konsum: von Alkohol, Frauen und »dem Abenteuer/Leben«.

Auch fällt auf, daß die Helden vom Typ »genialer Wüstling« Anglo-Amerikaner sind: Hemingway, Burton, James Brown – von Kennedy wird noch zu reden sein. Die USA – das gelobte Land des Kapitalismus, der Werbung und des Konsums...

Im Laufe meiner Arbeit an diesem Aufsatz stieß ich in einer US-amerikanischen Zeitschrift auf folgende Heldensage:

> Babe Ruth, who could cuss, guzzle and whore to outdo any sailor of legend, was also the most genial and accommodating of men. [Babe Ruth (ein berühmter Baseballspieler), der besser fluchen, saufen, fressen und herumhuren konnte als jeder noch so legendäre Seemann, war zugleich die Liebenswürdigkeit in Person.][5]

Wie sich doch die Bilder gleichen. Die Frage ist: Was soll mit diesem Stereotyp erreicht werden?

In derselben US-amerikanischen Zeitschrift fand ich folgende erhellende Information über eine umwälzende Strategie-Neuerung in der Geschichte der Werbung:

> [...] Pepsi's wildly successful »lifestyle« advertising campaign: the ›Pepsi Generation‹. The idea [...] was »not to sell the consumer on the virtues of the product but to *position* the product so that it gains an aura that the consumer wants to share.[6]

Mein Stiefvater, seit einem Jahr im Ruhestand, war Manager. Er jettete von einem Termin zum nächsten. Jede Nacht in einem andern Hotel, das aber exakt so aussah wie das, was er gerade verlassen hatte. In seinen trostlosen Luxusgefängnissen las er gern den *Spiegel* und den *Stern*, selten die *Zeit*, wohl nicht nur, weil sie so unhandlich ist. Seinen Urlaub verbringt er meist in der schwedischen Wildnis, besonders gern auf Elchjagd. Der Urlaub sollte und soll möglichst das Gegenteil sein von dem, was er sonst so treiben mußte: frei, wild, abenteuerlich, selbstbestimmt.

Die Männerporträts im *Stern* und im *Spiegel* scheinen mir exakt auf seine Bedürfnisse und Urlaubsträume abgestimmt zu sein: »the product is positioned so that it gains an aura that the consumer wants to share«. Aber: Wer oder was ist hier das Produkt? Der *Stern*, der *Spiegel*? Die Heldensage? Etwa der jeweils porträtierte Held selbst?

Spiegel und *Stern* sind Hochglanzbroschüren. Der Leser soll konsumieren und genießen wie diese Helden: erstens Frauen (dafür braucht er anscheinend teure Unterwäsche und Duftwässerchen, Designer-Kleidung, überhaupt teures Outfit bis hin zum Wagen und zur Wohnung, teure Geschenke für die Dame), zweitens Alkohol, drittens das Abenteuer Leben (Fluggesellschaften, Autos). Im Beruf soll er jedoch strebsam sein (Anzeigen für teure Chronometer, die ihm die kostbare Zeit zumessen, teure Chef-Sitzmöbel für den kostbaren Hintern und Rücken, teure Büromöbel überhaupt, die allerneuesten Computer). Da Höchstleistung und Saufen nicht gut zusammengehen, pflegen beide Zeitschriften in ihren Porträts den Supermann, der superleistungsfähig ist, obwohl er säuft und herumhurt. Der Trost für das sehr wahrscheinliche Scheitern des Nacheiferns wird gleich mitgeliefert: Mit dem Supermann nimmt es ein böses Ende, und sein Adept darf sich im [Designer-]Sessel zurücklehnen und mit vollem Recht fragen: Hätte sich denn der **volle** Einsatz überhaupt gelohnt bei diesem Ende?!

Nebenbei bemerkt: Die Frau wird bekanntlich einem anderen gezielten Widerspruch ausgesetzt: Sie soll liebevoll kochen für sich und ihre Lieben – und ganz, ganz schlank bleiben. Diese widersprüchlichen subliminalen Botschaften werden beide, Frau und Mann, zerreißen und unglücklich machen, d.h. bereit zum tröstenden Konsum, zu den Frust- und Suchtkäufen.

Für die Anzeigenkunden des *Spiegel* und des *Stern* sind die Magazine eines unter vielen Produkten, in denen sie ihre Anzeigen plazieren können. Die Nr. 18 des *Spiegel* enthält auf 260 Seiten 11 ganzseitige Anzeigen für alkoholische Getränke: fünfmal Bier, dreimal Whisky, ein Wein, ein Brandy, ein Bitter. Kein Wunder, daß der genialische Alkoholiker besonders herausgestellt wird. Die Redaktionen sind bemüht, den Anzeigenkunden ihr Produkt schmackhaft zu machen, indem sie nachweisen, daß erstens das redaktionelle Umfeld, der die Anzeigen umgebende Text, stimmig ist und zweitens, daß sie die richtigen betuchten und konsumfreudigen Leser haben. Insofern sind sicher die Magazine und die Stories bzw. Heldensagen und letztlich auch die porträtierten Herren selbst als Produkte anzusehen. Die Supermänner werden in den Heldenepen so aufbereitet, so »positioniert«, daß die Herren Leser, Manager wie mein Vater und solche, die es werden wollen, an deren Aura, einem mit höchster Raffinesse gestalteten Produkt, teilhaben wollen. Magisch angezogen von dieser Aura, fast wie Süchtige kaufen sie das Magazin regelmäßig und sind so den Anzeigen regelmäßig ausgesetzt.

2.3 Der Held in der ›Zeit‹

Die *Zeit* ist keine Hochglanzbroschüre; sie enthält m.W. keine Anzeigen für »harte Getränke« oder sonstige Dinge, die das Leben des Herrn bunt und schön machen. Dafür gibt es jede Menge große Anzeigen für schöngeistige und ernste Literatur. Der typische Held der *Zeit* ist denn auch der Geistesriese – das Leibliche ist ihm in der Regel fremd. Kein Thema. Der typische *Zeit*-Held wird uns wie folgt präsentiert:

> **Wittgenstein**: [...] eine vielfach zerrissene, sich selbst und andere quälende und begeisternde Seele[7]
> Die Gesamterscheinung des Ludwig Wittgenstein, die scharfen Kontraste in den Konturen seines Charakters bleiben undeut-

lich, wenn man die schmerzhaften Spannungen nicht wahrnimmt, die in diesem Kopf, in diesem Leben zusammengezwungen und ausgehalten worden sind.[8]

Frege: Der zeit seines Lebens in seiner überragenden Bedeutung nur von wenigen verstandene Professor aus Jena war der Begründer der modernen mathematischen Logik und damit die eigentliche Quelle der weltweit einflußreichsten Philosophie dieses Jahrhunderts, der »analytischen«.[9]

Trakl (Karl Kraus über Trakl): Es war mir immer unbegreiflich, daß er leben konnte. Sein Irrsinn rang mit göttlichen Dingen.[10]

Kurt Schumacher: Und wer nur einmal dabei war, wie Kurt Schumacher auf einer Massenkundgebung mit zuckenden Gesichtszügen hinter einer geschlossenen Maske sich bis zum äußersten konzentriert, und dann, auf dem Rednerpult, mit hervorgestoßenem Kinn, flackernden Augen und sich beinahe überschlagender Stimme die politischen Leidenschaften der Masse weckt, der sieht es: »Eine Flamme, die sich selbst verzehrt.«[11] (Dies ist ein Zitat aus der *Zeit* vor 40 Jahren, 28. 4. 1949. Die *Zeit* ist ihrem bevorzugten Heldentyp all diese Jahrzehnte treu geblieben.)

Thomas Bernhard: Hier sieht man einen zum Leben wild entschlossenen Todeswütigen am Werk, der sich übt in der Hohen Schule der Einsamkeit.[12]

Der typische *Zeit*-Held scheint eher Europäer als Amerikaner, vorzugsweise ist er Österreicher, und er ist kein tragischer Wüstling, sondern ein Schmerzensmann, der ringend ein großes Werk in der Stille schafft, unverstanden bleibt, sich verzehrt und nach dem Tod, etwa wie der klassische Prototyp Beethoven, als Titan verklärt wird.

2.4 Lobe den Herrn oder ›My gender, right or wrong‹

Es gibt einen alten Spruch: *My country, right or wrong*. In dieser Untersuchung hat sich ergeben, daß das typische Männerporträt im *Spiegel* und im *Stern* einem ähnlichen Ethos verpflichtet ist. Nach dem Motto »My sex [i. e. the male sex], right or wrong«

werden männliche Schandtaten und Unappetitlichkeiten mit einer für Frauen unverständlichen und kaum erträglichen Kritiklosigkeit nachgerade verherrlicht [s. o.]. Mindestens aber werden sie mit einem einverständlich-augenzwinkernden Schmunzeln verharmlost, wobei sich bekanntlich besonders der *Spiegel* stilistisch mächtig ins Zeug legt mit allerlei Anzüglich- und Schlüpfrigkeiten:

> **Kennedy**: Vom ersten Amtstag an (ein 38-Minuten-Quickie mit der Schauspielerin Angie Dickinson, gefolgt von einem flotten Dreier zum festlichen Abschluß der Inauguration) [...] erfüllt das Thema Nummer eins das Weiße Haus mit **prallem** Leben.
> [...] Selbst das Oval Office, Arbeitsraum der Präsidenten, sei nicht **unbefleckt** geblieben.
> [...] Mitten in New York war ihm [einem Sicherheitsbeamten] der **lust**wandelnde Kennedy abhanden gekommen.
> [...] habe sich Kennedy besonders **eindringlich** um Hollywoodstars gekümmert [...] [m. H.][13]

> **Hemingway**: Weiß Gott, er war »ein komplizierter Mensch« und gar kein netter Typ [...] ein rüder Ehegefährte und undankbarer Patron seinen Mentoren gegenüber [...][14]

> **Die Zuchthäusler in San Quentin**: Sie standen vor ihren Betten und masturbierten: One, two, one, two, hopp, hopp – wie Jungen in einem englischen [wieso englisch?] Internat, die ihre Potenz einsetzen, um die Obrigkeit herauszufordern.
> Die war eine schöne schwarze Vollzugsbeamtin in grünem Uniformtuch und schwarzen Schnürstiefeln.[15]

Die in solchen Zoten, »Herrenwitzen«, geschilderten Vorfälle und Zustände sind beleidigend, quälend, widerlich für die betroffenen Frauen, aber die Wortwahl verrät, daß gerade dies für die Erzähler lustvoll ist. Aus einem *brutalen Ehemann* wird in gespreizt-koketter Formulierung ein »rüder Ehegefährte«. Im Falle der San-Quentin-Geschichte wird die »schöne schwarze Vollzugsbeamtin« nicht nur von den Gefangenen zur Wichsvorlage degradiert, sondern auch vom Autor Helmut Sorge, der ein SM-Ritual andeutet, sogar mit einer *schwarzen* Domina – echt geil!

Unsere Herrenkultur hat die klassische Figur des Lausbubs hervorgebracht, der sich rasant emporentwickelt zum charmanten

Schwerenöter, Herzensbrecher, Don Juan. Das Wort *Lausmädchen* fehlt in unserer Sprache – für diese Figuren gibt es kein weibliches Pendant. Das richtige Mädchen hat artig, die richtige Frau folg- und sittsam zu sein.

Eine drei Seiten lange Anzeige der Firma Fuji, die ich in *Bild der Frau*[16] gefunden habe, zeigt uns auf der ersten Seite einen mit einer Kamera bewehrten und mit Spinat über und über bekleckerten Herrn. Die darauf folgende Doppelseite bringt »des Rätsels Lösung«: Der bös grinsende kleine »Lausbub«, stolz wie Oskar, hat alles mit Spinat eingemanscht, einschließlich des Erzeugers, der diese »köstliche Szene« für das Familienalbum festzuhalten sucht. – Eine **Urszene**, so scheint es mir jetzt nach der intensiven Beschäftigung mit dem Thema »Lobe den Herrn«. Eine Frau, normalerweise diejenige, die für die Sauberkeitserziehung der Sprößlinge zuständig ist, und diejenige, die den Dreck wegmachen muß – eine Frau sieht diese Szene mit völlig anderen Gefühlen, mit Ärger und Wut statt mit Stolz, während der Mann, das berühmte »Kind im Manne«, sich mit dem Sprößling identifiziert, der da frei und kühn seine spinatmanschende Lausbuben-Persönlichkeit entfaltet.

Die Frau in der Rolle der zu Ordnung und Sauberkeit erziehenden und mahnenden Mutter verkörpert dem Manne seit seiner Kindheit das störende, seine Freiheit einschränkende Gesetz. Die typische Heldentat besteht darin, das Gesetz zu übertreten:

> Sie standen vor ihren Betten und masturbierten: One, two, one, two, hopp, hopp – [...] um die Obrigkeit herauszufordern. Die war eine schöne schwarze Vollzugsbeamtin [...][17]

So wird der Mann zum Helden, egal, was er tut, right or wrong. Befolgt er die Gesetze, ist er o. k. – denn die meisten Gesetze sind ja doch von Männern gemacht. Befolgt er sie nicht, übertritt er sie, ist er vielleicht noch bewundernswerter, jedenfalls so bewundernswert wie einst der Frechdachs, der kühn dem Gequengel der Mutter und sonstiger Autoritäten trotzte.

Und für die ganz kritischen Notfälle gibt es noch das Gleichnis vom verlorenen Sohn, diesem Racker. Es ist die Liebesgeschichte zwischen Vater und Sohn, Mann und Mann, wie bei der Fuji-Reklame. Ein Gleichnis von einer verlorenen Tochter, der eine rührend gerührte Mutter alle Schandtaten vergibt, kennen wir nicht.

Der Mann befindet sich also in einer positiven Double-Bind-Situation, in einer no-lose-situation. Was auch immer er tut, er gewinnt. Es ist das exakte Gegenstück zur Situation der Frau, wie die feministische Forschung sie analysiert hat: Was auch immer die Frau tut, sie verliert: Wenn sie sich »wie eine Frau« benimmt, gilt sie als dumm und kann übervorteilt werden. Benimmt sie sich »wie ein Mann«, ist sie – selbstredend – keine richtige Frau und ist deshalb zu verachten. Musterbeispiele sind die Artikel zum zehnjährigen Dienstjubiläum von Margaret Thatcher. Im *Spiegel* beißender Spott, was immer sie tut, ob sie nach Katastrophen unverzüglich zur Stelle ist oder weiterhin Politik macht, obwohl ihre politische Bilanz doch schon »eindrucksvoll genug« ist:

> Der Londoner ›Independent‹ warf die Frage auf: ›Ist die Premierministerin übergeschnappt?‹
> [...] Keine Katastrophe ohne Maggie. Die Satire-Zeitschrift ›Private Eye‹ druckte eine ›Thatchcard‹, auf der potentielle Unglücksopfer es sich strikt verbeten [*sic*], von Frau Thatcher am Krankenbett heimgesucht zu werden.
> [...] Dabei hätte sie Anlaß genug, sich und dem Land eine Verschnaufpause zu gönnen: Ihre politische Bilanz ist eindrucksvoll genug.
> [...] Die Lady aus Downing Street macht keine halben Sachen, sie beendet ihre politischen Schlachten nicht mit Kompromissen, Frau Thatcher kämpft bis zum totalen Sieg.[18]

Für *Bild der Frau* sind dieselben Fakten zwar Anlaß zur Bewunderung (immerhin) – aber erst nachdem die nagenden Sorgen bezüglich Thatchers stets schwer gefährdeter Weiblichkeit zerstreut worden sind:

> Die Lady greift durch, aber wie.
> [...] Englands Stadien werden endlich sicher, weil sich eine Frau über alle Sports- und Politmänner hinwegsetzt und handelt. Blitzschnell und gründlich.
> [...] Der Thatcher stellen sich keine Bürokraten in den Weg, da gibt es kein »Aber« und kein »Das geht nicht«. Sie befiehlt, und basta. Trotzdem ist sie Frau geblieben, weich, mitfühlend.
> Trug letzte Woche schwarz im Unterhaus, aus Trauer um die Toten. Frau Thatcher kann auf diese Mischung aus Härte und Herz stolz sein, denn mit ihr hat sie England nach vorn ge-

bracht. 3 Prozent Wachstum – mehr als Amerika. Sie drückte die Inflationsrate von 27 auf vier Prozent – das ist absoluter Rekord.[19]

Für eine Frau ist es ein Makel, in der Politik Erfolg zu haben. Es schadet ihrer Weiblichkeit – mit anderen Worten, solcher Erfolg gebührt eigentlich nur Männern. Deshalb genügt es in solchen Fällen nicht, den Erfolg zu loben. Der sich automatisch ergebende Schandfleck auf der Weiblichkeit muß immer sogleich mitbedacht und fachmännisch entsorgt werden.

2.5 »Lobe den Herrn« in den Frauenzeitschriften ›Bild der Frau‹, ›Frau im Spiegel‹, ›Brigitte‹ und ›Journal für die Frau‹

In den Frauenzeitschriften ist das Bild des Mannes weniger phallisch aufgereckt und aufgeblasen. Der Mann bleibt mehr auf dem Teppich; gelegentlich wird er sogar kritisiert und ironisiert.

Große Stories über Männer bringen *Bild der Frau* (Dustin Hoffman und Christian Wolff), *Journal für die Frau* (Amadeus August) und *Frau im Spiegel* (Edward G. Robinson und Paganini). Die Stories in *Bild der Frau* tragen die Titel »Dustin Hoffman: ›Am liebsten möchte ich sterben‹« (von Dagmar Rathke-Schmidt) und »Christian Wolff: ›Am liebsten putze und koche ich‹« (von Gabriela Schäffling).

Hoffman wird als Superstar/Held und Schmerzensmann zugleich dargestellt, der ohne seine Frau verloren wäre: »Innig kuschelt sich Dustin an Lisa. Sie ist die Starke in unserer Ehe.«[20] Und Gabriela Schäffling übt sogar eine Art feministischer Kritik an Christian Wolff. Sie gibt getreulich seine »emanzipierten« Sprüche wieder und stellt dann lakonisch fest: »Viel reden läßt er seine Frau, eine Journalistin, aber nicht.«[21]

In *Journal für die Frau* macht sich Andrea Riepe sogar über einen Mann lustig:

Die Abenteuer des schönen August [= Amadeus August]
Amadeus August könnte direkt aus einer Anzeige für Herrenparfüm gesprungen sein, für einen Duft mit Ledernote, das sich die Mordskerle angeblich vor Safaris mit flacher Hand ins Gesicht klopfen. Sonnengebleicht ist sein Schopf, blau wie Kristalle seine Augen, Bögen der Tatkraft sein Mund und sein

Kinn. Ein verwaschenes Freizeithemd gibt Einblick auf seine gebräunte Sportlerbrust, hauteng spannt die Jeans über seinen Dressman-Hüften.

[...] Gleichwertig – nicht gleich. Auf diesen kleinen Unterschied legt er Wert. Eine Frau sollte eine Frau bleiben, doziert er. Zur Beweisführung bemüht er die olle Kamelle von der Autotür, die ein Mann mancher Feministin nicht aufhalten darf. Ach, du lieber August!

[...] schlägt er vor, Alice Schwarzer [...] solle doch männliche Aktfotos in die »Emma« bringen. Vielleicht mit ihm als Modell?

[...] Das lasse ich mir durch den Kopf gehen, wohlwollend, und beschließe, daß er wohl nicht der richtige Gesprächspartner für Frauenfragen ist.[22]

Im *stern-tv-magazin* dagegen schreibt ein Mann, Thomas Olivier, über denselben August: »›Ein Teufelskerl, dieser Deutsche‹, schwärmt das blonde Scriptgirl, als Roß und Reiter in rasendem Galopp hinter einem Hügel verschwinden.«[23] Während hinwiederum eine Frau, Gerda-Marie Schönfeld, den schönen August im selben *stern-tv-magazin* wie folgt sieht: »Der deutsche Schauspieler Amadeus August, 46, mimt Ehemann Nr. 2 [...] Dies mit unendlich blauen Augen und so unerbittlich teutonisch, wie man zu sein hat als Großer Klarer aus dem Norden.«[24]

Kritik und Spott der Frauen in Richtung des Herrn sind aber äußerst selten und im Ton verhalten bis mütterlich-liebevoll. Kein Vergleich mit der beißenden Häme, die Männer genüßlich über Frauen ausgießen.

Die *Brigitte* enthält als einzige der hier untersuchten Frauenzeitschriften kein großes Männerporträt, dafür ist aber der Mann in den beiden Frauenporträts (Katharina Franck und Tania Blixen) allgegenwärtig. Über die Bandleaderin Franck schreibt ein Mann, Jochen Siems, unter dem verräterischen Titel »Kein Sex und keine Drogen – immerzu nur Rock'n'Roll«. Der Autor[25] kann sich nicht darüber beruhigen, daß Katharina Franck, die Chefin von drei Männern, den Mann derzeit nur für ihre Arbeit braucht. Eine Frau, die sich hauptsächlich für ihre Arbeit interessiert, ist den Männern unheimlich und unsympathisch: »Sie kann es nicht ertragen, irgendwas um sich herum nicht im Griff zu haben« – ähnlich klingt es aus Männermund auch über Thatcher, eine andere erfolggewohnte Frau. Katharina Franck betont, ihr komme es nur auf die Musik an – und der Journalist macht daraus: »Ihr Exzeß ist sie selbst. Jeden Tag. 24 Stunden lang.« Und wenn sie sagt: »Wenn irgendwann mal Prince oder Patti Smith die ›Rainbirds‹ auflegen und es ihnen gefällt, dann wäre ich ein bißchen am Ziel«[26] – dann fügt er hinzu, als Schlußsatz des Artikels auch noch: »Aber die eine Frage würde dann bleiben: Was hat sie davon?«

Ja wirklich, was haben sie nur alle davon, Wittgenstein und Thomas Bernhard und Trakl und Frege und Konsorten?! Aber die Frage ist wohl unpassend.

Die *Frau im Spiegel*, mit Abstand das widerlichste Produkt, das ich untersuchen mußte, enthält zwei große Männerporträts (Paganini und Edward G. Robinson). Die Story über Paganini ist eine gänzlich verkitschte Version der Saga vom genialen Wüstling à la *Stern* und *Spiegel*, geschrieben von einer Frau (Gisela Weber-Heydemann):

> Sein Haar war feucht, die dunklen Augen in dem fahlen Gesicht brannten [...] Er hatte sein Bestes gegeben. Konkurrenz brauchte er nicht zu fürchten. Er wußte jetzt, daß niemand ihm auf seinen Gipfel folgen konnte.
> [...] Mit seiner Guarneri wollte er es ihr sagen, und die mandeläugige Schöne würde die Sprache der Musik verstehen. Jede Frau, die er begehrte, hatte das bis jetzt getan.[27]

Im übrigen kennt diese Zeitschrift nicht die eigenständige Frau, sondern nur das Paar. Die Frau ist nur interessant durch den Mann oder mit einem Mann, während der Mann auch für sich genommen interessant ist.

Typisch für die *Frau im Spiegel*, die besser *Frau im Zerrspiegel* hieße, sind Überschriften wie die folgenden (alle aus dem einen Heft):

> Prinzessin Caroline und ihre Männer
> Verrücktes TV-Paar
> Eva Pflug: Den Mann fürs Leben habe ich nie gefunden
> Zwei Hollywood-Stars bangen um ihre Frauen
> Gaby Dohm: Papa war immer mein Schutzengel

Tini Plate: Frisch verliebt, und das gleich fünffach

In diesen Artikeln wimmelt es von Sexismen. Einige Kostproben:

> **Prinzessin Caroline und ihre Männer**. Stefano Casiraghi: »Wenn sie will, werde ich auch Prinz von Monaco.«
> [...] »Und wenn sie dann will, bin ich bereit, auf meinen Namen zu verzichten, um Prinz von Monaco zu werden.« [Ist das nicht reizend von ihm?] [...]
> Dann sollen auch seine Kinder [wieso *seine*?] in den Adelsstand erhoben werden. Das ist, wie man weiß, Prinzessin Carolines größter Wunsch.[28]

> **Gaby Dohm**: Was sie vom Papa geerbt hat, ist der Humor – und die große Begabung für ihren Beruf.[29] [Der Artikel bringt Bilder von Gaby Dohm und ihrer Mutter, Heli Finkenzeller, einer bekannten Schauspielerin. Ob diese ihrer Tochter gar nichts von ihrem Talent vererben durfte?]

> **Eva Pflug**: In der Freizeit kümmert sich Eva Pflug um ihre Blumen oder klimpert zur Entspannung auf ihrer Gitarre.[30]

3 Die Kehrseite der Medaille: Das Bild der Frau in den untersuchten Zeitschriften

Untersuchungen über »Das Bild der Frau in ... (Fernsehen, Regenbogenpresse, Schulbüchern)« gibt es viele, und geändert hat sich dadurch bisher herzlich wenig. So kann auch ich hier unser gängiges Wissen nur bestätigen: Die Zeitschriften betreiben nicht nur das Geschäft der Heldenverehrung, sondern zugleich das der Frauenverunglimpfung. Das eine bedingt ja das andere: Je mehr mann die Frau verkleinert, um so größer wirkt er selbst.

Die gröbsten Sexismen fand ich zu meiner Überraschung in der *Zeit*. In deren vornehme Gedämpftheit hat sich ein unflätiger Supermacho verirrt oder eigentlich gleich zwei. Zuerst zieht der Rezensent über den »klimakteriellen Krampf von Isabel Allende«, die »›existentialistisch-politischen Geilheiten‹ der Marguerite Duras« und die »Frauen- und Schwachsinnsliteratur« her, und dann führt er den genialen Text seines genialen Autors vor: »Wozu für einen Hungerlohn die sehnigen Bergbauernfinger dreckig machen, die abends mit Genuß der ausländischen Dame die Fut massieren, daß ihr der Saft bis in die Socken rinnt?« Und weiter: »Kollektion preußischer Titten und Mösen abzugeben. Erhaltungszustand mittel. Wenden Sie sich bitte an die Geschäftsleitung.« (Willi Winkler besingt und zitiert Walter Klier)[31]

Im übrigen finden wir in der *Zeit* die üblichen Ungalantheiten: Da heißt es über Hilde Benjamin: »Eine kalte Richterin: Kalt, hartherzig, parteilich waltete sie ihres hohen Amtes.«[32] Der Artikel über Yoko Ono trägt den Titel: »Neues vom Nachlaßhai«, und über Waltraud Anna Mitgutsch schreibt Walter Klier, dessen nervtötende Titten-und-Mösen-Sprache von seinem Bewunderer Willi Winkler so liebevoll zitiert wurde, in der *Zeit* Nr. 13: »Mit jenem nervtötenden Sprach-Instrumentarium, das seit dem ›Tod des Märchenprinzen‹ gern ausschließlich der Frauenliteratur zugeordnet wird, erzählt sie die Geschichte einer Mutter und ihres behinderten Kindes.«[33]

Im *Stern* hat mir besonders folgende Passage mißfallen: »Die Säulenheilige der modernen Frauenliteratur [gemeint ist Virginia Woolf] laborierte gleich nervös an ihrer Prosa und ihrer Psyche. Ihre Krisen und schizophrenen Schübe schreiben Biographen einer blockierten Sexualität zu, ihrer ungelösten Frigidität und nicht ausgelebten Bisexualität.«[34] Das ist nicht nur frauenfeindlich und erschütternd oberflächlich; es ist auch schlecht recherchiert: Biograph*innen* schreiben Virginia Woolfs lebenslanges Martyrium der Tatsache zu, daß sie schon als Kind von ihren erwachsenen Halbbrüdern sexuell terrorisiert, »mißbraucht«, wurde.[35]

Na ja, und dann der *Spiegel*. Wir wissen es ja, und ich könnte seitenlang zitieren. Statt dessen begnüge ich mich mit einigen wenigen Ekelproben. Zunächst aus dem Hemingway-Artikel, der übrigens den Titel trägt »War Papa Mamas Opfer?«: »Miss Gertrude Stein in Paris, die kolossale Muse der amerikanischen Exil-Literaten, die den jungen Schriftsteller huldvoll aufnahm in ihrem Salon, die er liebend gern gefickt hätte, wenn sie nicht lesbisch gewesen wäre [d. h.: wenn sie ihn gelassen hätte]. Wurde sie nicht ›zum allumfassenden Ersatz für Grace‹ [d. h. für seine Mutter, Grace Hemingway]?«[36] Übrigens: Stein war nicht nur »Muse«, sondern vor allem selbst Schriftstellerin, eine Klassikerin der Moderne.

Und weiter geht es mit dem beliebten Spiel »Mutter ist an allem schuld«: »Um ihn strikt unter Verschluß zu halten und den dennoch auftretenden Druck abzulassen, spendiert ihm seine Mutter regelmäßig eine Hure. Die Liebe lernt Martin nur als erdrückende mütterliche Bevormundung oder als professionelle Dienstleistung kennen.« [Aus der Rezension des Films »Camomille« von Mehdi-Charef.[37] Der Rezensierte und sein Rezensent singen die große Frauen-Beschimpfungs-Arie unisono, wie schon im Falle Walter Klier und Willi Winkler – wie überhaupt in den hier diskutierten Rezensionen[38]].

Und noch einmal San Quentin: »So manche Vollzugsbeamtin, die vom Kindergarten bis zu ihrem Job bei ›Safeway‹ stets litt – wegen ihrer kurzen dicken Beine und ihrer üppigen Hüften, ihrer vorstehenden Zähne und ihres schwach entwickelten Busens –, hörte in San Quentin erstmals in ihrem Leben Komplimente.«[39]

Nanu – üppige Hüften und schwach entwickelter Busen schon im Kindergarten?? Der Autor gehört wohl nicht zu den schärfsten Denkern und opfert die Plausibilität gern der Häme. Das zeigt auch folgende Lesefrucht, mit der ich es dann gut sein lassen möchte: »Rosalie ist sich ihrer Schönheit bewußt. In das Klischee von Hollywood-Regisseuren, die weibliche Wächter als grobknochig und sadistisch, als männlich oder zumindest lesbisch [wieso *zumindest*?] darstellen, paßt sie nicht: Hochgewachsen, wasserblaue Augen, lange schwarze Haare, die sie zu einem Pferdeschwanz gebunden hat.«[40] Gemäß der Klischee-Vorstellung dieses Autors kann eine Frau offenbar nicht zugleich grobknochig und blauäugig oder lesbisch und hochgewachsen sein.

4 Fazit

Das Lesen von Schrott stumpft ab. Nach drei Tagen bist du nicht mehr so wählerisch und schon ganz begeistert, wenn ein Artikel mal halbwegs vernünftig ist. Auf das frauenverdummende Drumherum achtest du dann schon gar nicht mehr. So erging es mir mit dem *Journal für die Frau*, das mir plötzlich als Quelle der feministischen Weisheit vorkam.

Mit dieser Einschränkung also möchte ich folgendes Ergebnis verkünden: Aus dem Test ist das *Journal für die Frau* als Siegerin hervorgegangen. Es enthält, wie gesagt, ein ironisch-distanziertes Männerporträt (A. August von Andrea Riepe) und zwei vernünftige, informative Frauenporträts (Paula Modersohn-Becker von Monali Hierl und Sophie Freud Löwenstein von Walter Unger).

Die saure Gurke hingegen haben sich der *Spiegel* und seine Namenscousine, die *Frau im Spiegel*, redlich verdient.

1989

Anmerkungen

1 S. 232.
2 Gunar Ortlepp, *Spiegel* 18/89, S. 206.
3 Peter Stolle, *Spiegel* 5/89, S. 164.
4 Michael Goldberg, *Stern* 18/89, S. 112.
5 Jay Gould, *The New York Times Book Review*, 7. 5. 1989, S. 9.
6 Susan Kinsley, *The New York Times Book Review*, 7. 5. 1989, S. 14.
7 Reinhard Merkel, *Zeit* 18/89, S. 13.
8 Ebd., S. 17.
9 Ebd., S. 16.
10 Ebd., S. 14.
11 *Zeit* 18/89, S. 45.
12 Rolf Michaelis, *Zeit*, 13/89, Beilage Literatur.
13 *Spiegel* 18/89, S. 47.
14 Gunar Ortlepp, *Spiegel* 18/89, S. 208.
15 Helmut Sorge, *Spiegel* 18/89, S. 170.
16 *Bild der Frau* 17/89, S. 27ff.
17 Helmut Sorge, *Spiegel* 18/89, S. 170.
18 *Spiegel* 18/89, S. 183f.
19 *Bild der Frau* 17/89, S. 15.
20 S. 19.
21 S. 42f.
22 Andrea Riepe, *Journal für die Frau* 9/89, S. 46-50.
23 Thomas Olivier, *stern-tv-magazin* 18/89, S. 4.
24 Gerda-Marie Schönfeld, *stern-tv-magazin* 18/89, S. 15.
25 Bzw. sein Redakteur, der ihm sein schönes sensibles Porträt verhunzt hat – so wurde mir nach dem Vortrag von Eingeweihten berichtet.

26 »Ein bißchen am Ziel« ist übrigens eine typisch weibliche Untertreibung. Wie sagte doch Betsy Meyer, als sie mit dem Leben nicht mehr zurechtkam? »Ich bin ein bißchen zertrümmert.« Vgl. Fohrmann in Pusch 1985 b.
27 Gisela Weber-Heydemann, *Frau im Spiegel* 18/89, S. 18.
28 *Frau im Spiegel* 18/89, S. 4f.
29 Ulrike Schankat, *Frau im Spiegel* 18/89, S. 12.
30 Mic, *Frau im Spiegel* 18/89, S. 19.
31 *Zeit* 18/89, S. 63.
32 *Zeit* 18/89, S. 12.
33 *Zeit* 13/89, Beilage Literatur, S. 5.
34 *Stern* 18/89, S. 69.
35 Vgl. DeSalvo 1989 und Amrain (in Vorb.)
36 Gunar Ortlepp, *Der Spiegel* 18/89, S. 208.
37 *Spiegel* 18/89, S. 211.
38 Den Artikeln über Hemingway, Kennedy und Burton liegen Biographien über Hemingway, Jackie Onassis und Burton zugrunde.
39 Helmut Sorge, *Spiegel* 18/89, S. 182.
40 Ebd., S. 171.

Glossen

Die Compute

Der Computer wurde 1982 in den USA zum Mann des Jahres gewählt. Ein Mann, der noch nicht mal bis drei zählen kann. Daß er dafür sehr fix zwischen Null und Eins unterscheiden kann, millionenmal pro Sekunde oder noch schneller, macht ihn allerdings für verschiedene Arbeiten ziemlich nützlich.

Wahrscheinlich war es die Dummheit des Computers, zusammen mit seinem technischen Innenleben und seiner totalen Befehlsabhängigkeit, die ihn vom Gerät zum »Mann«, gar zum Mann des Jahres aufsteigen ließ. Jedenfalls werden es immer mehr Männer, unter den Jugendlichen immer mehr Knaben, die nach ihrem neuen *Alter ego* geradezu verrückt, süchtig und nicht mehr von ihm wegzukriegen sind.

Frauen dagegen tun sich schwer mit diesem Mann, jedenfalls im Privatbereich. Im Beruf dagegen nimmt er ihnen schon fast alle Arbeit ab bzw. Arbeitsplätze weg. Auch das hängt mit seiner Dummheit zusammen: Er eignet sich so prächtig für die geistlosen Routine-Arbeiten in Büro und Verwaltung, die bis vor kurzem noch wir machen durften. Den noch nicht wegrationalisierten Frauen ist es dafür beschieden, gebannt in sein Glotzauge zu starren und sich dabei Augen und Hirn zu verderben.

Angesichts dieser Lage beschloß ich vorzusorgen und mich auf diesem neuen Männerspielplatz wenigstens schon mal umzusehen. Ich wanderte also in den nächstbesten Computerladen und verlangte nach einer Compute. Ein Puter kommt mir **nicht** ins Haus! Besser eine dumme Pute als einen dummen Puter, logo! Dem smarten Verkäufer mit seinem Mund voller Hardware, Software, IBM-PC, Unix, PC/M, Schnittstellen, ROM, RAM und Megabytes verschlug mein freundlich, aber entschlossen vorgetragener Wunsch glatt die Sprache. »Sie meinen wohl einen Computer!« – »Neinnein – ich will eine Compute.« – »Ich hätte da einen Commodore, spottbillig, aber leistungsfähig!« – »Nein!« – »Einen Sirius?« – »Nein!« – »Demnächst bekommen wir auch den Adam rein!« – »Sie hören doch, ich will eine Compute, meinetwegen kann sie Eva heißen, aber nicht Adam, zum Donnerwetter!« Er seufzte und führte mich in das Allerheiligste des Ladens. »Da sehen Sie, das ist Lisa, mit der Maus. Sie kann alles, aber sie ist auch entsprechend teuer.« Er musterte meine bescheidene Kleidung. »Für Sie wahrscheinlich **zu** teuer: 30.000, inklusive Maus.« Ich erfuhr noch, daß Lisa die erste wirklich pfiffige und menschenfreundliche Compute sei (er hatte inzwischen dazugelernt). Neben ihr verblassen sämtliche Adams und Commodores zu Aschenputeln.

1984

Freie Fahrt für freie Bürger

Geschlechtsverkehr muß eine Erfindung unseres Jahrhunderts sein. Jedenfalls findet sich das Wort nicht im 1897 abgeschlossenen Band IV, I, 2 (*Gefoppe-Getreibs*) des Grimmschen Wörterbuchs, das doch getreulich jedes noch so entlegene deutsche Wort verzeichnet.

Das Wort gehört in den Bereich der Amtssprache, vermerkt das große Duden-Wörterbuch (6 Bände, 1976) und definiert es wie folgt: »Sexueller Kontakt mit einem Partner [...], bes. der Kontakt zwischen Mann u. Frau, bei dem die Frau in ihrer Scheide das Glied des Mannes aufnimmt.« Eine höchst ungewöhnliche Perspektive: Nicht »das Glied dringt in die Frau ein«, wie es sonst immer heißt, sondern »die Frau nimmt es auf«. Demnach wäre also etwa *erzwungener Geschlechtsverkehr* ein »Kontakt zwischen Mann und Frau, bei dem die Frau das Glied des Mannes in ihre Scheide zwingt«?? Hat sich da etwa eine weltfremde Emanze in die Dudenredaktion eingeschlichen? Immerhin waren es ja die Feministinnen, die die sogenannte Penetration in *Umschließung* oder *Einverleibung* umbenannt wissen wollten.

Die so weibliche Sicht des Vorgangs in der Duden-Definition mag ja irgendwo ein Fortschritt sein, trotzdem bleibt da das häßliche Wort *Geschlechtsverkehr* oder kurz *Verkehr* und noch kürzer *GV*. Manche bauen das Bild des Verkehrs auch noch aus und bezeichnen ihre Kinder herzlos als *Verkehrsunfälle* – wahrscheinlich, weil sie das Wort *Verhütung* von *Unfallverhütung* herleiten.

Was sollen nun Leute sagen, die nicht miteinander »Verkehr haben« oder gar »koitieren« wollen? Für die meisten Männer ist die Sache einfach: Sie *ficken*, *bumsen*, *rammeln* oder *vögeln*. Frauen aber wollen in der Regel weder *bumsen* etc. noch *gebumst werden* etc. Es gibt zwar einige Frauen, die diese Ausdrücke trotzig oder auch genüßlich verwenden, aber es sind wenige. *Miteinander schlafen* ist wohl derjenige Ausdruck, der uns noch am wenigsten widerwärtig ist. Er darf allerdings nicht zu wörtlich genommen werden. Beischlafmützen sind nicht gefragt.

Je länger ich darüber nachdenke, um so »stimmiger« scheint mir doch die Verkehrsmetapher für die sexual- und sprachpolitischen

Gepflogenheiten dieses Jahrhunderts: Verkehr ist gefährlich. Ständig »fordert« er Verkehrsopfer und Verkehrstote in Massen, nach einem Verkehrsunfall begeht mann Vaterflucht, und – Duden hin oder her – nach wie vor ist Geschlechtsverkehr überwiegend Stoßverkehr.

Wir sollten uns schon mal darauf gefaßt machen, daß Vergewaltigungsopfer und all die anderen Opfer des patriarchalen »Geschlechtsverkehrs« demnächst einfach den Verkehrsopfern und Verkehrstoten zugerechnet werden, jenen Opfern, die der Verkehr halt so »fordert«.

1985

Lieber Flugzeug als Strickzeug

Am 5. Mai dieses Jahres startete ein unbemanntes Verkehrsflugzeug der Schweizer Charterfluggesellschaft Crossair in Zürich und landete wenig später wohlbehalten in München. »Im Cockpit«, so die *Westdeutsche Allgemeine*, »befand sich kein einziger Mann. Man begrüßte Europas ersten ›All Girl Flight‹.«

Der Reporter fährt dann im Kleingedruckten fort: »*Girl* ist allerdings ein allzu burschikoser Ausdruck für die beiden gutaussehenden Damen am Steuerknüppel des Cityliners.« Fein beobachtet, vor allem auch das Wort *burschikos* ist so treffend gewählt. Die »Girls« bzw. »gutaussehenden Damen«, Regula Eichberger (»Tochter eines Flugschullehrers«) und Doris Wilson-Zuberbühler (»Bauerntochter aus dem Appenzell«) sind nämlich 30 bzw. 33 Jahre alt. Über die Flugkapitänin bekommen wir dann noch mitgeteilt: »Den Ausgleich zur technischen Welt hat sie vor allem bei der Handarbeit. Beim ersten ›Nur-Mädchen-Flug‹ hatte sie das Strickzeug natürlich zu Hause gelassen.« Echte Profis, die Girls!

Wir können an diesem Fall gut studieren, wie unsere Männersprache gemacht wird: Mann nehme einen Haufen Arroganz, rühre einen kräftigen Schuß Inkompetenz hinein – fertig ist das Manneswort. Frau darf getrost davon ausgehen, daß die beiden Pilotinnen sich selbst nicht als *girls* bzw. *Mädchen* bezeichnen, daß also die Benennung *All Girl Flight* auf Nur-Männer-Mist gewachsen ist. Der Reporter, des Englischen nicht besonders mächtig, ringt nun mit der Aufgabe der Eindeutschung dieser Creation. (Wir empfehlen als Ausgleich zur komplizierten Welt des Worts das bewährte Strickzeug!) *Girls*, das sind »Mädchen«, so viel weiß er als Mann von heute. (Lobend vermerkt sei, daß seine Schlichtheit uns syphisante Wortspielereien mit dem Begriff *Jungfernflug* erspart hat, die etwa ein *Spiegel*-Kollege sich kaum hätte verkneifen können.) Aber dieses *All* – was tut mann damit im Deutschen??? *All-Mädchen-Flug*? *Alle-Mädchen-Flug*? *Alles-Mädchen-Flug*? *Reiner-Mädchen-Flug*? – nee, das geht alles nicht.

Ein *all star cast* ist auf deutsch eine *Starbesetzung*, keine *Nur-Star-Besetzung*, weil nämlich das *nur* negative Assoziationen weckt, die dem Sinn und Werbezweck des Wortes *Starbesetzung* strikt zuwiderlaufen. Auch *Nur-Männer-Chöre* oder *Nur-Herren-Clubs* sind mir noch nicht begegnet. Was aber Bezeichnungen für uns Frauen betrifft, so sind negative Beiklänge männlichen Wortschaffenden ja ebenso gewohnt wie willkommen. Wir kennen das schon von der *Nur-Hausfrau*.

Übrigens heißt *Cockpit* auf deutsch *Hahnenkampfplatz* (oder, noch burschikoser, *Pimmelhöhle*). Und an solchen Orten haben Nur-Mädchen ja nun wirklich nichts verloren.

1986

Die Kätzin, die Rättin und die Feminismaus

Jetzt ist er raus, der fünfte Band von Grass' Tierleben: *Die Rättin* (nach *Katz und Maus*, *Hundejahre*, *Aus dem Tagebuch einer Schnecke* und *Der Butt*). Ich habe nur den ersten (und kürzesten) Band der monumentalen Pentalogie gelesen. Es ging darin aber weder um Katzen und Mäuse noch um Kätzinnen und Mäusinnen, sondern um einen Adamsapfel – ein Thema, das uns Frauen von jeher kaum zu fesseln vermag.

Apropos Adam. Da gab es doch diese falsche Schlange, oder war es vielleicht ein Schlangerich? Wir werden das Geschlecht des Tieres wohl nie erfahren, und doch glauben alle steif und fest, es sei weiblich gewesen. Schließlich heißt es *die* Schlange, und außerdem hat sie den Menschen ins Verderben gelockt!

Vor Jahren brachte mir ein Professor der Germanistik einen Zeitungsausschnitt mit. »Kätzin entlaufen« stand da zu lesen. Was ich denn davon hielte, so als feministische Linguistin, fragte er listig. Und vor einer Woche erzählte mir eine Buchhändlerin von dem neuen Grass, den sie sogar schon gelesen hatte (Buchhändlerinnen müssen von Berufs wegen alles mögliche lesen). Sie fand, der Titel *Die Rättin* müßte mir doch auf Anhieb zusagen, und war verblüfft, als ich das verneinte.

Die Wortschöpfung *Rättin* verstößt gegen die Regeln der deutschen Grammatik, und das hat der Günterich wohl schlau einkalkuliert. Heldin seines Werks ist eine weibliche Ratte, ein Rattenweibchen. Aber *Die weibliche Ratte* oder *Das Rattenweibchen* – das klingt für einen Buchtitel natürlich wenig verkaufsfördernd.

Thomas Mann hat vornehm darauf verzichtet, seine Erzählung *Herr und Rüde* zu nennen. Er vertraute – mit Recht – darauf, daß mann sich bei *der Hund* sowieso nur ein männliches Tier denkt. *Der weiße Wal*, *Der weiße Hai* – wer käme wohl auf die Idee, von einem »Walerich« oder einem »Haiermann« zu sprechen, damit sich auch niemand irrigerweise ein Weibchen vorstellt?

Und genau das ist das Problem. Die Tiere – sie sind nun mal unsere Vettern, niemals unsere Basen oder Cousinen. Ein Mensch ist männlich, es sei denn, das Gegenteil ist erwiesen. Für Tiere gilt in unserer Herrenkultur dasselbe. Und dagegen stemmt sich der

Günter. Er **will** nicht, daß wir uns unter seiner Ratte einen tierischen Vetter vorstellen. Seine Ratte ist eine Rättin, weil sie eine echte Ausnahme ist. **Kein** langweiliges Männchen, wie sonst alle Tiere, sondern, höre & staune: ein Weib!

Danke, Günter! Du hast uns nachhaltig daran erinnert, daß sogar eine feminine Bezeichnung nichts gegen eure Vorstellung vermag, daß auch alle Tiere männlich sind. Mit Ausnahme der Schlange natürlich.

1986

Sehr geehrte Frau Bundesbahn,

vielleicht ist es Ihrer Aufmerksamkeit entgangen, daß unlängst eine unserer emsigsten Kulturbetriebsnudeln, Fritz J. Raddatz, bös an Ihnen herumgemäkelt hat (im *Zeit*-Magazin Nr. 6 vom 31. 1. 1986, S. 22):

> Keine der vier größten westdeutschen Städte kennt eine Rosa-Luxemburg-Straße. Des Deutschen Bildungsgut manifestiert sich [...] an (*sic*) ›Gorch Fock‹ oder ›Toller Bomberg‹, ›Markgraf‹, ›Beethoven‹ oder ›Walhalla‹ – wie unsere Intercity-Züge heißen.

Dem Manne (sowie »dem Deutschen«) kann und sollte geholfen werden, finden Sie nicht? Es muß ja nicht gleich Rosa Luxemburg sein (schließlich bloß eine Zugereiste, aber das war Bonifatius auch). Obwohl die Gelegenheit natürlich günstig wäre, wo doch jetzt der Trotta-Film läuft und läuft und läuft. Der Glanz des Trios Luxemburg-Trotta-Sukowa könnte so ein wenig auf Sie abstrahlen – käme ja vielleicht nicht ungelegen! Wollten Sie sich nicht in Ihrem Jubiläumsjahr ein neues Image verpassen, freundlich, entgegenkommend, anheimelnd undsoweiter? Sie wissen doch selbst, daß Männernamen da nicht die richtigen Assoziationen wecken. Wer fühlt sich schon warm und geborgen bei Atomphysikern oder bei verknöcherten Altvorderen wie Bonifatius, Erasmus, Gutenberg, Jakob Fugger oder Mercator! Statt *Jakob Fugger* bietet sich z. B. *Agnes Bernauer* an. Max Plancks knubbeligen Glatzkopf hatten wir auf einer Briefmarke und auf einer Zweimarksmünze; wir haben den Chauvi als Namenspatron zahlloser dubioser Forschungsinstitute – das reicht. Und *Lise Meitner* statt *Otto Hahn* wäre nicht nur fällig (als Wiedergutmachung), sondern auch gefälliger.

Da nennen Sie den Wien-Intercity nach dem Luftikus Johann Strauß, wo es eine Maria Theresia gibt, Inbegriff warmherzig-umsorgender Mütterlichkeit! Und der *Tolle Bomberg* Richtung Münster – also ich weiß nicht, mich erinnert das eher an rüde »Streiche« und an Bomben, kurz: an Terroranschläge. Empfehle daher dringend Umtaufe in *Droste* – und schon haben wir Ruhe, Klarheit, herbe Schönheit, mit einem Wort: Westfalen, wie wir es kennen und lieben. – Der bedrohlich klingende *Drachenfels* sollte besser *Hildegard von Bingen* heißen oder wenigstens *Loreley*. Nomen est Oma! Die Konkurrenz hat schon um die Jahrhundertwende begriffen, daß eine solche Kur Wunder wirkt: *Mercedes* ist ein weiblicher Vorname.

In letzter Zeit sind Sie, verehrte Dame, leider gänzlich einfallslos geblieben – verständlich mit gut hundertfuffzig Jährchen auf dem Buckel, aber trotzdem ein unschöner, richtig lieblos wirkender Zug: Die sieben neuen ICs zwischen Bremerhaven/Bremen und Hannover heißen alle *Weser-City*, und die sechs zwischen Oldenburg und Hannover alle *Oldenburg-City*. Für Oldenburg hätte *Helene Lange* auf der Hand gelegen, für Hannover *Hannah Arendt*, *Mary Wigman*, *Caroline Herschel*, *Grethe Weiser* undsoweiter und für Bremen *Paula Modersohn-Becker*, *Betty Gleim*, *Hedwig Heyl* und und und.

Am besten, wir setzen uns mal gemütlich zusammen und bringen Ihren altmodischen Laden Zug zum Zug auf Vorderfrau.

1986

Freche Frauen machen müde Möpse munter

Den deutschen Männern saß der Schreck über das Grüne Feminat noch in den leidgeprüften Gliedern, da mußten sie schon den nächsten gezielten Tritt verkraften. Die Katastrophenmeldung kam aus Hamburg: Dort zog die Grün-Alternative-Liste (GAL) im Herbst mit einem Damenkränzchen in die Bürgerschaft ein. Die Gefahr, daß nun die Bürgerschaft zu einer frech kichernden Bürgerinnenschaft (schon das Wort klingt so lächerlich, näch?) verkommt, scheint mit Händen zu greifen.

Diesmal haben die Frauen sich selbst einen Namen gegeben, anders als damals beim »Feminat«. *Freche Frauen* nennen sie sich, denn Alliteration und Assonanz machen sich immer gut, scheinen besonders für und bei Frauen beliebt. Schon Shakespeare setzte darauf mit seinen *Merry Wives of Windsor*. Die Franzosen steuerten die *femme fatale* bei, Betty Friedans Übersetzerin den *Weiblichkeitswahn*, Mary Daly (unter vielem anderen) die *Amazing Amazons* und die *shrewd shrews*, ihre Übersetzerin Erika Wisselinck die *gewitzten Weibsen*. Margarete Mitscherlich präsentierte uns letzthin die *friedfertige Frau*, und schließlich bekamen wir auch noch die *flambierte Frau* serviert. Gegen diesen Sprachputz wirken die paar noch heute gängigen Männer-Alliterationen geradezu karg: Mir fallen nur die müden Männer mit der muntermachenden Milch, *Big Brother* und der *Mann im Mond* ein. Es scheint, daß die Männer, nachdem sie sich in ihren stabreimenden Helden-Epen und dem wotanischen Wortwahnwitz Wagners samt anschließendem Blubo-Blubber gründlich ausgetobt haben, nunmehr eher fürs Schlichte sind.

So schlicht und bescheiden sind sie, daß sie meist ganz darauf verzichten, sich selbst einen Namen zu geben. Als das Feminat raus war – haben da die männlichen Führungsgremien der anderen Parteien etwa mit der Selbst-Proklamation zum *Maskulat* gleichgezogen? Na ja, das Wort klingt vielleicht auch ein bißchen zu sehr nach Salat oder noch Ungenießbarerem. Aber jetzt, die *Frechen Frauen* – treten ihnen etwa *Muntere Männer* mannhaft entgegen? Nichts – sie verharren in sprachloser Anonymität. Wieder einmal muß weiblicher Gerechtigkeitssinn einspringen. Es geht nicht an, daß die Maskulate der etablierten Parteien weiterhin unbenannt, unerkannt und unverstanden vor sich hin maskulieren. Für die *Munteren Männer* der etablierten Parteien, die den *Frechen Frauen* in Hamburg gegenüberstehen, gilt dasselbe. Wenn sie sich weiter mopsen und nicht bald tapfer zu ihrer Männlichkeit stehen, dürfen sie sich nicht wundern, wenn sie schließlich als *miese Möpse* oder *Mickermacker* namhaft gemacht werden.

1986

Sind Herren herrlich und Damen dämlich?

Als Vortragsreisende in Sachen »Frauen, Männer und Sprache« verfolgt mich diese Frage nun schon seit sieben Jahren. Gestellt wird sie meist von verunsicherten Frauen aus dem Publikum, denen ihr jeweiliger Freund, Gatte, Vater, Bruder oder gar Sohn den Uralt-Kalauer mal wieder um die Ohren gehauen hat. Mich selbst hat mann ebenfalls seit meiner Kindheit mit diesem anscheinend unausrottbaren Schwachsinn genervt.

Also: Wenn dir das nächste Mal einer unserer herrlich galanten Herren mit den »dämlichen Damen« kommt, musterst du ihn kühl und wählst gelassen zwischen folgenden drei Möglichkeiten des Konterns:

1) Entweder du schüttelst befremdet das Haupt ob seiner linguistischen Unbedarftheit und empfiehlst ihm, sich anhand des nächstbesten etymologischen Wörterbuchs (Grimm, Kluge, Duden o. ä.) gefälligst selbst fortzubilden,

2) oder du stimmst eifrig zu: Natürlich, Herren seien herrlich, Damen dämlich, Winzer winzig und ihr Wein zum Weinen. Erzbischöfe seien aus Erz, unser Schicksal schick, die Amazone eine erotische Zone und die Lüneburger Heide heidnisch. Die Wale gehörten in die Walhalla, die Elefanten nach Rüsselsheim und der Ur-Opa in den Urwald. Mozart sei dir zu zart, Gulasch zu lasch, und vom starken Geschlecht würde dir schlecht. Immer feste druff – was dir halt an Kalauerinnen so einfällt.

3) oder (falls du grad in nachsichtiger Stimmung bist) du klärst ihn selber auf: Das Wort *herrlich* kommt von *hehr*, vgl. *hoch und hehr*. Das Wort *Herr* geht zurück auf *heriro*, eine Steigerungsform dieses *hehr*. Die Herren finden sich also nicht nur herrlich, sondern sozusagen »super-herrlich«. Anscheinend haben sie's nötig.

Dame hingegen geht zurück auf das lateinische *domina* – ›vornehme, hochgestellte Frau‹.

Dämlich schließlich wird abgeleitet vom süddeutschen *Damian*, vgl. *du Depp, damischer!* oder vom niederdeutschen *Dämel, Dämlack* (Dummkopf). *Damian*, *Dämel* und *Dämlack* sind Maskulina; weibliche Varianten gibt es nicht.

1986

Polizistinnen und Bullen

Neulich las ich in einer Rezension von »10 Wissenschaftlerinnen und 2 Autoren«, die an dem betreffenden Buch mitgearbeitet hätten. Was wollte die Rezensentin denn damit sagen, fragte ich mich. Verdienen die beiden Autoren in ihren Augen nicht das Prädikat *Wissenschaftler*? Oder wollte sie nur die plumpe Wiederholung des *Wissenschaftlerinnen und Wissenschaftler* umgehen? Schließlich haben wir alle schon in der Grundschule eingebleut bekommen, Wortwiederholungen gehörten vermieden.

Ich hatte mich gerade entschlossen, die Formulierung *Wissenschaftlerinnen und Autoren* als subversive feministische Vorlage einzustufen und bastelte vergnügt an ähnlichen Wortpärchen, wie *Tänzerinnen und Hopser*, *Pianistinnen und Klavierlöwen*, *Cellistinnen und Streicher*, *Pastorinnen und Pfaffen*, *Sängerinnen und Brüllaffen*, da bekam ich Schützinnenhilfe von einem Mann. In einem engagiert für frauenfreundliche Sprache eintretenden Aufsatz schlug Wolfgang Popp vor, die öde sogenannte Splitting-Formel (Typ *Kolleginnen und Kollegen*) mit Hintersinn anzureichern und dadurch ihre Akzeptanz bei den störrischen Sprecherinnen und Sprachbenutzern zu erhöhen. Er setzte seine Idee auch gleich in die Tat um und sprach herbe, ja geradezu männerfeindlich, von den Rednerinnen und Schwätzern im Bundestag und den Zuhörerinnen und Hörern bei Friedenskundgebungen.

Was werden nun unsere Lehrerinnen und Pauker zu diesem Vorschlag sagen? Und erst die Schriftstellerinnen und Schreiberlinge, die Dichterinnen und Poeten, die Sekretärinnen und Hacker, die Denkerinnen und Philosophen, die Politikerinnen und Demagogen?

Die weitblickenden Frauen werden sagen, die Idee ist ja ganz nett, aber der Schuß kann auch nach hinten losgehen. Es handelt sich da um eine Technik der Häme oder (mehr oder weniger) subtilen Verleumdung, die zunächst mal geschlechtsneutral funktioniert. Statt *Mathematikerinnen und Rechenkünstler* kann mann eben leider genausogut sagen *Mathematiker und Rechenkünstlerinnen*. Allerdings gilt solche Umkehrbarkeit nicht durchweg. Die meisten männlichen Berufsbezeichnungen, und um die geht es hier hauptsächlich, besitzen inzwischen eine wertneutrale und geläufige weibliche Variante. Für die (aus historischen Gründen) ebenfalls überwiegend männlichen Spottnamen bestimmter Berufsgruppen findet sich hingegen meist nicht so leicht ein überzeugendes weibliches Pendant. Nehmen wir das obige Beispiel *Sängerinnen und Brüllaffen/Schreihälse*. Das klingt elegant und eingängig. Aber *Sänger und Brülläffinnen/Schreihälsinnen*?? Gar nicht zu reden von so aberwitzigen Konstruktionen wie *Ärzte und Herrgöttinnen in Weiß* oder *Polizisten und Bullinnen*!

(Seit meine Freundin Beate diesen Text gelesen hat, spricht sie nur noch von *Bullen und Bulletten* ...)

1986

Verwitwetes Brautpaar mit Geschwistern im Gestüt

Das englische Königspaar besteht aus einer Königin und einem Prinzgemahl. Weit und breit ist da kein König zu sehen, genausowenig wie beim holländischen und beim dänischen Königspaar. Warum heißen dann diese eigentümlichen Königspaare ohne König nicht wenigstens *Königinnenpaar* oder *Königinpaar*? Wenn ich so was frage, bekomme ich in der Regel zu hören: »Weil ein Königinnenpaar aus zwei Königinnen besteht, und solche Paare gibt's nicht.« Seltsam! Wieso gehören denn zu einem Königinnenpaar unbedingt zwei Königinnen, zu einem Königspaar aber niemals zwei Könige, sondern höchstens einer und manchmal gar keiner??

Und woraus besteht ein Brautpaar? Etwa aus zwei Bräuten? Anscheinend haben wir da ein ganz normales deutsches Wort, das einen Mann, hier: den stolzen Bräutigam, einfach unterbuttert. Er kommt in dem Wort *Brautpaar* genausowenig vor wie die obengenannten Königinnen in dem Wort *Königspaar*.

Die englische Königin betreibt bekanntlich einen »königlichen« Sport. Und woher kommen all die edlen Rösser? Weder aus einem Geroß oder Gepferd noch aus einem Gehengst oder Gewallach, sondern aus einem – Gestüt.

Verweilen wir noch ein wenig bei der Hocharistokratie. Fürst Rainier von Monaco ist Witwer. Wäre er nicht grade Fürst, bekäme er vielleicht eine Witwerrente – niemals eine Witwenrente. Aber er ist nicht verwitwert, sondern – verwitwet, genau wie Witwe Bolte.

Damit ist die winzige Liste »männermordender« Wörter der deutschen Sprache, die ich aus Protest gegen die Unmenge der »frauenmordenden« Wörter zusammengestellt habe, schon fast erschöpft. Repetieren wir noch mal kurz, bevor wir uns dem Höhepunkt nähern:

Das *Brautpaar* zählt den Bräutigam als Braut. Das *Gestüt* zählt den Hengst als Stute. Verwitwet ist nicht nur die Witwe, sondern auch der Witwer.

Und nun die kostbare Reliquie aus matriarchaler Vorzeit: Das Wort *Geschwister*, abgeleitet von *Schwester*. Für diese feministische Ungeheuerlichkeit in unserem Wortschatz gibt es nur eine Erklärung: Die Brüder müssen gepennt haben.

1986

Mietmütter

Auf chinesisch heißt die Gebärmutter *Kinderpalast*. Diese Bezeichnung ist deshalb so viel treffender als unsere, weil sie deutlich macht, daß es sich bei dem, was unsere Medizinmänner auch kalt *Uterus* nennen, eigentlich um eine Luxuswohnung handelt. Eigentümerinnen solcher Wohnungen sind ausschließlich Frauen, und neuerdings können sie ihre Paläste auch vermieten. Die Miete ist angemessen: Für acht bis neun Monate werden etwa 40.000 DM gezahlt, das macht eine Monatsmiete von 4.500 bis 5.000 DM. Da die MieterInnen in der Regel zahlungsunfähig sind, wird die Miete von deren Eltern gezahlt.

Die Palast-Eigentümerinnen lassen natürlich am liebsten ihre eigenen Wunschkinder in dem Palast wohnen und verlangen dann selbstverständlich auch keine Miete. Problematisch wird es erst dann, wenn sie *niemand* in ihrem Palast haben wollen und mann ihnen trotzdem eine Mietperson aufdrängt, etwa durch Vergewaltigung in der Ehe. Einfacher Hinauswurf der unerwünschten Mietperson ist staatlich strikt untersagt im Paragraphen 218 StGB. Die Frau muß die Mietperson die ganzen 9 Monate in ihrem Palast beherbergen und hochpäppeln und bekommt dafür weder Kost noch Logis bezahlt. Auf diese Weise spart Vater Staat jährlich Milliarden. Müßte er für jede-n derart zwangseingewiesene-n künftige-n Steuer- und RentenzahlerIn die auf dem freien Wohnungsmarkt üblichen 40.000 Emmchen berappen, würde der Paragraph 218 selbstredend sofort abgeschafft.

Da sich die Luxuswohnungen in einzigartiger Lage befinden, nämlich *in* den Eigentümerinnen/Vermieterinnen selbst, haben die Gen-Technologen von Anfang an eine groteske begriffliche Paradoxie in ihre Terminologie eingearbeitet. Die Wohnungs-Eigentümerin wird gezielt mit der Wohnung selbst verwechselt. Mann tut einfach so, als werde *sie* gemietet statt ihrer Eigentumswohnung, und spricht von *Mietmüttern*, ja sogar von *Leihmüttern*, was noch absurder ist – seit wann werden Wohnungen, Paläste in Luxuslage, »verliehen« oder gar deren Eigentümerinnen?

Der Technokraten-Jargon erklärt uns – immerhin potentielle Immobilien-Haiinnen – kurzerhand zur »Mietsache« oder will uns gar weismachen, daß wir als Frauen ausleihbar sind wie schmuddelige Bücher aus der Leihbücherei und Abgetragenes aus dem Leihhaus.

Der Sinn solcher Sprachpolitik liegt klar auf der Hand: Mann/Vater Staat sieht es nicht gern, daß wir auch nur einen Begriff davon bekommen, welchen Reichtum wir besitzen und verwalten. Durch die Möglichkeit der regulären Vermietung dieser unserer angeborenen »Immobilie«, genannt *Uterus*, wird aber deren immenser Wert plötzlich sichtbar – es wird auch klar berechenbar, welche Unsummen durch Mietverlust uns die übliche Zwangseinweisung unerwünschter Mietpersonen (*Zwangerschaft*) mittels des Paragraphen 218 Jahr um Jahr kostet und welche Unsummen dies andererseits dem Staat einbringt.

Nachdem die perfide Absicht durchschaut ist, können wir nun darangehen, unsere eigenen Begriffe zu prägen. Fürs erste schlage ich mal *Kinderpalast-Vermieterin* vor.

1986

Carl Maria, die Männe

Der Mann hinkt mit seiner Emanzipation der Frau hoffnungslos hinterher. Alle sind sich einig, daß etwas geschehen muß, um diese Schmach zu lindern. Aber was? Aus aktuellem Anlaß sei hier an zwei ermutigende historische Beispiele erinnert, die überraschende Lösungs-Perspektiven eröffnen...

Die Gedenkbriefmarke zum 200. Geburtstag von Carl Maria von Weber zeigt ein feingeschnittenes, sehr »weibliches« Gesicht, umrahmt von zarten Löckchen und einem weichen Halstuch. Carl Maria gehört zu den ganz seltenen Ausnahme-Komponisten, die sich von einer Frau ein Libretto schreiben ließen. Den Mißerfolg der Oper (*Euryanthe*, Textbuch: Helmina von Chézy) führen die Musikhistoriker natürlich auf ebendiese »bedauerliche Fehlentscheidung« zurück. Über eine Begegnung mit Beethoven berichtet Weber: »Wir brachten den Mittag mit einander zu, sehr fröhlich und vergnügt. Dieser rauhe, zurückstoßende Mensch machte mir ordentlich die Cour, bediente mich bei Tische mit einer Sorgfalt wie seine Dame.« Und in den Briefen an seine Frau Karoline, die er *liebe Weibe* nennt, bezeichnet er sich selbst als *Männe*. Nun werden viele Männer von ihren Frauen *Männe* genannt, aber **die** Männe – das ginge den meisten denn doch zu weit. Carl Maria aber findet offenbar nichts dabei: »Meine Lebensordnung, liebe Weibe, ist freilich fast jeden Tag anders; in der Regel aber folgende. Um 8 Uhr, zuweilen wohl auch ½ 9, steht die Männe auf, trinkt ihren langweiligen Weizenbrei und geht dann zu Smart.« Oder: »Nun habe ich alle meine Leiden recht von Herzen geklagt, im Vertrauen auf Deine Vernunft, daß Du daraus nicht neuen Stoff zu Angst und Sorgen saugst, sondern höchstens die arme Männe bedauerst, die wirklich zum Leiden geboren ist.«

Carl Maria starb 1826. Genau hundert Jahre später starb Rainer Maria, auch so eine »arme, zum Leiden geborene Männe«, weich, zartbesaitet, sensitiv – kurz: vom Männlichkeitswahn ziemlich weit entfernt.

Mag sein, daß die beiden bekanntesten Maria-Männer unserer Geistesgeschichte nur zufällig auffallend »weiblich« geraten sind, aber vielleicht handelt es sich auch um eine Auswirkung des Gesetzes »Nomen est Omen«. Unser (von Männern festgelegtes) Namensrecht schreibt strikte Geschlechtertrennung vor, nicht ohne Grund. Einzige Ausnahme ist eben *Maria* als Zweitname für Knaben. Ich schlage vor, diese Ausnahme zur Regel zu machen und auf sämtliche weiblichen Vornamen auszudehnen – Männer hießen dann also etwa Helmut Agathe Kohl, Johannes Paula II. bzw. Rau, Ronald Nancy Reagan, Michail Natascha Gorbatschow, François Madeleine Mitterrand etc. Wie die obigen Fälle zeigen, besteht eine gewisse Hoffnung, daß damit die Emanzipation der Männer endlich ein Stück vorankäme.

1986

Amtweibling und Amtfrau

Auf meinem Schreibtisch häufen sich seit Anfang des Jahres die Zeitungsausschnitte, die mir empörte Frauen zu der Leidensgeschichte der niedersächsischen Beamtinnen Evelyn Klibert (Wilhelmshaven) und Elke Guillaume (Verden/Aller) schicken. Beide Frauen hatten die offizielle Bezeichnung Amt*männin* abgelehnt: »Das Wortungetüm *Amtmännin* ist eine Verunglimpfung von Frauen; es führt zu Heiterkeitsausbrüchen oder Mitleidsäußerungen.«

Der Kampf der Wilhelmshavenerin hat fast zwei Jahre gedauert, und die Verdenerin verzichtete sogar auf ihre Beförderung und damit auf 300 DM monatlich, um nicht als *Amtmännin* verunziert zu werden.

Inzwischen scheint der Fall zu ihren Gunsten entschieden – jedenfalls lese ich im letzten Zeitungsausschnitt (*Husumer Nachrichten* vom 29. September 1986): »Beamtinnen in Schleswig-Holstein, für die bisher die Bezeichnung *Amtmann* galt, dürfen sich künftig *Amtfrau* nennen. Das hat Finanzminister Roger Asmussen [...] festgelegt. Damit hat die Landesregierung nach Asmussens Worten zügig auf ein Verwaltungsgerichtsverfahren einer niedersächsischen Beamtin reagiert, das die Einführung der Bezeichnung *Amtfrau* brachte. ›Wir wollen mit diesem Erlaß einen Beitrag zur Gleichberechtigung der Frauen in unserem Land leisten‹, erklärte der Minister.«

Unsere Männer, besonders die in den Amtsstuben, sind offenbar geistig überfordert – es gelingt ihnen ja höchstens in Wahlkampfzeiten noch, »zügig« oder auch nur angemessen zu reagieren. Bis zu diesem kritischen Zeitpunkt nämlich argumentierten sie noch folgendermaßen: »[...] daß es sich um eine Beamtin handelt [...] muß nicht dadurch [verdeutlicht] werden, daß die Bezeichnung *Frau* in der Amtsbezeichnung wörtlich vorkommt. Das Anhängen der Endung *in* ist hierfür – wie im allgemeinen Sprachgebrauch (z. B. *Ratsherrin*) – durchaus ausreichend. In solchen und ähnlichen Zusammensetzungen ist der Wortbestandteil *mann* nicht geschlechtsbezogen anzusehen [...] weise ich Ihren Antrag als unbegründet zurück.« (Der Oberstadtdirektor von Wilhelmshaven an Evelyn Klibert, 21. Febr. 1985)

Es wird Zeit, daß wir unsererseits mal einen Beitrag zur *Gleichberechtigung der Weiblinge* (nach veraltetem Sprachgebrauch: *Männer*) in unserem Land leisten und so die Amtweiblinge, Ratsweiblinge, Staatsweiblinge und sonstigen Weiblinge von ihrer erschöpfenden Spracharbeit entlasten.

Auch dem schlichtesten Weiblingsgemüt sollte dies doch vertraut klingen und folglich unmittelbar einleuchten: »Daß es sich um einen Mann handelt, muß nicht dadurch deutlich werden, daß die Bezeichnung *Mann* in der Amtsbezeichnung wörtlich vorkommt. Das Anhängen der Endung *ling* ist hierfür – wie im allgemeinen Sprachgebrauch (z. B. *Schwächling*, *Wüstling*, *Lüstling*) – durchaus ausreichend. In solchen und ähnlichen Zusammensetzungen ist der Wortbestandteil *weib* nicht geschlechtsbezogen anzusehen.«

1986

Über das Fraulenzen

Warum ist uns immer so melanchomisch zumute? Es liegt nicht nur am allgemeinen Baldsterben auf unserem Klobus. Wir fraulenzen zu wenig!

Es ist doch so, liebe Frauen: Tagsüber erdulden wir die manntasielose Bürotik und das No-how des Chefs und nachts die penomännale Sklerotik des alten Fregatten. Kurz, von Morgasmus bis Mitternackt die Mannzüglichkeiten des Pornograviehs. Wir ertragen seine Penorrhoe & Schämorrhoiden, sein kondominantes Verhalten, überhaupt diese ganze Spermakrobatik. Uns wird nicht nur geschlecht – uns schwangert Böses! Wir werden immer phallergischer.

Tragen wir aber Ihm zuliebe mal diese Brechreizwäsche, trinkt das Mannko sein Masturbierchen und kommt im Schafanzug auf die Duftmatratze (*er* hat jeden Tag Gefurztag!). Furchtpaar!

Wir bügeln seine Hemden und bringen seine Mannzüge zur Peinigung. Wir räumen den Adamsabfall fort und bekochen das Mannstrum mit Pfanntasie, bis wir auf dem Kreatiefpunkt sind. Wir knabbern an der Pizza dolorosa und verschwenden unsere Zeit auf diesen miederträchtigen Schönheits-Pharmen, um uns so manngenehm wie möglich zu gestalten, doch was tut der Grölefant? Er holtert und poltert. Was ist unsere Polternative? Im Marginalchor die »Erschöpfung« von Haydn!

Erteilen wir dem Hahnrei aus der Tube eine gynergische Abfurie! Fangen wir endlich an zu fraulenzen, statt unser büromantisches Dicksal zu beklagen. Soll sich der Matscho seine Mackereien, Mackeroni und sein Hommelett alleine braten! Kein einziges Gnadenbrötchen werden wir ihm mehr schmieren. Schluß mit dem Schnorrgasmus und Spermasochismus! Soll er sich im Nacktiv-Urlaub alleine phallustieren. Keine muttilateralen Verhandlungen, mag er sich auch noch so romanntisch oder mannisch-defressiv gebärden! Der reine Opfertunismus!

Wir treten aus der Küche aus und schicken ihn in Penision! Es ist kein großer Phallust.

1987

Gebenedeit sei die Frucht deines Leibes

Wer war die erste Putzfrau? So beginnt einer der ersten Witze, die ich als Kind von andern Kindern hörte. Antwort: Maria, die reinemacht.

Meine Eltern waren sehr christlich; der Witz hätte ihnen mißfallen. Ich aber mochte ihn, denn ich hatte schon früh meine Probleme mit der ›Reinen Magd‹.

Maria spielte zwar in meiner Familie nur eine geringe Rolle, wir waren evangelisch – trotzdem lernte ich früh gänzlich unverständliche Sprüche wie ›Gebenedeit sei die Frucht deines Leibes‹ oder ›Was trug Maria unter ihrem Herzen‹? Ich wußte nicht, was sie, voller oder auch ohne Schmerzen, unter ihrem Herzen trug, und ahnte nur vage, daß es sich um etwas Unanständiges handeln mußte, das zugleich heilig war.

Das Heilig-Unanständige hing mit dieser komischen Sprache zusammen, Wendungen wie *gebenedeit sei* hörten wir sowieso nur in der Kirche. Auch das Wort *Leib* kannte ich erst nur vom *Leib des Herrn*, den die Erwachsenen in Form eines weißlichen Gebäcks feierlich verspeisten. Meine fromme Großmutter nannte ihr Lieblingsessen immer *Leibspeise* oder *Leibgericht*; ich dachte, das hinge mit diesem Leib-Gebäck zusammen, bis ich kapierte, daß ihre Sprache nur ein bißchen altmodisch war. Wenn wir Bauchschmerzen hatten, sprach sie von *Leibschmerzen*; ihre Unterwäsche hieß *Leibwäsche*. Auf meinen ersten Zeugnissen stand zwar noch *Leibesübungen*, das wurde aber bald in *Turnen* und dann in *Sport* abgeändert. Der Leib kam immer mehr aus der Mode und machte dem Körper Platz. Nur die Frauen, obwohl nicht mehr *gesegneten Leibes* wie ehedem, hatten weiterhin *Unterleibsbeschwerden* und mußten sich einer *Unterleibsoperation* unterziehen. Im Zirkus wurde manchmal, grausig, eine Dame *ohne* Unterleib vorgeführt, woraus zu entnehmen war, daß sie eigentlich einen hätte haben sollen. *Männer* ohne Unterleib gab es nie, anscheinend hatten sie sowieso keinen, jedenfalls war nie davon die Rede. Statt dessen hatten diese Fremdkörper bloß einen Oberkörper oder einen bloßen Oberkörper, jedenfalls im Sommer.

Was mir aber am meisten Kummer und Unbehagen bereitete, war diese Sache mit der *Frucht*. Manche Bäume und Sträucher tragen Früchte, aber Maria, die Mutter Gottes? War das Jesuskind nun eine Unterleibsfrucht oder Gottes Sohn? Beides: Marias Frucht und zum Trost Gottes Sohn. Und was war mit *mir*? Ich wollte ein Kind sein und keine Frucht, schon gar nicht so eine altmodische Leibesfrucht! Meine Mutter, fand ich, hatte überhaupt keine Ähnlichkeit mit einem Obstbaum, und ich selber wollte später auch lieber Kinder haben als Früchte tragen. So eine Unverschämtheit!

1987

Stilleben

Neulich stieß ich in Emily Martins Buch *The Woman in the Body* auf die Wörter *stillbirth* ›Totgeburt‹ und *stillborn* ›totgeboren‹. Ein Kind, das unmittelbar nach der Geburt **still** ist, nicht schreit, ist ein **totes** Kind. Wenn Baby seinen ›Urschrei‹ erledigt hat, wird es von Mama *gestillt*, denn alles spätere Schreien ist nicht mehr so willkommen. Es gilt vielmehr als Notsignal, außerdem als störend.

Mama ist beim *Stillen* meist selbst sehr *still*. Bewegen kann sie sich auch kaum noch. Sie muß das Baby halten, kann also nicht gleichzeitig tanzen, boxen oder Klavier spielen. Sie wird auch nicht rumbrüllen beim Stillen – was für eine abartige Vorstellung! Das Stillen ist also insgesamt eine sehr stille und reglose Angelegenheit. Ist es schöpferische Stille oder Totenstille? Das kommt ganz auf das Geschlecht an, scheint mir. Jedenfalls ist mir die/das Stille/n verdächtig geworden, seit ich über die Wörter *stillborn* und *totgeboren* nachdenke.

Neulich gab es im Deutschen Fernsehen eine Katharine-Hepburn-Retrospektive, u. a. auch einen Film über Clara Schumann. Clara muß ihre pianistische Karriere aufgeben, weil Robert ihr ein Kind nach dem andern macht (dies ist hier vielleicht wirklich der passendste Ausdruck). Robert ist des öfteren sehr sauer, weil das Kindergeschrei ihm die schöpferische Stille zerreißt.

Eine Szene des Films ist mir in besonders lebhafter Erinnerung: Clara gibt, um für ihre immer zahlreicher werdenden Lieben Geld heranzuschaffen, doch mal ein Konzert. Sie spielt Werke des Gatten, der befriedigt lächelnd im Publikum sitzt. Plötzlich erscheint die Kinderfrau in den Kulissen und gibt Clara aufgeregte Zeichen, stopft sich den Daumen in den Mund, lutscht. Clara lächelt nervös, spielt aber weiter. Die Mutter vor einer unlösbaren Aufgabe: Sie soll die Werke des Gatten zum Klingen und gleichzeitig den störend brüllenden Sprößling zum Schweigen bringen, *stillen*.

Die Zeichensprache der Kinderfrau [wir sehen es deutlich: auch sie bleibt **still**!] wird immer dringlicher. Robert im Publikum wird auch nervös – Clara hat anscheinend sein Werk mutwillig gekürzt, ganze Teile ausgelassen.

Schlußakkord, tosender Beifall. Clara dankt es dem Publikum

kaum, sondern fegt hinter die Kulissen. Die Kinderfrau drückt ihr das schreiende Baby an den Busen. Wir sehen die begnadete (wenn auch ›nur reproduzierende‹) Künstlerin in der Rolle des Schnullers. Allerdings bekommen wir nur Hepburns liebevoll über das Kind gebeugten Rücken zur Ansicht.

Offenbar passiert da etwas Peinliches, etwas, das wir nicht sehen dürfen, und das Konzertpublikum erst recht nicht. Kunst und Leben, Konzertieren und Stillen – dazwischen liegen Welten!

Was will uns der Film bzw. die Männer, die ihn gemacht haben, mit dieser Szene sagen? Daß eine Künstlerin, die zugleich Mutter ist, eigentlich eine Peinlichkeit darstellt – aber mann verzeiht es ihr lächelnd. Auch der gekürzte Robert betrachtet die innige Szene mit lächelndem Einverständnis.

Das Weib schweige nicht nur in der Gemeinde, sondern auch im Konzertsaal und überhaupt. Besser, wir führen ein Stilleben.

Auf französisch heißt *Stilleben* übrigens ›tote Natur‹, *nature morte*. Abgebildet auf einem Stilleben sind **Gegenstände**, Früchte oft oder Blumen, dekorativ arrangiert in dekorativem Geschirr, tote Tiere [Jagdbeute], Jagdutensilien [Mordgerätschaften]. ›Tote Gegenstände‹ eben, reglos und still.

1987

Der solidarische Mann

Eine Idylle

Der normale Mann ist ja nicht direkt blöde – er weiß schon, was in unserer Gesellschaft alles zum Himmel stinkt, aber er will es lieber nicht wissen und mackert weiter stumpf vor sich hin. Nur der solidarische Mann wagt es, zu Ende zu denken und bereut sein bisheriges Chauvi-Verhalten aufrichtig. Er hat sich überhaupt radikal geändert, pinkelt nur noch im Sitzen und fordert mit leidenschaftlichem Ernst Gerechtigkeit. Er fordert beispielsweise immer und immer wieder, daß die Parlamente zu 53 Prozent mit Frauen besetzt sein müssen, damit der weibliche Teil des Volkes in der sogenannten Volksvertretung auch *wirklich* vertreten ist. Natürlich fordert er für die nächste Wahl auch Kanzlerinkandidatinnen. Außerdem fordert er mindestens die Hälfte aller Ausbildungsplätze und qualifizierten Arbeitsplätze für Frauen. Überflüssig zu bemerken, daß er den Namen seiner Frau angenommen hat, obwohl sie Meyer heißt und er ein geborener Graf Harsewinkel ist. Er hütete schon in den siebziger Jahren mit anderen solidarischen Gatten und Vätern die Kinder während der feministischen Sommer-Uni und pflegt seit Jahren klaglos seine bettlägerige alte Schwiegermutter, damit seine Frau sich ihrer Karriere widmen kann. Seiner zwölfjährigen Tochter hat er unter anderem beigebracht, wie frau mit einem Bohrer umgeht und einen Reifen wechselt, und der neunjährige Sohn wird von ihm fachmännisch in der Kunst des Kuchenbackens, Hemdenbügelns und Sockenstopfens unterwiesen.

Unser Herr Meyer spendet monatlich je 100 Mark an *Terre des Femmes*, *Amnesty for Women* und die Frauen-Notruf-Zentrale seiner Heimatstadt. Er protestiert lautstark gegen frauenfeindliche Witze, Werbung und Sprache und empört sich bei jeder Gelegenheit über die Busengrapscher und Edelzwicker in seinem Betrieb. Während seine dumpfen Geschlechtsgenossen auf dem Fußballplatz herumgrölen oder eine Frau vergewaltigen, organisiert er, buchstäblich unter Lebensgefahr, die erste reine Männer-Demo gegen die Gewalttätigkeit des Mannes in der Geschichte des Patriarchats. Damit nicht genug, tritt er seit neuestem dafür ein, daß eine Männlichkeitssteuer (ähnlich der Hundesteuer) eingeführt wird, weil er erkannt hat, daß das männliche Geschlecht gesellschaftsschädlich ist. Die Hundesteuer diene dazu – so seine abenteuerliche Argumentation –, die Beseitigung des Hundedrecks zu finanzieren, und die Beseitigung der Männerjauche an allen Ecken und Enden koste schließlich noch mehr Geld. Von der Behebung der Schäden, die Männer sonst noch so anrichten, zu schweigen. Die Männlichkeitssteuer, so meint er, müsse etwa 20 Prozent des Nettolohns betragen und solle zur Finanzierung von Frauenhäusern, Frauen-Nachttaxis, Frauenforschung, Vaterschaftsurlaub etc. etc. verwendet werden.

Donna Wetta – wohin doch das logische Denken den Mann führen kann! Geradewegs ins feministische Inferno. Vielleicht überläßt er es *deshalb* lieber den Frauen.

1987

Der Wähler und seine Zweitstimme

Mehr als 50 Prozent der wahlberechtigten Deutschen sind Frauen. Anders ausgedrückt: Mehr als die Hälfte der sogenannten »Wähler« waren in Wirklichkeit Wähler*innen*. Die deutschen Frauen haben die Wahl entschieden – aber *hatten* wir überhaupt die Wahl? Ich habe Grün gewählt – aus einem schlichten, aber für mich entscheidenden Grund: Die Grünen sind die einzige Partei, deren sogenannte Kandidaten überwiegend Kandidat*innen* waren. Nur der »Frauenanteil« (hat frau schon jemals das Wort *Männeranteil* gehört?!) der grünen Fraktion im neuen Bundestag entspricht etwa dem »Frauenanteil« in der Bevölkerung.

Ich wiederhole: Die Wähler waren überwiegend Frauen, die zur Wahl stehenden Kandidaten dagegen zu etwa 90 Prozent Männer. Beide Gruppen, die mehrheitlich weiblichen »Wähler« wie die überwältigend männlichen Kandidaten bzw. Politiker, werden aber mit ein und derselben grammatischen Form bezeichnet – eben der männlichen Form. Wir Frauen sehen da ein gewisses Sprachproblem und bemühen uns seit etwa einem Jahrzehnt, dies Problem zu lösen. Die meisten Männer sehen da aber kein Problem. Für sie ist es auch keins. Wenn die paar Kandidat*innen* als Kandidaten verunkenntlicht werden, die wahlentscheidende Wählerin dafür aber konstant als »der Wähler« angeherrscht wird, kann dies den Herren nur recht sein.

Männer haben diese unsere Sprache gemacht, und sie haben sie für sich gemacht. Die Hecken sind »mannshoch«, Arbeit wird in »Mannmonaten« gemessen, die Person im Auto vor mir ist grundsätzlich der Vordermann, und die Person neben mir mein »Nebenmann« – *Nebenfrau* bedeutet nämlich »Konkubine/Mätresse« – die Frau eben, die sich der Mann, neben seiner angetrauten Ehegattin, noch nebenbei hält. Manchmal wird die »Nebenfrau« auch Zweitfrau genannt. Ein Anrecht auf den Zweitwagen hat die Zweitfrau aber nicht, den bekommt vielmehr die Ehegattin.

Damit sind wir nun bei einem »echten« Sprachproblem der soeben überstandenen Bundestagswahl angelangt, einem Problem, das unsere Politiker bei jeder Wahl aufs neue quält: Die sogenannte »Zweitstimme«, bei der doch jedermann nur an den zweitrangigen

Zweitwagen oder die zweitrangige Zweitfrau denkt – sie ist in Wirklichkeit die entscheidende Stimme.

Und so ist denn alles schön männlich-unlogisch, dreifach unlogisch:

Erstens: Die Zweitstimme müßte *Erststimme* heißen, denn **sie** ist wahlentscheidend.

Zweitens: Der Wähler müßte *die Wählerin* heißen, den **sie** ist wahlentscheidend.

Drittens: Das **zweite** Sprachproblem müßte ernstgenommen werden, denn es ist – im Gegensatz zu dem vergleichsweise lächerlichen Problem mit der irreführenden Bezeichnung *Zweitstimme* – **grundlegend**. Wie sagte doch der wackere grüne Friedensforscher Mechtersheimer: »Von den fünf ersten grünen Kandidatinnen auf der Landesliste Baden-Württemberg war eine ein Mann.« Genau! Weiter so!

1987

Witwenkontrolle

Eine sehr praktische Erfindung, diese Witwenkontrolle. Sie sorgt automatisch dafür, daß keine Witwen mehr entstehen. Ich wähle einfach aus meinem Menü die Witwenkontrolle, click, und schon bin ich den Ärger mit den Witwen endgültig los.

Früher, als ich meine Briefe und sonstigen Texte noch mit der Hand schrieb, und auch später, mit der Schreibmaschine, brauchte ich keine Witwenkontrolle. Schon um Porto zu sparen, fing ich wegen »Herzlicher Grüße« doch nicht extra eine neue Seite an, sondern quetschte die Grüße nebst meinem ›Friedrich Wilhelm‹ [wieso eigentlich nicht ›Luise‹, immerhin auch eine Königin, oder wenigstens ›Friederike Wilhelmine‹?] ganz klein ganz unten auf die Seite oder auch mal an den Rand. Noch öfter war ich allerdings großzügig und ließ unten auf der Seite lieber einen breiteren Rand stehen, statt die erste Zeile eines neuen Absatzes noch dorthinzuzwängen.

Meinem Computer aber bzw. meiner Pute fehlte da bislang jegliches Formgefühl. Stur befolgte sie die Anweisungen, 30, 40, 50 Zeilen pro Seite, je nachdem. In jedem längeren Text produzierte sie daher laufend Witwen: armselig alleinstehende Zeilen, auf ewig getrennt von ihren besseren Hälften, die auf der vorigen Seite verblieben waren oder erst auf der nächsten kommen würden. Nicht selten gar machte die dumme Pute aus einer *Über*schrift quasi eine Unterschrift!

Gut, die Erfindung ist also nützlich – obwohl sie natürlich eigentlich nur etwas ›unter Kontrolle bringt‹, was wir immer bestens im Griff hatten, ohne großes Aufheben im kleinen Finger sozusagen, bis es dann der Computer in Unordnung brachte. Nicht im Traum wäre es *mir* eingefallen, die schlichte Vermeidung von Blödsinn bei der Aufteilung meiner Schriftstücke großartig mit einem eigenen Namen zu belegen. Und schon gar nicht wäre mir dafür der Name *Witwenkontrolle* eingefallen.

Da die computerseitige Vermeidung des Blödsinns noch ziemlich neu ist, hab ich den Namen bisher nur auf englisch gehört, *widow control*, aber ich bin ziemlich sicher, daß wir das bald als wörtliche Übersetzung ins Deutsche kriegen werden. Anders als mit der *software*, die bei uns immer noch *software* und nicht etwa

Weichware heißt oder so. (*Weichware* wirkt anscheinend irgendwie zu weibisch-komisch in unserer Sprache, halt der Würde der Software nicht angemessen.) Aus dem herrischen Wort *widow control* schließe ich messerscharf, daß wir die Erfindung selbst wie auch ihren Namen Männern verdanken. Im Englischen bedeutet *(to) control* auch, sogar meistens, ›beherrschen‹, ›Herrschaft‹.

Und wenn nun Frauen einen Namen für diese Sache hätten finden sollen? Hätten wir sie vielleicht *Witwerkontrolle* genannt? Ich glaube kaum, denn Frauen denken ja immer ein bißchen eher und ein bißchen weiter. *Wir* hätten schon in den ›alleinstehenden Zeilen‹ nur ungern ›Witwer‹ gesehen – nur über unsere Leichen, sozusagen. Denn jeder Witwer, ob unter oder außer Kontrolle, setzt eine tote Frau voraus.

1987

Nachtrag 1989

Kaum war die Glosse erschienen, haben Fachfrauen mich belehrt, daß jene *widows* auf deutsch *Hurenkinder* genannt werden, und im sechsbändigen Dudenwörterbuch lese ich dazu: »die Zeile ... hebt sich ... von der normalen Zeilenordnung ab, ähnlich wie ein ›Hurenkind‹ früher ausgestoßen, isoliert und verachtet war u. sich so deutlich von den ehelichen Kindern unterschied.« Frau lernt doch nie aus. Die Mutter eines nichtehelichen Kindes ist also eine Hure. Und der Vater??

Inzwischen gibt es die deutsche Version meines Textverarbeitungsprogramms. Und tatsächlich: Da, wo sonst die »widow control« anzuklicken war, kann ich jetzt eine »Hurenkind-Regelung« in Kraft setzen.

Zwei Gleichnisse von der Gleichstellung

Erstes Gleichnis:
Es war einmal eine gesellschaftliche Stufenleiter. Ganz oben stand der Mann, ganz unten die Frau. Die Frau, nicht faul, machte sich auf den Weg und kraxelte zu ihm empor. Da waren beide gleichgestellt, und wenn sie nicht gestorben sind, dann sind sie noch heute oben und gleichgestellt.

Zweites Gleichnis:
Es war einmal ein Mann, der war ganz oben und blickte stolz und frei und gelassen in die Runde. Er saß auf den Schultern einer Frau. Die Frau begann zu murren, da beschloß der Mann, sie gleichzustellen. Er richtete der Frau eine Gleichstellungsstelle ein, ernannte sie zur Frauenbeauftragten und befahl ihr, für ihre Gleichstellung endlich Sorge zu tragen. Seither bemüht sich die Frau, auf ihren Schultern Platz zu nehmen, aber es will und will ihr nicht gelingen, denn da sitzt ja schon der Mann.

Was könnte die Frauenbeauftragte tun, um ihren Auftrag auszuführen? Den Mann absetzen – wäre sie dann gleichgestellt? Irgendwie schon, beide müßten auf eigenen Füßen stehen. Aber die wundervoll komfortable »Stellung« des Mannes besteht ja grade darin, daß er das nicht muß.

Und wenn sie sich auf die Schultern des Mannes setzt? Dann ist sie ihm noch immer nicht gleichgestellt, denn er sitzt auf den Schultern einer sanften, geduldigen Frau, und das ist viel weicher und ruhiger und gemütlicher. Es bleibt kein anderer Weg: Die Frau muß endlich lernen, auf ihren eigenen Schultern zu sitzen.

Die Leserin mag nun selbst entscheiden, welches Gleichnis mehr unserer Wirklichkeit entspricht. Meine Meinung: Die Gleichstellung ist nicht nur logisch unmöglich, sondern auch überflüssig, denn wir Frauen sind den Männern doch sowieso schon lange gleich bzw. wurscht.

1987

Das IVF-Kind

Kürzlich wurden in der Zeitschrift *Der Sprachdienst* die »Ergebnisse eines bundesweiten Aufrufs« zwecks Findung einer »besseren, humaneren« Bezeichnung für das *Retortenbaby* veröffentlicht. Der Aufruf war Anfang 1988 erfolgt und hatte mit 360 eingegangenen Vorschlägen »ein ungeahntes Echo gefunden«. Prämiiert wurde befremdlicherweise die Schöpfung eines Erlanger Germanistikprofessors: *IVF-Kind*. Nicht preiswürdig fand die Jury dagegen »zu positive« Eingebungen wie z. B. *Wunschkind*, *Traum-*, *Sehnsuchts-* oder *Wonnenkind*, aber auch »zu negative« wie etwa *Künstling*, *Typenkind*, *Zuchtmensch* oder *Dekadenz-Ekel*.

Besser, humaner?? – »**Was** hast du gesagt?« rief eine Freundin entrüstet, als ich's ihr erzählte. »Sie wollen diese Kinder jetzt HIV-Kinder nennen? Ja, sind die denn noch ganz dicht?!« Tatsächlich, von *IVF* zu *HIV* ist es – **buchstäblich** – nur ein winziger Schritt. Die Abkürzung *HIV* kennt inzwischen jede und jeder – aber wer kann sich schon unter *IVF* etwas vorstellen?

Die Jury sieht das allerdings anders und begründet ihre Entscheidung wie folgt: »Es handelt sich um eine kurze und angesichts der weltweit schon gebräuchlichen Abkürzung für die neue medizinische Technik (IVF = *In-vitro-Fertilisation*, deutsch *Befruchtung im Kulturgefäß*) sachlich eindeutige Benennung, die das so bezeichnete Leben entsprechend seinen besonderen Entstehungsbedingungen charakterisiert, ohne es zu stigmatisieren.«

Werden wir also in Zukunft in den Geburtsanzeigen lesen: »Die Geburt eines gesunden IVF-Jungen geben bekannt...« oder »Unser Sebastian hat ein IVF-Schwesterchen bekommen...«? Werden die Eltern ihren »IVF-Kindern« zu gegebener Zeit »sachlich eindeutig« mitteilen: »Du bist ein IVF-Kind« statt des nunmehr veralteten »Du bist ein Retortenbaby«?

Beides ist kaum zu erwarten, denn die Eltern werden kein Bedürfnis haben, ihr Kind »entsprechend seinen besonderen Entstehungsbedingungen zu charakterisieren«. Kinder müssen nämlich überhaupt nicht »ihren Entstehungsbedingungen entsprechend charakterisiert werden« [die Begründung erinnert fast an den betagten Kalauer »mein Kind heißt Waldemar, weil es im Walde war«]. Viele Kinder »entstehen« durch Vergewaltigung in der Ehe. Trotzdem sind wir bisher auch ohne Bezeichnungen wie *Vergewaltigungskind* oder *Notzucht-Kind* bestens ausgekommen.

Die einzige Lösung des Problems ist also die Null-Lösung, wie auch bei dem Wort *Fräulein*: nicht »nachbessern«, sondern: **abschaffen!**

1988

Schreiben Männer anders?
oder
Der lange Weg zur Müdigkeit

Daß auch Männer schreiben, und zwar viel zuviel, ist traurige Gewißheit. Ob sie aber anders schreiben als Frauen – diese Frage nach dem »männlichen Ästhetick« läßt den postmodernen Mann nicht mehr zur Ruhe kommen. Ein Tagungsbericht aus Bad Schmoll von unserer Horrespondentin und Mittuterin Luise Pfusch.

Alle, alle waren sie manngereist, von Dürrenmax-Frisch bis zu Reich-Rizinus, von Peter Schandke über Günter Griess bis Martin Wälzer. Die Einfalt und Breite der Themen war enorm – kein Zweifel: In Männerhirnen tut sich wieder was. Hier ein paar Proben aus der Fülle des Manngebots:

Die Gruppe »Deutsche Aufklärung« schlug sich u. a. mit dem blutigen Problem herum, was denn an einem Stück wie *Camelia Galotti* überhaupt noch männlich sei.

In der Gruppe »Humannismus und Deformationszeit« ging mann beherzt der Frage auf den Grund, ob der Orgasmus von Rotterdam wirklich ganz männlich gewesen sein könne. Auch die Männlichkeit von Martin Puder wurde ernsthaft bezweifelt. Der Nachweis, Puder heiße eigentlich Puther, wollte nicht gelingen.

Hölderlein, Heini, Möricke – schon diese Namen wirkten plötzlich verstörend, von ihrer Lyrik und von Grimms Härchen erst gar nicht zu reden! Die deutsche Romanntick macht ihrem Namen keine Ehre, so wurde ebenso einhellig wie bekümmert festgestellt. Und schließlich: **Die** *Faust* von Joh. Wolfg. von Kroethe! Allgemeines Mißbehagen machte sich breit.

Den musikalischen Rahmen bildeten Werke von Verrutscho Busoni unter dem Dirigat von Riccardo Mutti, was die Stimmung noch weiter verdüsterte.

In der russischen Sektion ging es hitzig um die Frage der Männlich- oder Weiblichkeit Drostojewskys. Der Hinweis auf seinen Roman *Schuld & Söhne* schaffte kaum Beruhigung.

In der Sektion »klassische Moderne« war mann zuversichtlicher. Alles drehte sich um die Brüder Mann, natürlich. Auch die

Romannisten konnten frohlocken: An Ballsack ist alles männlich, aber auch alles.

Na denn: Proust Mahlzeit!

1988

Kirchensprache ist Männersprache

> [Die Religion] ist vor allem ein Begriffssystem, mit dessen Hilfe sich die Menschen die Gesellschaft vorstellen, deren Mitglieder sie sind, und die dunklen, aber engen Beziehungen, die sie mit ihr haben.
>
> *Emile Durkheim*

Im Mai 1988 hielt ich einen Vortrag anläßlich einer Tagung des Gemeinschaftswerks evangelischer Publizistik. Ich tat meine Überzeugung kund, daß die Kirchensprache nicht nur eine Männersprache ist, sondern eine Extremform, sozusagen eine Macho- oder Herrensprache. Ich rede seit gut neun Jahren landauf, landab zum Thema »Spiel- und Abarten der Männersprache«. Vieles scheint mir daher inzwischen geradezu banal und selbstverständlich – um so überraschter war ich, daß diesmal ein großer Teil des Publikums befremdet bis entrüstet war. Als mitten während meiner Ausführungen zum Abendessen gerufen wurde, hieß es aus dem Publikum, ach nein, danke, der Appetit ist uns sowieso vergangen.

Was hatte ich nun so Böses gesagt? Ich hatte erklärt, daß es **das** Kennzeichen der diversen Männersprachen auf unserem Planeten ist, daß sie Mensch und Mann gleichsetzen. In vielen Sprachen sind deshalb die Bezeichnungen für *Mann* und *Mensch* dieselben, so etwa *homme* im Französischen, *man* im Englischen usw. Die Frau gehört nach diesem Denken einer anderen, d.h. nichtmenschlichen Spezies an, ähnlich wie die Hunde. Auch die Kirche [und daher auch die Kirchensprache] geht davon aus, daß die Frau nicht zu den Menschen gehört. In unserer »protestantischen Nationalhymne«, Luthers *Ein feste Burg ist unser Gott*, heißt es: »Nehmen sie den Leib, Gut, Ehr', Kind und Weib, laß fahren dahin, sie haben's kein Gewinn, das Reich muß uns doch bleiben.« **Wer** ist gemeint mit *uns*, **wem** »muß das Reich doch bleiben«?? Offenbar ist das ein Lied für einen Männergesangverein, genau wie Matthias Claudius' *Der Mond ist aufgegangen*: »So legt euch denn, ihr **Brüder**, in Gottes Namen nieder.«

Ich hatte mir also erlaubt, auf diese altbekannten Fakten hinzuweisen, und fuhr dann fort: Halten wir also fest, daß auch für die christliche Kirche die Frau einer anderen Spezies angehört, meist auf einer Stufe mit **Seinem, des Mannes**, Acker und Vieh. Nehmen wir also an, die Frau werde etwa wie ein Hund angesehen. Was die Hunde und ihre Beziehungen zu den Menschen betrifft, so gibt es da die Hundeliebhaber, daneben solche, denen die Hunde einfach gleichgültig sind, und schließlich die Hundehasser. Mit letzteren nun ist die Kirche zu vergleichen. Ein so abgründiger Frauenhaß, wie er sonst selten ist - nachzulesen besonders bei den Kirchenvätern, die dann anderen Modell standen, so daß oftmals aus ursprünglichen Liebhabern oder Gleichgültigen fanatische Hasser wurden. Immerhin geht die dreihundertjährige Massenvernichtung der sogenannten Hexen auf das Konto der Kirche, und bis heute ist – meines Wissens – von den Kirchen kein öffentliches Schuldbekenntnis abgelegt worden. Bis heute hat es keine Rückerstattung der geraubten Güter gegeben.

Ich hatte meinen Vortrag mit einem Überblick über meine ganz persönliche Beziehung zur Kirche begonnen und frisch drauflos erzählt: Bis weit ins 19. Jahrhundert zurück sind meine Vorfahren protestantische Pfarrer gewesen. Mein Urgroßvater war Pfarrer, meine Urgroßmutter Hausfrau und Mutter. Mein Großvater war Missionar, meine Großmutter Hausfrau und Mutter. Mein Vater war Pfarrer, meine Mutter Sekretärin, Hausfrau und Mutter. Ich bin Professorin für Sprachwissenschaft, nicht verheiratet und aus der Kirche ausgetreten - und ich glaube, der Unterschied zwischen meinem Lebenslauf und den Lebensläufen meiner im Dienst an der Kirche und ihren Eheherren verbrauchten Vorfahrinnen ist nicht etwa zufällig. Mit anderen Worten: Wenn eine Frau sich emanzipieren will, so sind ihre Chancen innerhalb der Kirche höchst gering.

Ich bin aus der Kirche ausgetreten, weil ich die Vorstellung absurd finde, daß eine rein männliche Dreifaltigkeit göttlichen Ursprungs sein soll. Es kann sich da nur um eine Erfindung von Männern handeln, sonst gäbe es in diesem Glaubenssystem mehr und vor allem bessere Plätze für Frauen. Meine religiösen Bedürfnisse sind seither frustriert – auch Ausflüge in »esoterische« Gefilde ergaben immer wieder dasselbe: Erfindungen von Männern, denn bei aller Esoterik war das Machtgefälle, auch im esoterischen Jenseits, fast immer dasselbe wie auf Erden. Und so möchte ich denn mit einer leichten Korrektur der tiefen Erkenntnis Durkheims schließen:

> [Die Religionen] sind Begriffssysteme, mit deren Hilfe sich die Männer die Gesellschaft vorstellen [...]
> [im französischen Original heißt es *hommes*, und das bedeutet bekanntlich sowohl *Menschen* als auch *Männer* – wobei **dieser** Unterschied in **diesem** Begriffssystem sowieso keiner ist, wie wir gesehen haben...]

1988

Literatur

Amrain, Susanne. 1989. »Gleichmut – Üben Sie sich in Gleichmut, Mrs. Woolf!« in: Duda & Pusch. Hgg. (in Vorb.).

Armstrong, Louise. 1986. »Father knows best?« Review of Chesler, Phyllis. 1985. *The women's review of books*. Vol. III, No. 5. February 1986, 5-6.

Auden, Wystan Hugh. 1967. *»A short defense of poetry«. Address given at a round-table conference on »Tradition and innovation in contemporary literature« at the International PEN Conference in Budapest, in October 1967.*

Badinter, Elisabeth. 1984 (1980). *Die Mutterliebe: Geschichte eines Gefühls vom 17. Jahrhundert bis heute (= L'amour en plus).* Übs. aus dem Frz. Friedrich Griese. München. dtv sachbuch TB 10240.

Baron, Dennis. 1985. *Grammar and Gender*. Newhaven, Ct.; London. Yale Univ. Press.

Barth, Ariane. 1987. »›Wenn er fröhlich singt, kommen mir Tränen‹: SPIEGEL-Redakteurin Ariane Barth über HIV-infizierte Kinder.« *Der Spiegel* 30/1987, S. 48-69.

Barz, Monika, Herta Leistner und Ute Wild. 1987. *Hättest du gedacht, daß wir so viele sind? Lesbische Frauen in der Kirche*. Stuttgart. Kreuz Vlg.

Baur, Margrit. 1981. *Überleben: Eine unsystematische Ermittlung gegen die Not aller Tage*. Zürich; Frankfurt/M. Suhrkamp Verlag.

Bell, Quentin. 1982 (1972). *Virginia Woolf: Eine Biographie (= Virginia Woolf: A Biography).* Übs. Arnold Fernberg. Frankfurt/M. Suhrkamp TB 753.

Benard, Cheryl und Edit Schlaffer. 1984. *Die Grenzen des Geschlechts: Anleitungen zum Sturz des Internationalen Patriarchats. Amnesty for Women*. Reinbek b. Hamburg. rororo sachbuch 7775.

Berger, Peter L. & Thomas Luckmann. 1980 (1969). *Die gesellschaftliche Konstruktion der Wirklichkeit. Eine Theorie der Wissenssoziologie*. Frankfurt/M. Fischer TB 6623.

Bittorf, Wilhelm. 1987. »›Die Lust ist da, aber ich verkneif's mir‹: SPIEGEL-Autor Wilhelm Bittorf über die Geschlechtsliebe in den Zeiten von Aids.« *Der Spiegel* 11/1987, S. 238-249; 12/1987, S. 220-234; 13/1987, S. 186-197.

Boveri, Margret. 1977. *Verzweigungen. Eine Autobiographie*. Hg. Uwe Johnson. München. dtv 10011.

Brantenberg, Gerd. 1980 (1977). *Egalias Töchter: Ein Roman über den Kampf der Geschlechter (= Egalias dötre).* Übs. aus dem Norwegischen Elke Radicke. Berlin. Olle & Wolter.

Brauns, Patrick. 1983. *Harte Energie und sanfte Sprache. Untersuchungen*

zum Sprachgebrauch der Energiepolitik und der Ökologiebewegung in der Bundesrepublik Deutschland und in Frankreich. Unveröff. Magisterarbeit Univ. Konstanz.
Brownmiller, Susan. 1976 (1975). *Against our Will: Men, Women and Rape.* Harmondsworth, Middlesex. Penguin.
Carson, Julie. 1973. »The Rumpelstiltskin syndrome: Sexism in American naming traditions«, in Hiller, Dana V. & Robin Ann Sheets. Hgg. 1973. *Women and Men: The Consequences of Power.* Cincinnati. Office of Women's Studies, University of Cincinnati. S. 64-73.
Chesler, Phyllis. 1985. *Mothers on trial: The battle for children and custody.* New York. McGraw-Hill.
Classen, Brigitte und Gabriele Göttle. 1979. »›Häutungen‹, eine Verwechslung von Anemone und Amazone«, in: Dietze. Hg. 1979. S. 55-59.
Daly, Mary. 1978. *Gyn/ecology: The meta-ethics of radical feminism.* Boston. Beacon Press.
Daly, Mary. 1981 (1978). *Gyn/ökologie: Eine Meta-Ethik des radikalen Feminismus.* Übs. Erika Wisselinck. München. Frauenoffensive.
Daly, Mary. 1984. *Pure Lust: Elemental Feminist Philosophy.* Boston. Beacon Press.
Daly, Mary. 1986 (1984). *Reine Lust: Elementale Feministische Philosophie.* Übs. Erika Wisselinck. München. Frauenoffensive.
Daly, Mary [in cahoots with Jane Caputi]. 1987. *Websters' First New Intergalactic Wickedary of the English Language.* Boston. Beacon Press.
de Haen, Imme. 1983. *›Aber die Jüngste war die Allerschönste‹. Schwesternerfahrungen und weibliche Rolle.* Frankfurt/M. Fischer TB 3744.
DeSalvo, Louise. 1989. *Virginia Woolf: The Impact of Childhood Sexual Abuse on Her Life and Work.* Boston. Beacon Press.
Deutsches Wörterbuch von Jacob und Wilhelm Grimm. 1984 (1854-1971). 33 Bände. Fotomechanischer Nachdruck der Erstausgaben 1854-1971. München. dtv.
Dietze, Gabriele. Hg. 1979. *Die Überwindung der Sprachlosigkeit: Texte aus der neuen Frauenbewegung.* Darmstadt, Neuwied. Sammlung Luchterhand 276.
Duda, Sibylle & Luise F. Pusch. Hgg. (in Vorb.) *Wahnsinnsfrauen.* Frankfurt/M. suhrkamp TB.
Duden. 1976-1981. *Das große Wörterbuch der deutschen Sprache in 6 Bänden.* Mannheim; Wien; Zürich. Bibliographisches Institut; Dudenverlag.
Durrer, Martin & Barbara Lukesch. Hgg. 1988. *Biederland und der Brandstifter: Niklaus Meienberg als Anlaß.* Zürich. Limmat Verlag Genossenschaft.
Elgin, Suzette H. 1987 (1984). *Amerika der Männer (=Native Tongue).* Übs. aus d. am. Englisch Horst Pukallus. München. Heyne TB 4412.

Fohrmann, Jürgen. 1985. »Betsy Meyer (1831-1912): Zur Selbstaufgabe eines Subjekts«, in: Pusch, Luise F. Hg. 1985b, S. 323-360.

Frye, Marilyn. 1983. *The politics of reality: Essays in feminist theory.* Trumansburg, NY. The Crossing Press.

Frye, Marilyn. 1983. »To be and be seen: The politics of reality«, in: Frye 1983. S. 152-174.

Gilligan, Carol. 1984 (1982). *Die andere Stimme: Lebenskonflikte und Moral der Frau (=In a different voice).* Übs. aus dem am. Englisch Brigitte Stein. München, Zürich. Piper.

Goetz, Curt und Valerie von Martens. 1982 (1969). *Memoiren: Die Memoiren des Peterhans von Binningen. Die Verwandlung des Peterhans von Binningen. Wir wandern, wir wandern.* Bergisch Gladbach. Bastei-Lübbe TB 10161.

Green, Martin. 1980 (1974). *Else und Frieda, die Richthofen-Schwestern (= The von Richthofen Sisters: The Triumphant and the Tragic Modes of Love).* Übs. aus dem am. Englisch Edwin Ortmann. München. dtv TB 1607.

Große Frauen der Weltgeschichte: Tausend berühmte Frauen in Wort und Bild. o.J. Wiesbaden. R. Löwit Verlag.

Hellinger, Marlis. Hg. 1985. *Frauenbewegung und Sprachwandel: Internationale Perspektiven.* Wiesbaden. Westdeutscher Verlag.

Janssen-Jurreit, Marielouise. 1979 (1976). *Sexismus: Über die Abtreibung der Frauenfrage.* Frankfurt/M. Fischer TB 3704.

Jeffreys, Sheila. 1985. *The spinster and her enemies: Feminism and sexuality. 1880-1930.* London, Boston und Henley. Pandora Press.

Kant, Immanuel. 1975. *Werke.* Hg. Wilhelm Weischedel. Darmstadt.

Kavemann, Barbara & Ingrid Lohstöter. 1984. *Väter als Täter: Sexuelle Gewalt gegen Mädchen – »Erinnerungen sind wie eine Zeitbombe«.* Reinbek b. Hamburg. rororo frauen aktuell 5250.

Knußmann, Rainer. 1982. *Der Mann: Ein Fehlgriff der Natur.* Hamburg. Gruner & Jahr (STERN-Buch).

Koch, Elisabeth. 1982. »Vom Versuch, die Frage, ›ob die Weiber Menschen sein, oder nicht‹, aus den Digesten zu beantworten.« *Rechtshistorisches Journal* 1/1982, 171-179.

Koch-Kanz, Swantje & Luise F. Pusch. 1988. »Die Töchter von Johann Sebastian Bach«, in: Pusch, Luise F. Hg. 1988. S. 117-154.

Kramarae, Cheris & Paula A. Treichler. 1985. *A Feminist Dictionary.* Boston, London und Henley. Pandora Press.

Kürschner, Wilfried & Rüdiger Vogt. Hgg. 1985. *Sprachtheorie, Pragmatik, Interdisziplinäres: Akten des 19. Linguistischen Kolloquiums Vechta 1984, Band 2.* Linguistische Arbeiten 157. Tübingen. Niemeyer.

Lakoff, George. 1987. *Women, fire, and dangerous things: What categories reveal about the mind.* Chicago und London. The University of Chicago Press.

Lakoff, George & Mark Johnson. 1981. *Metaphors we live by.* Chicago; London. The University of Chicago Press.

Mann, Golo. 1958. *Deutsche Geschichte im XIX. und XX. Jahrhundert.* Frankfurt/M.

Mertes, Alois. 1983. *Rede anläßlich der Gedenkveranstaltung zum 100. Todestag von Karl Marx in der Europahalle Trier.* (Eröffnung des Internat. Kongresses der Friedrich-Ebert-Stiftung und der deutschen Unesco-Kommission.) Abgedruckt im Mitarbeiter-Info der Fr.-Ebert-Stiftung März 1983, S. 26-34.

Modelmog, Ilse. 1983. »Geist und Geschlecht: Zur Sinnlichkeit des Geistes«, in: *Symposion Weibliche Wissenschaft – Männliche Wissenschaft.* Tagungsbeiträge. Bibliotheks- und Informationssystem der Universität Oldenburg 1983, S. 19-38.

Muhr, Caroline. 1982 (1974). *Freundinnen. Roman.* Frankfurt/M.; Berlin; Wien. Ullstein TB 26006.

Mundzeck, Heike. 1984. *›Als Frau ist es wohl leichter, Mensch zu werden‹. Gespräche mit Dorothee Sölle, Margarethe von Trotta, Heidemarie Wieczorek-Zeul.* Reinbek bei Hamburg. rororo frauen aktuell 5354.

Offenbach, Judith. 1983. »Feminismus – Heterosexualität – Homosexualität«, in: Pusch 1983. Hg. S. 210-232.

Orwell, George. 1976 (1949). *Neunzehnhundertvierundachtzig. (= Nineteen Eighty Four).* Übs. Kurt Wagenseil. Frankfurt/M., Berlin, Wien. Ullstein TB 3253.

Orwell, George. 1983 (1949). *1984.* With a special Preface by Walter Cronkite, and an Afterword by Erich Fromm. New York, N. Y. New American Library; Harcourt Brace Jovanovich.

Parnass, Peggy. 1983. *Unter die Haut.* o. O. Konkret Literatur Verlag.

Pasierbsky, Fritz. 1983. *Krieg und Frieden in der Sprache: Eine sprachwissenschaftliche Textanalyse.* Frankfurt/M. Fischer TB 6409.

Pateman, Carol. 1988. *The Sexual Contract.* Stanford, Calif. Stanford Univ. Press.

Penelope, Julia. 1987. »Erratic, Ecstatic, Eccentric« (Rezension von Mary Dalys *Wickedary*), *The Women's Review of Books*, Dez. 1987, S. 5f.

Pusch, Luise F. Hg. 1983. *Feminismus: Inspektion der Herrenkultur – Ein Handbuch.* Frankfurt/M. edition suhrkamp 1192.

Pusch, Luise F. 1984a. *Das Deutsche als Männersprache: Aufsätze und Glossen zur feministischen Linguistik.* Frankfurt/M. edition suhrkamp 1217.

Pusch, Luise F. 1984b. »›Sie sah zu ihm auf wie zu einem Gott‹. Das DUDEN-Bedeutungswörterbuch als Trivialroman«, in: Pusch 1984a, S. 135-144.

Pusch, Luise F. 1985a. »Weibliche Personenbezeichnungen als Mittel weiblicher Realitätsdefinition«, in: Kürschner & Vogt. Hgg. 1985, S. 257-273.

Pusch, Luise F. Hg. 1985 b. *Schwestern berühmter Männer: Zwölf biographische Portraits.* Frankfurt/M. Insel TB 796.
Pusch, Luise F. Hg. 1988. *Töchter berühmter Männer: Neun biographische Portraits.* Frankfurt/M. Insel TB 979.
Raymond, Janice. 1986. *A passion for friends: Toward a philosophy of female affection.* London. The Women's Press.
Rosch, Eleanor. 1975. »Cognitive Representations of Semantic Categories«, *Journal of Experimental Psychology: General* 104, 192-233.
Rosch, Eleanor. 1981. »Prototype Classification and Logical Classification: The Two Systems«, in: E. Scholnick. Hg. 1983. *New Trends in Cognitive Representation: Challenges to Piaget's Theory.* S. 73-86. Hillsdale, N.J. Lawrence Erlbaum Associates.
Rosch, Eleanor & B. B. Lloyds, Hgg. 1978. *Cognition and Categorization.* Hillsdale, N.J. Lawrence Erlbaum Associates.
Rosch, Eleanor (Eleanor Heider). 1973. »Natural Categories«, *Cognitive Psychology* 4, 328-350.
Sabatini, Alma. 1985. »Occupational titles in Italian: Changing the sexist usage«, in: Hellinger. Hg. 1985, S. 64-75.
Schmerl, Christiane. Hg. 1985. *In die Presse geraten: Darstellungen von Frauen in der Presse und Frauenarbeit in den Medien.* Köln; Wien. Böhlau.
Schön, Günter. 1971. *Kleiner deutscher Münzkatalog.* 12. rev. u. erw. Auflage 1983. München.
Schräpel, Beate. 1987. *Theorien der Sprachveränderung und feministisch motivierter Sprachwandel.* Diss. Hannover.
Schultz, Hans Jürgen. Hg. 1981. *Frauen: Porträts aus zwei Jahrhunderten.* Stuttgart. Kreuz Verlag.
Schwarzer, Alice. 1987. »Penis reinstecken?« *Emma* 4/1987, S. 20.
Schwenger, Hannes. 1983. *Im Jahr des Großen Bruders: Orwells deutsche Wirklichkeit.* München. Serie Piper 326.
Soltau, Heide. 1987. »Aids entmachtet den Phallus«, *taz*, 21. 2. 1987, S. 10.
Spender, Dale. 1980. *Man made language.* London; Boston; Henley. Routledge & Kegan Paul.
SPIEGEL-Gespräch: »Ich will klotzen, nicht kleckern«: Bundesgesundheitsministerin Rita Süssmuth über Aids und staatliche Maßnahmen zur Bekämpfung und Vorsorge. 1987. *Spiegel* 7/1987, S. 33-51.
Stanley, Julia P. 1975. »Passive Motivation«, *Foundations of Language*, 13, 25-39.
Stefan, Verena. 1975. *Häutungen: Autobiographische Aufzeichnungen Gedichte Träume Analysen.* München. Frauenoffensive.
Storch, Karin. 1984. »Zukunft mit Klischee: Orwell's *1984*«. *Courage* 1/1984, 19-21.
Thomä, Helmut & Horst Kächele. 1985. *Lehrbuch der psychoanalytischen*

Therapie, Band I: Grundlagen. Berlin; Heidelberg; New York; Tokyo. Springer.

Trömel-Plötz, Senta. 1982. *Frauensprache: Sprache der Veränderung*. Frankfurt/M. Fischer TB 3725.

Trömel-Plötz, Senta. Hg. 1984. *Gewalt durch Sprache. Die Vergewaltigung von Frauen in Gesprächen*. Frankfurt/M. Fischer TB 3745.

Wagner, Maria. 1980. *Mathilde Franziska Anneke in Selbstzeugnissen und Dokumenten*. Frankfurt/M. Fischer TB 2051.

Warshaw, Robin. 1988. *I never Called it Rape: The Ms. Report on Recognizing. Fighting and Surviving Date and Acquaintance Rape*. New York. Harper and Row.

Watzlawick, Paul, Janet H. Beavin & Don D. Jackson. 1969. *Menschliche Kommunikation: Formen, Störungen, Paradoxien*. Bern. Hans Huber.

Weissweiler, Eva. 1981. *Komponistinnen aus 500 Jahren: Eine Kultur- und Wirkungsgeschichte in Biographien und Werkbeispielen*. Frankfurt/M. Fischer TB 3714.

Werner, Fritjof. 1983. *Gesprächsverhalten von Frauen und Männern*. Frankfurt/M., Bern. Peter Lang.

zur Nieden, Sabine. 1987. »Das Monster ist zu zähmen: Aids«, *Emma* 4/1987, S. 19-21.

»Zwischen Wissen und Handeln ein Sprung«: Umfrage über Aids-Furcht und Sexualität. *Der Spiegel* 11/1987, S. 245.

Nachweise

Feministische Linguistik, andere feministische Disziplinen und Maskulinguistik – ein Methodenvergleich erschien 1984 in: Zentraleinrichtung zur Förderung von Frauenstudien und Frauenforschung an der Freien Universität Berlin. Hg. *Methoden in der Frauenforschung. Symposium an der Freien Universität Berlin vom 30. 11.-2. 12. 1983*. Frankfurt/M. R. G. Fischer Vlg. S. 141-152.

Die Hermaphrodite oder Femininum und Realität – eine vorläufige Fassung erschien 1985 unter dem Titel »Weibliche Personenbezeichnungen als Mittel weiblicher Realitätsdefinition« in: Kürschner, Wilfried & Rüdiger Vogt. Hgg. *Sprachtheorie, Pragmatik, Interdisziplinäres: Akten des 19. Linguistischen Kolloquiums Vechta 1984*. Band 2. Linguistische Arbeiten 157. Tübingen. Niemeyer. S. 257-273. Eine auf die Hälfte gekürzte Fassung der Endfassung erschien im *Magazin* der *Basler Zeitung* am 3. 6. 1989, S. 15.

Lila Lotta Lesbeton: Die Kinder der Frauenbewegung und ihre Namen erschien 1986 in: Alves, Eva-Maria. Hg. 1986. *Namenzauber: Erzählungen vom eigenen Namen*. Frankfurt/M. Suhrkamp TB 1238. S. 140-156.

Laiinnen, Linguistinnen, Literatinnen – die drei ›L‹ der internationalen feministischen Sprachkritik erschien 1986 in *Der Deutschunterricht: Beiträge zu seiner Praxis und wissenschaftlichen Grundlegung*, Heft II, 1986: *Frauen in Sprache und Literatur*. Hg. Irmgard Roebling. S. 29-35.

Alle Menschen werden Schwestern – Überlegungen zum umfassenden Femininum – eine vorläufige Fassung erschien am 30. 8. 1986 unter dem Titel »Radikalkur für die Männersprache« in der *taz* (*Tageszeitung*). Zahlreiche Nachdrucke in anderen Zeitungen, besonders der regionalen Frauenpresse.

Mary, please don't pun-ish us any more! Mary Daly, die Sprache und die deutschsprachige Leserin – vorläufige Fassungen erschienen 1987 in *Virginia* 2/1987, S. 12-14, und im *Magazin* der *Basler Zeitung*, 4. 4. 1987, S. 15.

Wie mann aus seiner Mördergrube ein Herz macht – eine vorläufige Fassung erschien 1987 unter dem Titel »Brot für Brüder – und für die Schwestern Brösmeli?« in der *Basler Zeitung*, 7. 3. 1987, S. 3.

Frauen, Sprache und Aids – eine vorläufige Fassung erschien 1987 unter dem Titel »Sprachgebrauch als Vorspiel zum Hauptakt« in: Walter, Melitta. Hg. *Ach, wär's doch nur ein böser Traum: Frauen und Aids.* Freiburg/Br. Kore. S. 48-69.

Das Schmettern des Schweizer Gockels: Über Niklaus Meienberg – eine auf die Hälfte gekürzte Fassung erschien 1988 in: Durrer, Martin & Barbara Lukesch. Hgg. *Biederland und der Brandstifter: Niklaus Meienberg als Anlaß.* Zürich. Limmat Verlag Genossenschaft. S. 159-179.

Ist dies schon Wahnsinn, hat es doch Methode – eine vorläufige Fassung erschien im *Magazin* der *Basler Zeitung* am 18. 6. 1988, S. 15.

Lobe den Herrn – in ›Spiegel‹, ›Zeit‹ und ›Stern‹ – eine auf ein Drittel gekürzte Fassung erschien am 24. 6. 1989 in der *taz* (*Tageszeitung*), S. 11.

Der Aufsatz über Orwell wird hier zum erstenmal gedruckt. Die Glossen erschienen in den Jahren 1983 bis 1988 in der *Courage*, im *Vorwärts*, in *texten + schreiben*, in der *taz*, im *Tagesanzeiger* Zürich und in der *Berner Zeitung*. Sie wurden gesendet im Norddeutschen, Süddeutschen, Hessischen und Saarländischen Rundfunk und von Radio Bremen.

Luise F. Pusch
im Suhrkamp und im Insel Verlag

Alle Menschen werden Schwestern. Feministische Sprachkritik. es 1565. 246 Seiten

Das Deutsche als Männersprache. Aufsätze und Glossen zur feministischen Linguistik. es 1217. 202 Seiten

Die Frau ist nicht der Rede wert. Aufsätze, Reden und Glossen. st 2921. 199 Seiten

Sonja. Eine Melancholie für Fortgeschrittene.
st 688. 392 Seiten

Luise F. Pusch als Herausgeberin

Berühmte Frauen. Kalender.
Der Kalender erscheint jährlich als suhrkamp taschenbuch

Berühmte Frauen. Ein Spiel. Herausgegeben von Luise F. Pusch und Susanne Gretter. it 2593

Handbuch für Wahnsinnsfrauen. Herausgegeben und mit einem Nachwort versehen von Luise F. Pusch.
st 2308. 314 Seiten

Mütter berühmter Männer. Zwölf biographische Portraits.
it 1356. 490 Seiten

Schwestern berühmter Männer. Zwölf biographische Portraits. Redaktionelle Mitarbeit: Jutta Wasels.
it 796. 561 Seiten

NF 277/1/10.00

Töchter berühmter Männer. Neun biographische Portraits. it 979. 468 Seiten

WahnsinnsFrauen. Drei Bände in Kassette. Herausgegeben von Sibylle Duda und Luise F. Pusch. 1160 Seiten.

WahnsinnsFrauen. Erster Band. Herausgegeben von Sibylle Duda und Luise F. Pusch. Mit Abbildungen. st 1876. 364 Seiten

WahnsinnsFrauen. Zweiter Band. Herausgegeben von Sibylle Duda und Luise F. Pusch. Mit Fotografien. st 2493. 403 Seiten

WahnsinnsFrauen. Dritter Band. Herausgegeben von Sibylle Duda und Luise F. Pusch. st 2834. 304 Seiten

NF 277/2/10.00

NF 278/1/10.00

Marie Luise Kaschnitz. Gedichte. Ausgewählt von Peter Huchel. BS 436. 160 Seiten

Barbara Köhler. Blue Box. Gedichte. Leinen. 64 Seiten

Gertrud Kolmar. Welten. Gedichte. Mit einem Nachwort von Gerlind Reinshagen. BS 1309. 65 Seiten

Else Lasker-Schüler. Gedichte 1902-1943. Herausgegeben von Friedhelm Kemp. st 2790. 448 Seiten. Leinen. 440 Seiten

Friederike Mayröcker. Benachbarte Metalle. Ausgewählte Gedichte. Anordnung und Nachwort von Thomas Kling. BS 1304. 162 Seiten

Sylvia Plath. Ariel. Gedichte. Englisch und deutsch. Übersetzt von Erich Fried. BS 380. 192 Seiten

Nelly Sachs. Gedichte. Herausgegeben und mit einem Nachwort versehen von Hilde Domin. BS 549. 138 Seiten

Wisława Szymborska
- Auf Wiedersehen. Bis morgen. Gedichte. Ausgewählt und übersetzt von Karl Dedecius. st 2858 und Leinen. 75 Seiten.
- Die Gedichte. Übersetzt und mit einem Nachwort von Karl Dedecius. 260 Seiten. Leinen

NF 278/2/10.00

Gender Studies in der edition suhrkamp

Farideh Akashe-Boehme (Hg.). Reflexionen vor dem Spiegel. es 1724. 219 Seiten

Herculine Barbin/Michel Foucault. Über Hermaphrodismus. Herausgegeben von Wolfgang Schäffner und Joseph Vogl. es 1733. 247 Seiten

Seyla Benhabib. Selbst und Kontext. Geschlecht, Gemeinschaft und Postmoderne in der zeitgenössischen Ethik. Vom Unterschied der Geschlechter. es 1725. 300 Seiten

Judith Butler. Das Unbehagen der Geschlechter. Übersetzt von Katharina Menke. Vom Unterschied der Geschlechter. es 1722. 237 Seiten

Judith Butler. Körper von Gewicht. Die diskursiven Grenzen des Geschlechts. Übersetzt von Karin Wördemann. es 1737. 386 Seiten

Caroline Walker Bynum. Fragmentierung und Erlösung. Geschlecht und Körper im Glauben des Mittelalters. Mit zahlreichen Abbildungen. Übersetzt von Brigitte Große. es 1731. 302 Seiten

Drucilla Cornell. Die Versuchung der Pornographie. Übersetzt von Vincent Vogelvelt. Mit einem Vorwort von Barbara Vinken. es 1738. 143 Seiten

Irene Dölling/Beate Krais (Hg.). Ein alltägliches Spiel. Geschlechterkonstruktion in der sozialen Praxis. es 1732. 332 Seiten

NF 312/1/8.00

Nancy Fraser. Widerspenstige Praktiken. Macht, Diskurs, Geschlecht. es 1726. 290 Seiten

Geschlechterverhältnisse und Politik. Herausgegeben vom Institut für Sozialforschung, Frankfurt. Redaktion Katharina Pühl. es 1730. 308 Seiten

Barbara Hahn. Unter falschem Namen. Von der schwierigen Autorschaft der Frauen. es 1723. 147 Seiten

Helga Kotthoff/Susanne Günthner (Hg.). Von fremden Stimmen. Weibliches und männliches Sprechen im Kulturvergleich. Vom Unterschied der Geschlechter. es 1721. 369 Seiten

Teresa de Lauretis. Die andere Szene. Psychoanalyse und lesbische Sexualität. Übersetzt von Karin Wördemann. es 1742. 292 Seiten

Martha C. Nussbaum. Gerechtigkeit oder Das gute Leben. Herausgegeben von Herlinde Pauer-Studer. Übersetzt von Ilse Utz. es 1739. 316 Seiten

Barbara Orland/Elvira Scheich (Hg.). Das Geschlecht der Natur. Feministische Beiträge zur Geschichte und Theorie der Naturwissenschaften. Die Texte aus dem Amerikanischen wurden von Xenia Rajewski übersetzt. es 1727. 290 Seiten

Karin Wieland. Worte und Blut. Wandlungen des männlichen Selbst im Übergang zur Neuzeit. es 1740. 367 Seiten

Theresa Wobbe/Gesa Lindemann (Hg.). Denkachsen. Zur theoretischen und institutionellen Rede vom Geschlecht. es 1729. 327 Seiten

NF 312/2/8.00

suhrkamp taschenbücher
Eine Auswahl

Isabel Allende

- Aphrodite – Eine Feier der Sinne. Übersetzt von Lieselotte Kolanoske. Rezepte von Panchita Llona. st 3046. 328 Seiten
- Eva Luna. Roman. Übersetzt von Lieselotte Kolanoske. st 1897. 393 Seiten
- Fortunas Tochter. Roman. Übersetzt von Lieselotte Kolanoske. st 3236. 486 Seiten
- Das Geisterhaus. Übersetzt von Anneliese Botond. st 1676. 500 Seiten
- Geschichten der Eva Luna. Übersetzt von Lieselotte Kolanoske. st 2193. 365 Seiten
- Paula. Übersetzt von Lieselotte Kolanoske. st 2840. 488 Seiten
- Porträt in Sepia. Übersetzt von Lieselotte Kolanoske. st 3487. 512 Seiten

Louis Begley

- Lügen in Zeiten des Krieges. Roman. Übersetzt von Christa Krüger. st 2546. 223 Seiten
- Mistlers Abschied. Roman. Übersetzt von Christa Krüger. st 3113. 284 Seiten
- Schmidt. Roman. Übersetzt von Christa Krüger. st 3000. 320 Seiten
- Schmidts Bewährung. Roman. Übersetzt von Christa Krüger. st 3436. 314 Seiten

Lily Brett

- Einfach so. Roman. Übersetzt von Anne Lösch. st 3033. 446 Seiten
- Zu sehen. Übersetzt von Anne Lösch. st 3148. 332 Seiten
- Zu viele Männer. Roman. Übersetzt von Melanie Walz. st 3374. 655 Seiten

NF 454/1/1.03

Antonia S. Byatt
- Besessen. Roman. Übersetzt von Melanie Walz. st 2376. 632 Seiten
- Stilleben. Roman. Übersetzt von Susanne Röckel und Melanie Walz. st 3419. 496 Seiten

Guillermo Cabrera Infante. Drei traurige Tiger. Roman. Übersetzt von Wilfried Böhringer. st 2846. 541 Seiten

Clarín. Die Präsidentin. Roman. Übersetzt von Egon Hartmann. Mit einem Nachwort von F. R. Fries. st 1390. 864 Seiten

Sigrid Damm. Ich bin nicht Ottilie. Roman. st 2999. 392 Seiten

Tristan Egolf. Monument für John Kaltenbrunner. Roman. Übersetzt von Frank Heibert. st 3382. 528 Seiten

Laura Esquivel. Bittersüße Schokolade. Mexikanischer Roman um Liebe, Kochrezepte und bewährte Hausmittel in monatlichen Fortsetzungen. Übersetzt von Petra Strien. st 2391. 278 Seiten

Fattaneh Haj Seyed Javadi. Der Morgen der Trunkenheit. Roman. Übersetzt von Susanne Baghestani. st 3399. 416 Seiten

Marie Hermanson. Muschelstrand. Roman. Übersetzt von Regine Elsässer. st 3390. 304 Seiten

Bohumil Hrabal. Ich habe den englischen König bedient. Roman. Übersetzt von Karl-Heinz Jähn. st 1754. 301 Seiten

André Kaminski. Nächstes Jahr in Jerusalem. Roman. st 1519. 392 Seiten

Bodo Kirchhoff. Infanta. Roman. st 1872. 502 Seiten

NF 454/2/1.03

Amin Maalouf
- Leo Africanus. Der Sklave des Papstes. Roman. Übersetzt von Bettina Klingler und Nicola Volland. st 3121. 480 Seiten
- Der Mann aus Mesopotamien. Roman. Übersetzt von Gerhard Meier. st 3455. 320 Seiten
- Samarkand. Roman. Übersetzt von Widulind Clerc-Erle. st 3190. 384 Seiten

Angeles Mastretta. Emilia. Roman. Übersetzt von Petra Strien. st 3062. 413 Seiten

Eduardo Mendoza. Die Stadt der Wunder. Roman. Übersetzt von Peter Schwaar. st 2142. 503 Seiten

Haruki Murakami
- Hard-boiled Wonderland und das Ende der Welt. Roman. Übersetzt von Anneliese Ortmanns und Jürgen Stalph. Mit einem Nachwort von Jürgen Stalph. st 3197. 542 Seiten
- Wilde Schafsjagd. Roman. Übersetzt von Anneliese Ortmanns-Suzuki und Jürgen Stalph. st 2738. 306 Seiten

Manuel Puig. Der Kuß der Spinnenfrau. Roman. Übersetzt von Anneliese Botond. st 869. 299 Seiten

João Ubaldo Ribeiro. Brasilien, Brasilien. Roman. Übersetzt von Curt Meyer-Clason und Jacob Deutsch. st 3098. 731 Seiten

Mario Vargas Llosa
- Das grüne Haus. Roman. Übersetzt von Wolfgang A. Luchting. st 342. 429 Seiten
- Tante Julia und der Kunstschreiber. Roman. Übersetzt von Heidrun Adler. st 1520. 392 Seiten

NF 454/3/1.03